JN411454

한 영신수련

유시찬 지음

Han Spiritual Exercises
by Yu Shi-chan, S.J.

Published by Pauline, Seoul, Korea

'한' 영신수련의 의미

우리말 '한'에는 여러 의미가 담겨 있다.

크고 가득하다는 의미에서,
이냐시오 성인이 만든 '한' 영신수련이 있다.
여럿 중 하나란 의미에서,
이 물건은 내 나름대로 알아들은 '한' 영신수련이다.
대충 혹은 대략이란 의미에서,
내 알아들음이 어설퍼 '한' 영신수련이다.

차 례

인사말

일본에서 신학공부를 마치고 귀국한 후 지금까지 10년을 꼬박 영성사도직만 해왔다고 해도 과언이 아니다. 특히 수녀님들과 신부님들 그리고 신학생들에게 영신수련 피정을 주는 것이 주된 사도직이었다. 처음 '말씀의 집'을 피정집으로 리모델링해서 개원했을 때 피정자가 없는 날이 1년에 일주일이 안 되는 해도 있었다. 열정은 많았지만 되돌이켜 보면 설익은 면도 참 많았다. 그분들에게 죄송하다.

여기 내놓는 이 물건도 10년 동안 함께 걸어오며 영신수련을 한 분들과의 교감으로부터 태어났다. 이론이 아니라 현실이었다. 무엇을 아파하며 무엇에 목말라하고 허기져 있는지, 그런 이들이 어떻게 하면 더 큰 생명을 길어 올릴 수 있겠는지, 이것이 그간의 내 화두였다. 물론 아직도 채 풀리지 않고 있지만.

알다시피 「영신수련」이란 책자는 텍스트로서 읽는 이로 하여금 해석하기를 요구한다. 다양한 무늬의 해석들이 펼쳐진다. 피정이 일어나는 현장에선 더욱더 큰 파장으로 제각각의 문양을 빚어내게 된다. 이 점과 관련하여, 할 수 있는 한 우리 민족의 영성에 걸맞은 소리와 향을 뿜어내고 싶었고 애를 썼다. 우리 민족이 사물을 바라보며 이해하는 그 시각 위에 굳건히 서서 영신수련을 알아듣고 읽어내고 싶었다. 어느 정도의 결실을 맺었는지 모르겠다. 이 글을 쓰고 있는 지금도 영신수련에 대한 독법이 스스로 움직이며 변하고 있음을 느낀다. 불완전하기 짝이 없는 글이 조금씩 나아지고 있다고 할 수도 있겠지만, 완전한 독법이 더 큰 완전한 독법을 향해 끊임없이 나아가고 있다고 말하고 싶다.

이 물건 안에는 깊은 깨달음의 멋진 영성적인 글이 담겨 있지 않다. 내 스스로 그럴 능력이 없을 뿐만 아니라, 그런 깨달음 내지 아름다운 영성적인 몫은 영신수련 여정을 걷는 이들의 몫으로 남겨둘 일이라고 생각하기 때문이다. 아무리 아름답고 좋다고 한들 자신의 것이 되지 않으면 아무런 의미도 없기에.

그래서 이 물건 안에는 그저 깨달음을 향해 나아가는 영혼들의 여정에 혹 도움이 될까 싶은 안내말 정도만 담았다. 방법론이고 길인 셈이다. 번잡한 사설을 늘어놓은 경우라도 어디까지나 길안내로서이지, 그 자체를 받아먹도록 차려놓은 밥상이 아니다. 그 길로 가는 가운데 각자의 입맛에 맞게 풍요로운 식사를 할 것이다. 그것이 내 간절한 바람이다.

혹 이 물건으로 혼자 여정을 떠나고픈 분이 있을까 봐 본문이 시작되기 전에 '일러두기'를 놓아뒀다. 그저 타산지석으로 삼았으면. 덧붙여 이 물건 끝에는 부록 세 편을 실었다. 본문도 까칠하긴 하지만 부록은 좀 더 격식을 차린 것들이라 더 그렇다. 참고하지 않는다 해도 영적 여정에 아무런 지장이 없다. 심심파적일 뿐이다.

10년의 소임이 끝나고 서강대학교로 이동이 된 지금, 어떻게 하면 이 땅에 제대로 된 교육을 펼칠 수 있을까, 이 화두가 목에 걸려 늘 아프다. 지금까진 영성교육에 지성을 덧붙였다면, 이젠 지성교육에 영성을 접붙여야 한다. 몸과 지성을 통합한, 전체로서의 온전한 한 존재인 영성을 실현해 낼 그날까지.

끝으로, 이 물건은 당연히 내 것이 아니다. 은혜를 입은 분들이 한둘이 아니다. 동과 서를 가로지르고, 고와 금을 넘나들면서, 눈 맑은 분들로부터 많은 가르침을 입었다. 동시에, 지금 이 자리에 있으면서 함께 웃고 울고 아파하고 땀 흘린 분들로부터 분에 넘치는 사랑을 받았다. 내심 쑥스러워 헛소리 잘하는 이놈이 가슴으로 깊이깊이 감사드린다.

2008년 8월

여주골에서 태동

일러두기

혹 이 책으로 혼자 피정을 할 분들을 위해 어떻게 여정을 걸어갈지 하나의 예를 들어 둔다. 당연히 하나의 예에 지나지 않는 만큼, 기도 자료나 시간 안배 등은 각자의 구체적 피정 흐름을 중시하여 선택해 나갈 일이다. 그리고 원칙적으로 9박 10일, 소위 우리가 말하는 8일 피정을 염두에 두고 예시한다. 보통 피정 시작하는 당일 오후 늦게 도착해서 저녁을 먹은 다음부터 본격적인 피정에 들어가는데, 이렇게 들어가는 날 하루를 빼고, 피정 끝내는 날은 아침 일찍 파견미사로 마치게 되는데, 마치는 날도 하루를 뺀다. 그래서 꼬박 기도에 몰두하는 날은 가운데 만 8일이 되고, 전체적으론 9박 10일이 된다.

여기서 '읽을 것'이란 것은 실제 피정을 하고 있다면 묵상 요점 시간에 해당하는 이야기다. 통상 하루에 한차례씩 이 시간을 통해 다음날 기도할 자료도 제시하고, 필요에 따라서는 적당한 설명도 덧붙인다. 따라서 만약 묵상 요점 시간이 저녁 식사 후 배정된다면, 여기 있는 '읽을 것' 자료도 그 시간에 읽는 것이 바람직하다. 이 점 또한 각자의 피정 흐름에 따라 다를 일이지만, 중요한 점은

'읽을 것'을 통해 제공되는 설명은 반드시 피정하는 이가 직접 그 주제를 놓고 기도를 한 다음에 읽으며 정리할 일이지, 기도도 하기 전에 읽어서는 안 된다는 것이다. 특히 각 장마다 제시되고 있는 '방향 설정'은 더욱더 그렇다.

들어가는 날

• **읽을 것**

첫 장의 '들어가며', 1장 중 '문제 제기'와 '기도 자료'

• **기도할 것**

1) 루카 15,11−32

초점 : 내 안에 있는 작은아들의 모습과 큰아들의 모습이 어떻게 긴장과 갈등 속에 놓여 있는지를 보고, 아버지 안에서 어떻게 두 모습이 통합을 이뤄내고 있는지 살핀다. 물론 중요하게 머물 곳은 아버지의 자태다. 둘 다 받아들이는 통합의 경지가 사랑에 입각해 펼쳐지고 있음을 깊이 알아듣는다.

2) 1장의 기도 자료

첫째 날

• **읽을 것**

1장의 '방향 설정'과 '영신수련 흐름 안에서의 역동성', 2장 전부, 3장 전부, 4장의 '문제 제기'와 '기도 자료', 5장의 '문제 제기'와 '기도 자료'. 읽는 양이 너무 많으면 3장은 둘째 날에 읽어도 좋다.

• **기도할 것**

1) 4장의 기도 자료

2) 5장의 기도 자료, 곧 자신의 과거 체험 또는 성격이나 기질 중 한 가지

− 묵상 요점 시간이 저녁 식사 후 한 번밖에 주어지지 않는다는 것을 가정하고, 시간의 안배상 부득불 이런 형태를 취하게 되었다. 관점의 변

화 및 원리와 기초를 가지고 하루 반 정도 사용했으면 하기 때문이다. 그래서 둘째 날 오후부터는 첫째주간 기도에 들어가기 위해 이렇게 배치했다.

그러므로 혼자 피정하는 이 같으면 4장의 '문제 제기' 와 '기도 자료' 까지만 읽고 기도를 마친 후, 5장의 '문제 제기'와 '기도 자료'를 읽고 첫째주간 기도에 들어가면 좋겠다.

둘째 날

• 읽을 것

4장의 '방향 설정'과 '영신수련 흐름 안에서의 역동성'

• 기도할 것

첫째주간 기도 계속, 즉 자신의 체험이나 기질

셋째 날

• 읽을 것

5장의 '방향 설정'과 '영신수련 흐름 안에서의 역동성', 6장의 '문제 제기'와 '기도 자료'

• 기도할 것

1) 첫째주간 기도 계속

2) 6장의 '기도 자료' 즉 [91-98]

넷째 날

• 읽을 것

6장의 '방향 설정'과 '영신수련 흐름 안에서의 역동성', 7장의 '문제 제기'와 '기도 자료'

• 기도할 것

1) 7장의 '기도 자료' 즉 [136–147]

2) 마르 1,9–11

초점 : 성모님과 예수님이 작별하시는 모습, 요르단 강까지의 여행길, 요르단 강에서의 세례 장면 등을 잘 살핀다.

– 이 부분도 역시 첫째 날에 언급한 것과 같은 시간 안배상의 문제다. 136–147을 가지고 두세 차례 기도한 다음 바로 복음관상으로 넘어간다.

– 세례 사건부터는 수난과 부활에 이르기까지 계속해서 복음관상을 한다. 처음 세례 사건에 대해서는 그냥 나름대로 설명 없이 관상을 해보고, 다음날 관상 방법 등에 대해 설명을 듣는다. 원한다면 8장에서 복음관상에 대해 설명하는 부분을 먼저 읽고 세례 사건 관상을 해도 좋다.

다섯째 날

• 읽을 것

7장의 '방향 설정'과 '영신수련 흐름 안에서의 역동성', 8장 전부

• 기도할 것

1) 마르 1,21−38

초점 : 예수님의 전형적인 하루 일과다. 전부 다 보려고 하기보다는 특히 마음에 와 닿는 부분, 예컨대 회당에서 가르치시며 마귀를 쫓아내시는 장면이나 베드로 장모를 고치시는 장면, 혹은 모여든 사람들을 고치시는 장면, 혹은 따로 기도하시는 장면 중 한두 개 택해서 봐도 좋겠다.

2) 루카 18,35−43

초점 : 예리코의 소경이 치유받는 사건. 먼저 이 소경의 생활 공간 내지 살아가는 모습을 좀 살펴보고, 이어서 소경과 예수님이 만나 치유 사건이 일어나는 과정을 살핀다. 끝으로 치유받은 뒤 소경의 행동을 본다.

여섯째 날

• 읽을 것

9장 전부, 10장의 '문제 제기'와 '기도 자료'

• 기도할 것

1) 요한 4,1−30; 37−42

초점 : 사마리아 여인과 예수님의 만남이다. 마치 [91−98]에서 봤던 그리스도의 나라가 파노라마처럼 전개되는 듯하다. 다소 긴 내용인 만큼, 더구나 동문서답하는 대화의 과정을 좇아가려면 다소 치밀함과 인내가 요구된다.

2) 10장의 '기도 자료' 중 1—최후의 만찬

- 이날은 오후부터는 수난관상에 들어가는 것이 좋겠다. 따라서 사마리아 여인에 대한 기도가 끝난 다음 10장의 문제 제기와 기도 자료를 읽고, 이어서 최후의 만찬 기도에 들어가면 되겠다.

일곱째 날

• 읽을 것

10장의 '방향 설정'과 '영신수련 흐름 안에서의 역동성', 11장의 '문제 제기'와 '기도 자료'

• 기도할 것

1) 10장의 '기도 자료' 중 2—겟세마니 동산에서의 기도

2) 요한 20,11-18

초점 : 마리아 막달레나에게 발현하신 장면. 먼저, 제자들은 빈 무덤을 확인한 후 돌아가고 막달레나만 혼자 남아 울고 있는 모습을 잘 본다. 이어서 발현하신 예수님과 만나고 대화를 나누는 장면을 보고, 끝으로 예수님을 떠나 제자들에게 소식을 전하기 위해 가는 모습을 살핀다.

- 이날도 오후부터는 부활관상에 들어가는 것이 좋겠다. 점심 식사 후 잠시 쉬면서 분위기를 좀 바꾼 후 부활관상에 들어간다. '읽는 것'에 대한 안배는 역시 앞에서 설명한 바와 같은 원리에 좇는다.

여덟째 날

• 읽을 것

11장의 ‘방향 설정’과 ‘영신수련 흐름 안에서의 역동성’, 12장 전부

• 기도할 것

1) 요한 21,1–13

초점 : 티베리아스 호숫가에서 발현하신 장면. 고기잡이하러 떠나는 7제자들의 모습을 살피고, 밤새 그물질을 하는 모습을 본다. 이어서 예수님께서 조반상을 차려놓으신 가운데 제자들을 맞으시는 장면을 자세히 살핀다.

– 부활 마지막 기도를 여덟째 날 자기 전까지 힘 닿는 만큼 한다. 그리고 자기 전에 12장 전체를 읽고, 다음날 파견미사가 있기 전에 한차례 하게 되는 기도에 대한 준비를 한다.

– 이날은 오후 기도 사이사이 쉬는 시간을 이용해 피정 첫날부터 지금까지 피정 전체에 대한 성찰을 동반한다. 이것이 마지막 날 마지막 기도([230–7])를 위한 준비이기도 하다.

나오는 날

• 읽을 것

마지막 장인 ‘나오며’

• 기도할 것

12장의 ‘기도 자료’—‘사랑을 얻기 위한 관상’

– 이 기도가 피정을 마무리 짓는 기도다. 아침 일찍 일어나 파견미사에 들어오기 전에 반드시 한차례 이 기도를 한다.

0 들어가며

여행을 떠나며[1]

산길 알기 어려우매
멀리 보이는 저 나무
눈에 담고 가면 좋아

헤매일 것같음 눈들어 보렴
저 나무 향해 가면
언젠간 꼭 닿을 수 있으므로

눈에 담는 것 아득한 게 좋아
높은 게 좋아
먼 길 갈 때엔

1. 이 책 각 장 머리에 시를 한 수씩 넣었다. 이 시들은 모두 일본 여류시인 미츠하라 유리의 작품으로서 「길道」이란 시집(성바오로출판사, 유시찬 옮김, 1999)에 수록되어 있다.

8일이 되었든 한 달이 되었든 영신수련 피정에 들어가고자 하는 이가 무엇보다 제일 먼저 염두에 두어야 할 것은 절대 침묵을 지키는 일이다. 침묵을 어떻게 지켜내느냐 하는 것은 피정의 열매가 어떻게 맺히느냐와 관련하여 너무나 중요하다. 사정이 이러함에도 침묵에 대한 의식이 비교적 약한 것은 안타까운 일이다.

절대 침묵이라고 굳이 강조한 것은 정말 온전히 침묵 속에 머물기를 촉구하기 때문이다. 물론 그렇게 한다고 해서 온몸이 긴장될 것도 아니요 피정 흐름 자체가 딱딱한 틀 속에 갇혀 자유로운 영의 흐름을 막을 일도 아니다. 그렇기 때문에 어떤 이들의 주장처럼 자연스런 피정의 흐름을 강조하면서 편안하고 자유로운 분위기에 과도한 비중을 두고 가벼운 대화나 바디 랭귀지 정도는 예사로 생각하는 이들은 수긍하기 힘들다. 그런 태도는 바람직하지 못하며 종국엔 영적 성장을 방해한다. 딱딱해지지 않으면서 부드러운 모습으로 온전히 깨어 침묵 속에 머물 일이다.

침묵을 이토록 강조하는 것은, 침묵이 제대로 유지되지 않으면 지성이나 감성 중심의 의식적 활동이 활발해져, 존재의 더 깊은 곳에서 들려오는 영적 차원의 움직임을 놓쳐버리기 때문이다. 극단적으로 이야기하면 지성과 감성 중심의 의식적 작업은 피정이 아닌 일상생활에서도 늘 해오는 것이다. 그리고 그런 의식 활동을 통해서도 나름대로 자신을 반성하며 다듬어 나가기도 하고, 때로는 위로와 힘을 얻으며 성실하게 살아가기도 한다. 세상 여느 사람들이 그렇게 살아가고 있는 것처럼. 그러나 영신수련 피정에 들어와서조차 그런 작업을 계속할 것은 아니다. 그럴 바에야 굳이 한 달씩이나 영신수련 과정에 몰입할 것은 아니라고 본다.

적잖은 사람들이, 신앙생활을 하고 있는 사람들조차도, 영적 차원에 대한 인식이나 감각이 약한 것을 많이 본다. 그러나 지성이나 감성 중심의 의식 차원에서 사물을 바라보고 정리해 내는 모습과, 영적 차원에서 사물을 바라보고 정리해 내는 모습은 많이 다르다. 이런 면에 대해 앞으로의 영신수련 진행 과정을 통해, '관점의 변화'라는 주제를 시작으로 계속 정교하게 다듬어 나갈 예정이다. 살아 있는 구체적 예로서는 바로 예수님 당신 자신의 생각과 말과 행동을 통해 보여주신 모습이 영적 차원이고, 우리는 영신수련을 통해 이를 보고 배워 나가게 된다. 예수님의 언행에 대해 알고 기도하는 것조차도 영적 차원이 아닌 의식 차원에서 일어나고 있음을 주변에서 많이 보고 있는 만큼 이 문제는 더욱더 절실하게 다가온다.

의식 차원에서의 온갖 분류와 가치 매김 그리고 그에 따른 긴장과 갈등 투쟁이 잠들어야 비로소 영적 차원에서의 새로운 질서, 새로운 모습, 새로운 평화가 솟구쳐 올라오게 된다. 그러므로 주위에는 허튼 눈빛조차 허락지 않는, 오직 주님과 여러분만이 고요히 걸어가는 침묵 속으로 들어가야 한다.

의식의 번잡한 활동을 멈추고 침묵 속으로 들어가는 그 자체만으로도 여러분에게는 놀라운 보상이 주어진다. 바로 내적 인간이 튼튼해지면서 내적 힘이 조금씩 차올라 오게 되며 그것을 스스로 느끼게 되기 때문이다.

다음으로, 모든 시간 흐름은 자유롭게 정하는 것이 좋겠다. 각자 자기에게 가장 좋은 생체적 리듬을 파악하여, 언제 기도하고 언제 쉴 것인지 잠은 어느 정도 잘 것인지 등을 편하게 정하고 따른다. 사실 가장 바람직한 것은 기도하고 쉬는 시간 등에 대한 일과표 자체도 만들지 않는 것이 좋다. 매 순간 성령의 이끄심에 깨어 있는 가운데 성령의 움직임과 자기 내면의 움직임을 함께 바라보면서 기도해야겠다고 생각하면 기도하고 쉬어야겠다고 생각하면 쉬는 것이다. 함에도 거의 대부분의 피정하는 이들은 일과표를 짜는 것을 봤다. 아마 그게 상대적으로 더 쉬운 길이라고 생각하기 때문일 것이다.

충분히 먹고 충분히 쉬고 자는 것도 대단히 중요하다. 영신수련 피정이 그저 단순히 신심만 고양시키려는 것이 아니고 깨달음을 얻어 자기 존재의 변화를 가져오기 위해서는 기도가 늘 성성하게 깨어 있는 가운데 날카롭지 않으면 안 된다. 그러기 위해서는 몸 상태 특히 머리가 맑게 깨어 있어야 하고, 따라서 충분한 휴식이 필요하다. 그리고 영신수련 피정이 의외로 체력 소모가 큰 만큼 적절한 영양분 공급도 아주 중요하다. 과식하며 음식을 탐할 것은 아니지만 함부로 고행과 극기를 위해 단식하거나 절식할 것도 아니다.

그리고 영신수련 피정을 시작하는 이로서는 내적으로 치열한 문제의식과 더불어 열정이 있어야 한다. 적잖은 경우 피정을 하러 들어오면, 설사 그 피정이 영신수련이라고 할지라도, 우선 좀 편하게 쉬면서 기력을 회복하는 것쯤으로 생각하고 움직이는 모습을 보는데, 바람직하지 않다. 물론 사도직 내지 삶의 현장에서 바로 들어오다 보니 몸도 마음도 지쳐 있는 경우가 많다. 그래서 기도에 더 깊이 들어가기 위해 부득불 우선 몸을 챙겨 일으키지 않으면 안 될 경우가 있다. 그러나 그렇게 해서 속히 몸을 세웠으면 철저히 피정에 임할 일이지 적당한 휴식 내지 회복기 정도로 생각하고 느긋하게 움직여서는 안 된다. 원하는 만큼 얻을 것이다.

동시에 유념할 것은 내적으로 이런 치열함을 품되 그것이 의식적 긴장 상태를 유발하지 않도록 해야 하는 점이다. 대부분의 피정자들은 피정에 들어오면 성실하게 열심히 잘해서 좋은 열매를 맺고자 하는 마음들을 갖추고 있다. 어쩌면 그런 바람이 개인적 욕심 차원으로 넘어가 있는지도 모른다. 그러다 보니 영신수련을 잘해야겠다는 마음이 오히려 영신수련을 망치는 결과를 초래한다. 따라서 치열하게 영신수련에 임하겠다는 마음을 일상적으로 갖고 있되, 막상 기도에 들어가면 완전히 성령께 맡겨드리고 편안하고 자유로운 마음으로 따라가는 것이 대단히 중요하다. '서두르지도 말고 게으르지도 말고'를 모토로 삼아 영신수련 여정을 걸어갈 일이다.

끝으로 영신수련 피정이 진행되는 동안 일어나는 개인 면담에 대해 한마디 언급해 두고자 한다. 가끔, 이전에 겪었던 영신수련 피정 체험 동안에 피정지도자와의 면담을 통해 얻게 된 부정적 이미지들로 인해 개인 면담 중 마음을 잘 열지 않으려는 경우를 보게 된다. 그렇게 되면 영신수련의 열매를 제대로 맺지 못할 것이다. 영신수련은 기본적으로는 성령과 영신수련을 하는 이, 이 두 분이 만들어 가는 것이다. 영신수련을 주는 이(통상 피정지도자라고 하는데, 이냐시오 성인은 이런 표현을 쓰지 않고 '영신수련을 주는 이' 그리고 피정을 하는 사람을 '영신수련을 하는 이'라고 하셨다)는 단지 두 분이 걸어가는 여정을 곁에서 따라가며 도움을 줄 뿐이다.

사정이 이러함에도 불구하고 영신수련을 주는 이의 역할은 대단히 중요하다. 영신수련을 주는 이가 누구냐에 따라 영신수련에 대한 해석이 갈라지면서 영신수련 전체의 색깔이 달라지기도 할 뿐만 아니라, 영신수련을 주는 이는 여정을 통해 영신수련을 하는 이의 움직임을 정확하고 면밀히 살피는 가운데, 적절히 두드릴 곳은 두드리고 헤매는 곳에서는 데려 나오면서 더 큰 성장이 일어나도록 도와주기 때문이다. 참으로 영신수련을 하는 이와 주는 이가 하나가 되어 줄탁동시의 작업이 일어날 때 진정한 존재의 변화와 더불어 생명의 성장이 일어난다.

이러한 점들을 고려할 때 영신수련을 하는 이와 주는 이 사이에는 깊은 신뢰 관계와 사랑이 바탕이 되어 있지 않으면 안 된다. 영신수련을 하는 이는 온전히 자신의 모든 모습을 영신수련을 주는 이에게 드러내 보일 마음 자세가 갖춰져 있을 때 더욱더 큰 열매를 맺을 수 있다.

1 산은 산이 아니고 물은 물이 아니다

_ 관점의 변호-

비탈길이 보일 때

자신이 품고 있는 진실만
진실인 건 아냐

그걸 안 건
비탈길이 분명히 눈에 들어왔을 때

같은 비탈이
오르막도 내리막도 됨을
알았을 때

| 문제 제기 |

8일간의 영신수련 여정을 시작함에 있어서 '관점의 변화'에 대해 먼저 짚고 넘어가고자 하는 것은, 물건을 만듦에 있어서 도구들이 제대로 갖춰져 있는지 점검해 봄과 같다. 늘 산이라고 생각해 온 것이 진짜 산인지 늘 물이라고 생각해 온 것이 정말로 물이 틀림없는지 되짚어 보는 작업이 절실하게 필요하다.

적잖은 경우 피정과 같은 영적 여정을 걸어가는 모습을 보면 자기 자신에 대한 반성과 더불어 그저 좀 더 열심히, 좀 더 바르게 살아내려고 결심하면서 그에 대한 은총 내지 힘이 주어지기를 청하고 그것을 목표로 삼는 경우가 많다. 이것도 나쁜 것은 아니나, 어쩌면 그런 자세로 열심히 걸어가면 갈수록 예수님으로부터 멀어지는 경우가 생길지도 모른다. 세상을 통해 배워 알게 된, 그래서 옳다고 생각하고 있는 것들이 예수님의 참된 생각과는 다른 경우를 종종 만나기 때문이다.

무엇보다 그렇게 살아가려고 나름대로 애써 온 결과들이 생각보다 너무 초라한 사실에 종종 우리는 낙담하게 된다. 이것이 마음 아픈 것이다. 그러면서 자책하기 시작한다. 나름대로 열심히 살아왔다고 생각하는데도 불구하고 자신의 모습을 들여다보면 허점투성이고 불완전하기 짝이 없고 심지어 죄인이다.

우리는 종종 어떤 것이 선이고 어떤 것이 악이며 어떤 길은 가야 하고 어떤 길은 피해야 하는지 이미 다 정해져 있고 스스로도 그런 것들을 다 잘 알고 있다고 단정한다. 나아가 하느님이 어떤 분이신지 그리고 인간은 어떤 존재인지, 예수님께서 좋아하시고 싫어하시는 것이 무엇인지도 다 잘 알고 있다고 생각한다. 오직 부족하고 잘못된 것은 내 의지가 약한 것이고 내 죄스러움이 강해, 하느님과 예수님께서 좋아하시고 원하시는 선하고 아름다운 길을 걷지 못하고 있을 따름이라고 판단을 내린다.

남은 길은 더 의지를 굳건히 하고 극기하며 사악한 욕망을 다스리며 매 순간순간을 성실히 살아가지 않으면 안 되는 것밖에 없다. 그러나 우리가 다 알다시피 이게 얼마만한 성과를 거둘 수 있으며 또 거둬 왔는가. 그런 자세로 살아가려고 할 때 설사 성장은 이뤄지지 않고 잘못된 길로 탈선은 하지 않았다손 치더라도, 앞으로도 계속 그렇게 살아가고자 하는 내적 동력이 쉬 떨어져 버리지 않겠는가. 오직 다 알고 있는 길을 더욱더 충실히 따라가기만 한다면, 이미 그 길에는 신선한 자극이 없어 식상해지고 앞으로 나아가고픈 열망이 솟아나지 않기 때문이다.

그렇다면 이제부터는 지금까지 걸어온 길을 수정해서 다른 길을 걸어가야 하지 않겠는가. 여기서 우리는 세상과 사물과 사람을 새로운 관점으로 볼 필요성이 생긴다. 새롭게 바라봄으로써 새바람을 불러일으키고 조금씩의 성취감을 불러일으키는 가운데 성장을 지속시켜 나가야 한다.

| 기도 자료 |

"한 처음에 하느님께서 하늘과 땅을 지어내셨다.

하느님께서는 빛과 어둠을 나누시고, 뭍과 바다를 가르시고, 하느님의 모습대로 사람을 남자와 여자로 지어내셨다.

이 모든 일은 밤과 낮이 번갈아 흘러가는 가운데 이루어졌고 하느님께서 보시니 참 좋았다.

허나, 사람인 여자와 남자는 선과 악을 알게 하는 나무 열매를 따먹고 에덴동산을 떠났다."

묵상 요점

1. 사람(여자와 남자)의 관점과 하느님의 관점이 어떻게 다른지 살핀다.
2. 내 관점은 또 어떻게 다른지 살펴본다.
3. 더 큰 생명과 성장을 위해 내 관점이 어떻게 수정 보완될 필요가 있는지 살핀다.

|방향 설정|

1. 이원대립론적 관점

우리의 영적 여정에 있어서 가장 큰 걸림돌은 이원대립론적(二元對立論的) 사고방식이다. 이는 모든 존재와 가치를 둘로 쪼개그 그 둘 사이에 우열의 차를 두고 우월한 것은 취하려고 하고 열등한 것은 버리려고 하는 관점이다. 여기로부터 모든 긴장과 갈등과 투쟁 그리고 죽음이 뿜어져 나온다.

어릴 때부터 이런 식의 교육만을 받아왔다. 무엇이 선하고 무엇이 악한지, 어떤 것은 해야 하고 어떤 것은 해서는 안 되는지가 늘 분명했다. 산은 반드시 산이고 물은 반드시 물이었지 의심할 필요조차 없었다. 오직 필요한 것은 선하고 올바르고 착한 길을 걸어가는 일만 남았을 뿐이었다.

당연히 창조주인 하느님과 피조물인 인간은 온전히 다른 존재요 별개의 존재다. 하늘과 땅이 먼 것처럼 그렇게 멀리 떨어져 있는 존재다. 남자와 여자도 별개의 다른 존재요, 의인과 죄인도 마찬가지다. 삶과 죽음이 나뉘고, 선과 악이 떨어져 싸우고, 정신과 물질이 함께할 수 없고, 인간과 자연도 대립하고 있다. 여기서 당연히 인간보다 하느님이, 여자보다 남자가, 죄인보다 의인이, 죽음보다 삶이, 악보다 선이, 물질보다 정신이 더 우월한 존재요 그 결과 우리는 후자를 취하고 전자는 배척해야 한다고 생각하며 그에 좇아 행동한다. 이렇게 상대적인 둘이 서로 마주보며 으르렁거리는 가운데 싸우다 보니 자연히 승패가 나뉘게 되고 죽음이 들어오게 된다.

이런 논리 구조는 그 모든 것을 철저히 서열화시키고 체계화시키고 조직화시키게 된다. 그래서 상위에 있는 존재는 하위 존재를 지배하고 억압하게 된다. 여기서는 질서가 중요하고 능률이 우선시된다. 과정보다 결과가 앞서고, 구성원보다 조직이 중요해지고, 사랑보다 당위적 규범이 강요된다. 자연히 체제 안정과 유지에 더 큰 에너지를 쏟는 보수적 성향이 강하게 드러나게 된다. 그 결과 존재들의 살아 있는 생동감은 감퇴되고 자유로운 분위기는 가라앉고, 대신 엄숙하고 진지하고 장엄한 미학이 두드러져 나온다.

실은 이러한 논리적 성향은 다분히 남성적이고 좌뇌(左腦)적이고 이성 중심적이다. 우리 안에 그토록 이원대립론적 성향이 강한가 하는 것은 그동안 인류 역사가 얼마나 남성 중심적으로 흘러왔는가를 보여주는 단적인 예가 된다.

이런 사고의 경향은 신자라고 해서, 수도자들이라고 해서 예외가 아니다. 아무리 태중 교우들이라고 하더라도 성장해서 나름대로 자기 신앙의 길을 걷기 시작했을 땐 이미 사회 전반에 만연되어 있는 이런 이원대립론적 가치 체계에 깊이 물들어 있기 때문이다. 그러면서 신앙생활을 해나가는 가운데 이러한 가치 체계에 대해 한 번도 의심해 보지 않는다는 사실이다. 그것은 당연한 전제로 삼고 그 바탕 위에서 어떻게 올바르고 성실하고 착하게 신앙생활 내지 수도 생활을 해낼 수 있을까에 대해서만 온 힘을 쏟을 뿐이다.

우리가 원죄를 짊어지고 태어난다고 하는 것도 이런 맥락에서 알아들을 수 있다. 따로 무슨 근원적인 죄 같은 것을 지었다기보다 이 세상 전체가 이원대립론적 사고를 통한 갈등과 죽음의 늪에 깊이 빠져 있고, 우리 각자가 나름대로 의식이 깨이기 시작할 땐 이미 이러한 분위기 내지 상황 속에서 움직이기 시작하고, 그 결과 우리도 다시 제대로 깨어나지 않는 이상 그 물결 속에 휩싸여 갈등과 죽음의 길을 반복하기 때문이다.

그런데 여기서 한 가지 중요하게 숙고해 봐야 할 것은 이러한 이원대립론적 논리는 기본적으로 서양식 논리 체계라는 사실이다. 서양은 주류적으로 아리스토텔레스 논리 체계에 바탕을 두고 사유를 전개시켜 왔다. 여기에서는 A는 A이지 B는 아니며 A가 A이면서 동시에 B도 된다는 것 등은 용납할 수 없다. 자연히 선은 선이고 악은 악인 것이지, 선이면서 동시에 악이거나 악이 될 수 있는 가능성 등은 인정하지 않는다. 따라서 어떤 행위가 선이고 어떤 행위가 악인가 하는 것은 애초부터 분명히 범주화되어 나뉘져 있다. 우리에게 남은 것은 어떻게 하면 악을 피하고 선을 향하느냐 하는 것뿐이다.

그러나 이런 식으로 알아듣다 보면 예수님의 가르침의 핵심들을 빗겨가기 십상이다. 일견 우리가 보기에 예수님의 가르침은 대개 역설적 논리 구조를 품고 있기 때문이다. 살려고 하는 자는 죽어야 한다든지, 첫째가 되길 원하는 이는 꼴찌가 되어야 한다든지, 고난을 겪고 나서 다시 살게 된다든지, 밀과 가라지를 함께 키우라는 것이라든지, 의인이나 죄인이나 똑같이 햇빛을 쬐고 비를 받는다는 것들이 그러한 예이다. 이런 말씀들은 덕을 깊이 닦아 그렇게 되거나 살아야 한다고 요청하는 당위적 규범이라기보다, 애초 존재의 구조가 그러함을 설파하신 것으로 알아듣지 않으면 안 된다.

무엇보다 어려워지는 점 하나는 이런 논리 속에서 움직이다 보면 하느님과의 관계 문제가 대단히 경색되어 버린다는 사실이다. 우리와는 전혀 다른 존재로서 전지전능할 정도로 대단히 강하고 빈틈없고 정의롭고 엄위로운 분이라, 늘 그분 앞에선 철저히 예를 갖추고 눈치를 살펴야 하고 주어지는 의무를 다해야 하는 절박감이 있다. 그러다 보니 설혹 웬만큼 그분의 뜻을 실천하며 살아간다손 치더라도 그 안에 기쁨이나 자유나 생동감을 발견하기 어렵게 된다. 사랑으로서의 그분의 모습을 놓쳐버릴 위험에 직면하게 되는 것이다.

여기서 우리는 다른 논리 구조를 생각해 볼 수 있고, 새로운 관점을 모색해 보지 않으면 안 되는 필요성을 절감한다.

2. 이중성(二重性)의 논리

다른 관점을 모색하고자 할 때 먼저 동서양의 논리적 사고 형태의 차이부터 살펴보는 게 좋겠다. 서양의 논리 구조를 수직적이고 선형(線形)적이라고 한다면 그에 대응하는 수평적이고 원형(圓形)적인 논리 구조를 생각해 볼 수 있지 않을까. 이것이 서양에 대비

되는 동양적 사고의 모습이다. 상징적 이미지를 원용한다면 뱀이 둥근 형태로 있으면서 머리 부분의 입이 자기 꼬리를 물고 있는 우로보로스의 뱀을 들 수 있다.

먼저 생각해 볼 수 있는 것은 인식론적인 문제다. 우리의 경험에 바탕을 둔 인식들은 모두 상대적 지평 위에 서 있지 않은가. 어떤 것이 '크다'고 생각한다는 것은, 그것에 대비되는 '작다'는 것이 전제되어야 하지 않는가. 알고 모르는 것이 그러하며, 변하는 것과 불변한다는 것이 그러하며, 남자와 여자가 그러하며, 삶과 죽음이 그러하고, 선과 악이 그러하지 않은가. 이 모든 것들은 반대되는 상대를 전제로 하여 자기 앞에 세우지 않고서는 자기 자신조차 서 있을 바탕을 잃어버리게 된다. 이 세상의 사람들이 모두 남자만 있다면 어떻게 그 존재를 두고 남자라고 하겠는가. 남자는 여자를 대대(待對)적으로 세우고서야 비로소 남자로서 존재할 수 있게 된다.

이런 사실은 비단 인식론적 차원에서만의 문제가 아니다. 존재론적 차원에서도 역시 그러하다. 어떤 한 사람을 두고 그 사람은 '늙은 사람'인가 혹은 '젊은 사람'인가라고 묻는다면 어떻게 알아들어야 할까. 바겐세일 품목을 목록화하듯이 이 사람은 '늙은 사람' 저 사람은 '젊은 사람' 하는 식으로 나누고 배치할 수 있는가. 각 사람이 개별적인 속성에 좇아 범주화되어 나누어지는 것이 아니라, 자신이 놓여지는 상황에 따라 변화되는 것이며 각자 안에는 상반되는 요소들을 모두 내포하고 있는 것이 아닌가. 즉 자기 안에 젊음도 늙음도 모두 지니고 있으면서 놓여지는 상대적 지평에 따라 늙은이가 되기도 하고 젊은이가 되기도 한다.

이렇게 상대적인 것을 상대적인 것으로 보며 구별은 하되 차별하지 않을 뿐만 아니라 더 나아가 일체를 하나로 묶어 바라보는 사고는 동양에서, 특히 우리나라에서 두드러지게 나타나는 패턴이다. 무엇보다 주역에 바탕을 둔 음양오행적 사고가 전형적인 모습이다. 천체의 운행뿐만 아니라 인간 신체 내지 사회의 변화상을 관찰할 때도 늘 음과 양의 상생 내지 상극 관계 속에서 전체적으로 바라보려고 하였다. 하나의 태극 속에 음과 양이 함께 움직이며 변화와 생장을 거듭해 가는 것으로 이해했는데, 음과 양은 둘로 쪼갤 수 없는 존재였다. 그 둘은 둘이면서 하나이고 하나이면서 둘이었다. 음과 양이 따로 우열을 다투며 둘 중 하나가 중요한 것이 아니라 그 둘이 하나로 화합된 태극이 중요한 것이었다. 그 태극이 끊임없이 변화를 일으키는 과정을 통해 생명을 창조하고 성장해 나가는 것이 중요할 따름이었다.

이런 사유의 경향은 불교에서도 엿볼 수 있는데, 연기설(緣起說)이 그러하고 의상스님의 화엄일승법계도(華嚴一乘法界圖)에서 '일중일체 다중일(一中一切 多中一)'로 존재를 이해하는 것이 그러하다. 여기서는 부분이 전체가 되고 전체가 부분이 됨을 알아듣고 수용하고 있다. 이는 명백히 아리스토텔레스의 논리학 입장에 따르면 모순이 된다. 함에도 현대물리학 특히 양자역학의 발전을 통해 이러한 존재 형태를 알아듣고 있을 뿐만 아니라, 홀로그래피라는 사진술을 통해서는 부분과 전체가 어떻게 하나인지 뚜렷한 데이터를 통해 확인할 수도 있다.

김상일 교수는 아리스토텔레스와 아우구스티누스 그리고 아퀴나스의 두문자를 따 서양의 주류적인 이런 논리를 A논리라고 하고, 이에 반해 에피메니데스와 에우비데스 그리고 에크하르트를 중심으로 펼쳐지고 있는 역설의 논리를 그들 이름의 두문자를 따 E논리라고 명명하고 있다.[2] 이 후자의 논리에서는 소위 '거짓말쟁이 역설'이 중요한 진리적 가치와 힘을 드러낸다. 대한민국 사람인 김대한이 '모든 대한민국 사람은 거짓말쟁이다.'라고 했을 때 거짓말쟁이가 거짓말을 하니 참말이 되는 논리다.

전체가 부분 속에 들어갈 때 얼마만한 창조력과 생명력을 뿜어내는지 놀라운 일이다. 예수님의 탄생 즉 하느님의 강생 사건이 가장 전형적인 예이다. 역으로 전체가 부분 속으로 들어오려 하지 않을 때, 전체가 부분 바깥으로 나가 따로 떨어져 움직이려고 할 때 창조력과 생명력이 얼마나 큰 벽에 부딪쳐 무너지고 마는지도 놀라운 일이다. 자신이 펴는 주장과 논리 안에 자기 스스로 포함되어 들어가지 않을 때 그 말들이 어떻게 독이 되어 공동체를 죽이는지를 쉬 볼 수 있는 것이 한 예다.

우리 민족은 기본적으로 이런 맥락하에서 인간과 자연을 따로 취급하지 않았고, 남자와 여자도 서열을 매기지 않았으며, 성(聖)

2. 김상일, 「동학과 신서학」, 21–38쪽(지식산업사, 2000); 이 책 외에도 김상일 교수의 많은 책들이 이 점을 언급한다.

과 속(俗)도 나누려고 하지 않았다. 이러한 사고의 전통은 동학사상에 이르러 깊게 드러나게 된다. 인간이 곧 하늘이고 하느님이라는 인내천(人乃天) 사상으로 결실을 맺은 것이 그것이다. 예수님의 논지와 일맥상통한다. 여기서 상론할 것은 아니지만 수운 최제우 선생의 신(神) 체험이 얼마나 예수님의 하느님 체험과 유사한지, 동학사상의 발전 양상을 통해 예수님의 사후 사도 시대가 어떻게 변천되어 왔을지 가늠해 보는 연구는 대단히 의미 깊고 유익하리라고 생각한다.

이런 일련의 사고에는 생명에 대한 깊은 경외감과 애착이 배경을 이루고 있다. 비록 하느님이라는 인격신을 알지 못하고 받아들이지 못했을지라도, 이야말로 '살아 계신 하느님'의 본질에 깊이 가닿아 있는 것이라고 말하지 않을 수 없다. 동시에 깊게 알아들었던 것은 바로 이 생명을 낳고 키워 가기 위해서는 상반되는 두 존재, 즉 음(陰)과 양(陽)의 결합이 반드시 필요하다는 사실이었다. 어느 한쪽이 다른 한쪽을 제압하는 가운데 일방적으로 통일을 이뤄내는 것이 아니라, 양쪽이 서로 맞물려 존재하면서 상호작용하는 가운데 전체적으로 생명을 신장시켜 나가는 것이 모든 존재자들과 존재 그 자체의 원리임을 통찰하였던 것이고, 김형효 교수는 이런 원리를 '이중성(二重性)의 원리'라고 이름 부른다.[3]

우리는 이원대립론적 사고에 젖어 이 세상에서 악을 모두 없앨 때 비로소 선으로 가득 찬 하늘나라가 건설되는 것으로 생각하

3. 김형효, 「하이데거와 마음의 철학」, 40쪽(청계, 2000).

고, 이 세상에서 모든 고통과 불의와 슬픔과 질병을 제거하는 것이야말로 하늘나라가 완성되는 것으로 알아듣는다. 그러나 유감스럽게도 악을 없애면 악만 없어지는 것이 아니라 선도 함께 죽어버린다는 사실이다. 미워하는 마음을 없애면 사랑하는 마음만 남는 것이 아니라 사랑하는 마음마저도 함께 죽어버린다는 것이다. 이런 사실이야말로 그 모든 존재자들이 각자 개별적으로 떨어져 있는 가운데 끊임없는 경쟁 속에서 우열을 다투며 죽음을 불러일으키는 것이 아니라, 모두가 하나로 연결되어 있는 가운데 상호작용하면서 운명을 함께하는 존재들임을 일깨워 준다. 일견 원수처럼 적처럼 보이는 상대가 실은 내 존재를 지탱해 주고 성장시켜 주는 중요한 요소임을 알아듣도록 촉구한다. 중요한 것은 악을 없애고 원수를 쳐부수는 것이 아니라 어떻게 공존하면서 적절히 균형과 조화를 이루는 가운데 전체로서의 생명을 키워 나가느냐는 것이다.

이러다 보니 우리에게는 서열을 매기고 조직을 체계화시키는 것이 중요한 것이 아니라 상호간 관계가 중요하고, 일보다는 사람이 중요하고, 결과보다는 과정이 중요하고, 당위적 요청보다는 자유에 터 잡은 생동감이 더욱더 중요하게 된다. 또한 이런 자세는 남성적이라기보다는 여성적이다. 창조를 통한 질서가 남성적이라면 그 모태가 되었던 태초의 혼돈은 여성적이다.

그리고 이러한 사고는 실체 중심적 관점에서 벗어나 관계 중심 내지 변화 중심적 관점에서 사물을 이해하도록 초대한다.

|영신수련 흐름 안에서의 역동성|

이 주제를 가지고 기도할 때는 그저 추상적인 이론 정리 수준에 그쳐서는 안 된다. 자신 안에 있는 뚜렷이 구분 짓는 성향을 구체적으로 살펴보면서 그런 성향이 생명과 성장을 위해 어떻게 유익이 되고 또 해로움이 되는지를 명확하게 짚어야 한다. 그러면서 성장을 향한 열정을 불태울 수 있어야 한다.

여기서 다루는 '관점'에 대한 문제는 건물로 치면 기초공사와 같다. 기초가 잘못되면 아무리 높게 건물을 올려가더라도 언제 허물어질지 모른다. 하느님에 대한 관(觀)을 잘못 정립해 놓고 열심히 신앙생활을 한다면 열심히 하면 할수록 하느님으로부터 멀어지는 불상사를 초래하게 된다.

영신수련이란 그저 신심이나 뜨겁게 달궈내고자 하는 작업이 아니다. 깊은 깨달음을 통해 존재의 변화를 일으키고자 하는 수행이다. 그러기 위해서 관점들이 점점 더 깊어지고 넓어지고 통합을 이뤄낼 필요가 있다. 물론 영신수련의 들머리에서 관점의 변화에 대해 한두 번 기도한다고 해서 다 정리되고 완결되는 것은 아니다. 앞으로 영신수련이 진행됨에 따라 거듭거듭 새로운 관점에서 바라보는 작업이 일어날 것이고 그럼으로써 조금씩 주님을 더 깊게 알아듣게 되며 동시에 자신의 존재의 모습도 변화되어 갈 것이다.

2 기도하지 않으면

_ 묵상기도하는 법

그리고 또 어느 날

이 길 지금까지
많은 이가 지나간 길

울퉁불퉁한 땅에 흐르는 땀도
넘어져 까진 손바닥도

셀 수 없는 숱한 이가
괴로워하고, 가다간 날이 저물고
그러며 넘어서 갔던 길

그렇게 생각함에
계속 걸어갈 용기를 얻는 일도 있어

| 문제 제기 |

영신수련의 주된 목적 중의 하나는 기도하는 법을 배우는 것이다. 사람들은 나름대로 다 기도한다고 생각하고 있다. 수도자들의 경우는 더욱더 그렇다. 함에도 그 기도가 존재의 어느 층위에서 일어나고 있는가 하는 문제는 대단히 중요하며 반드시 짚어봐야 한다. 어떤 경우는 기도한다고 하는 것이 지극히 피상적인 의식 수준에 머물러 일상의 사고하는 작용과 큰 차이가 없을 수도 있기 때문이다.

앞에서 봐왔던 관점의 변화들에 대해서도 얼마든지 나름대로의 사고 작용을 통해서도 점검해 볼 수 있고 변화시켜 나갈 수도 있다. 그러나 그런 작업이 참된 기도 안에서 이뤄지지 않는다면 변화의 깊이나 폭이 대단히 얕고 좁아지게 된다. 기도하고 있다고 생각함에도 불구하고 영적 성장이나 존재의 변화가 거의 일어나지 않는다고 탄식하는 건 바로 이 때문이다.

그렇기 때문에 새로운 관점들을 알아듣고 삶 속에서 살아내기 위해서는 그런 앎이 깊은 수준에서 일어나지 않으면 안 되며 그러기 위해서는 기도 안에서 알아듣지 않으면 안 된다. 이성 차원에서의 알아들음과 영적 차원에서의 알아들음이 얼마만큼이나 다른가 하는 것에 대해선 체험으로 알아들어야 한다.

여기에서는 우선 묵상기도하는 법에 대해 대체적인 설명만 하고자 한다. 복음관상기도에 대해서는 둘째주간에 들어가서 다룰 것이기 때문이다.

|방향 설정|

우리가 보통 가장 많이 하는 기도 형태가 묵상기도다. 평소에 하고 있는 기도이기 때문에 자세한 설명은 하지 않겠다. 주의할 점 몇 가지만 짚고자 하고, 좀 더 구체적인 내용은 아래 주를 참고하기 바란다.[4]

---

4. 묵상기도 방법에 대한 약간의 도움말

0. 기도는 내 생각을 펼쳐 나가는 것이 아니라 성령께서 보여주시고 느끼게 해주시는 것을 졸지 않고 깨어 있는 가운데 포착하는 것임을 명심할 것이다.

1. 구체적인 기도 방법

1.1 한차례의 기도는 준비기도(10-15분)+본기도(40-60분)+기도 성찰(10-15분)로 구성된다.

- 이와 같은 식의 기도가 한차례 끝나면 다음 기도에 들어가기 전에 반드시 한 시간 이상을 쉴 것이다.
- 피정 중에는 특별한 일이 없는 이상 본기도 시간을 한 시간으로 한다.

1.2 준비기도의 철저함

- 묵상 요점을 명확하고 구체적으로 정할 것이며, 요점은 가능한 한 가지만 정한다.
- 청할 은총을 정한다. 첫째로 구해야 할 은총은 기도 주제에 대해 깊은 이해를 구할 것이고, 둘째로 청할 은총은 그 기도 주제와 관련하여 현재의 자기 자신에게 필요한 은총을 청할 일이다.

1.3 본기도

- 먼저 몸과 호흡과 마음을 가다듬는다(적어도 5-10분 정도).
- 자세는 원칙적으로 자유롭게 한다. 다만, 허리를 꼿꼿이 세우는 것은 대단히 중요하다.

먼저 무엇보다 명심할 것은 기도한다는 것은 그저 자신의 생각을 전개시키는 것은 아니란 사실이다. 기도를 계속하고 있음에도 불구하고 영적 성장이 더딘 것은 대부분 여기에 기인한다. 그저 성경 구절이나 다른 기도 주제에 대해 이것저것 생각 좀 하고 그에 덧붙여 자기 반성과 결심 정도 하면서 기도하고 있다고 생각하니 진보가 없다. 게다가 기도 시간이 30분 정도에 그치면 그 정도는 더 심해진다. 그렇게 되면 기도가 일상의 생각 정도의 차원에 머물고 말아 깊은 영적 차원에서의 움직임이 일어날 가능성이 거의 없게 되기 때문이다.

이렇게 기도에 들어가려고 할 때 첫째로 유념해야 할 것은 묵상 요점 잡는 일이다. 많은 피정자들이 이구동성으로 하는 이야기는

- 기도 중에는 결코 자세를 바꾸지 않을 뿐 아니라 미동도 하지 않는다.
- 처음에 어느 정도는 나름대로 묵상 요점에 대해 궁구하다가(묵상의 모습), 차츰 생각의 갈래가 한 곳으로 모아지면 그때부터는 철저하게 성령께 귀 기울여 성령께서 보여주시고 느끼게 해주시는 것을 깨어 포착하기 위해 애쓰면서 머문다(관상의 모습). 이러한 묵상의 모습이나 관상의 모습은 일률적으로 말할 수 없고 매 기도 때마다 다르다. 한차례의 기도 안에서도 미시적으로 살펴본다면 묵상의 과정과 관상의 과정이 교차하며 왔다 갔다 한다.
- 어느 한 포인트에 생각이 모아지기 시작하면 그때부터는 더 이상 생각을 전개시키지 말고 그저 주의 깊게 바라만 보고 있을 일이다. 그러면 성령께서 이끌며 보여주실 것이고, 이때 '저절로' 어떤 생각이나 느낌이 떠오르고 그것이 힘과 위안이 되면 성령께서 가르쳐 주신 것으로 알아들으면 된다. 이런 상태를 거칠게 말해 앞에서 언급한 '관상의 모습'이라고 한다.
- 담화–본기도를 마칠 때 예수님이나 성모님과 기도 체험에 대해 대화하는 것으로서 기도에 있어 대단히 중요하다. 이 담화를 통해 예수님과의 사이에 인격적 관계가 형성되고 심화되어 가기 때문이다.

묵상 요점을 제대로 명확하게 잡고 들어가지 않으면 기도 전체가 뿌옇게 흐려지고 만다는 것이다. 참으로 그렇다. 예수님께서 병자들을 고쳐주실 때 으레 물으셨던 것이 '원하는 것이 무엇이냐?' 였다. 기도할 때도 필경 물으실 것이다, '이번 기도를 통해 바라는 것이 무엇이냐'고. 이 점, 청하는 은총과 더불어 한 시간 동안 무슨 주제에 대해 깊이 알아듣고 은총을 얻길 원하는지, 본인 안에 명확한 원의가 있어야 한다.

다음으로 자세 문제인데 한번 자리에 앉으면 한 시간의 기도가 끝날 때까지 눈동자조차 움직이지 않는 치열함이 있어야 하는데, 대개 피정하는 이들을 보면 이 부분이 대단히 아쉽다. 수도자들조

1.4 기도 성찰

- 기도가 전체적으로 어떻게 진행되었는지를 살펴보는 과정으로서 성찰한 결과를 다음 기도에 수정 보완하기 위함이다.
- 성찰 요점은 다음의 네 요소로 구성된다. ①기도의 전체적 분위기 내지 느낌이 어떠했나 ②기도 중 특별히 깨달은 것이 있거나 깊은 감동을 받은 부분이 있었는가 ③청한 은총은 받았는가 ④기도가 잘되었다고 생각한다면 그 원인은? 만약 잘못되었다고 생각한다면 그 원인은?
- 성찰한 결과를 간단히 노트에 적어둔다. 성찰 노트를 작성할 때는 기도 중에 떠오른 생각이나 느낌들을 전부 적으려고 하지 말고, 강하게 떠오른 생각이나 느낌들 중심으로 기도 전체의 맥을 짚는 차원에서 간략히 기록할 것이며, 이미지 등을 그림으로 그려놓아도 좋다.
- 개인 면담에 들어올 때는 미리 이 노트를 보며 전체적 흐름을 파악하여 간결하게 이야기할 것이다.
- 매일 저녁 자기 전에 그때까지의 성찰 노트 전부를 일독한 후 잠들 것이다. 이렇게 반복하여 읽는 것을 통해 성령께서 이끌고 계시는 전체적인 방향, 맥을 잡을 수 있게 된다.

차도 두 시간 세 시간 오랫동안 앉아 있는데는 익숙한데, 한 시간을 앉되 미동도 하지 않고 앉아 있는 모습을 보기 힘들다. 자기만의 기도 자세가 확립되어 있지 않은 탓이다.

물론 미동도 하지 않는다 해서 쓸데없는 몸과 마음의 긴장을 초래하라는 것이 아니다. 대단히 자유롭고 편안하게 앉되 성성하게 깨어 있는 치열함이 요구된다는 말이다. 느슨하게 앉아 적당히 머물다 보니 영적 성장이 더디다. 미동도 하지 말 것을 요구하는 것은, 기도가 진행되다 영적 차원에까지 깊게 들어가 있는 경우 의식적인 몸동작을 일으키게 되면 그때부터 영적 흐름이 깨어지게 되고, 다시 그 영적 흐름 속으로 타고 들어가기 위해서는 많은 시간과 에너지가 소모되기 때문이다.

자세를 확보하기 위해 자명종을 사용하는 것이 크게 유익하다. 그러지 않으면 그때그때 컨디션에 따라 기도 시간이 들쭉날쭉하게 되고, 기도가 잘 안 될 때는 시계를 보면서 미동도 않는 자세를 깨뜨릴 뿐만 아니라 깊게 머묾에도 방해가 되기 때문이다.

한차례의 기도가 끝난 다음엔 한 시간 정도의 충분한 휴식을 취함이 대단히 중요하다. 영신수련 피정은 그저 뜨거운 신심을 함양시키는 데 목적이 있는 것이 아니기 때문이다. 그런 목적이라면 굳이 그렇게 쉬지 않아도 괜찮고 한차례의 본기도 시간도 한 시간을 넘어가도 무방할 것이다. 그러나 영신수련 피정을 통해 참된 깨달음을 얻고자 하고 이를 통해 존재의 변화를 일으키고자 한다면 몸 컨디션이 좋아야 하고 무엇보다 머리가 맑게 깨어 있지 않으면 안 된다. 이를 위해 기도와 기도 사이에 한 시간 정도의 휴식을 넣어두는 것이다. 의식이 성성하게 깨어 있지 않으면 기도의 날카로움은 사라진다.

끝으로 성찰의 중요성인데, 사실 본기도 동안에는 뚜렷하게 알아듣는 것도 없고 어려운 시간을 보내다가 성찰을 하며 노트를 작성해 나가는 가운데 본기도 중 산만하게 떠오르던 생각이나 이미지들이 한 꿰미로 꿰어지며 맥이 통하고, 덧붙여 새로운 통찰이나 감동을 받는 경우가 빈번하게 일어난다. 따라서 매 기도가 끝날 때마다 성찰은 게을리하지 말고 성실하게 해야 한다.

|영신수련 흐름 안에서의 역동성|

영신수련 피정 중에는 이러한 묵상기도나 복음관상기도를 하루에 네 번 내지 다섯 번 하게 된다. 물론 구체적인 피정자의 상황에 좇아 기도 횟수를 줄일 수도 있다. 그러나 원칙적으로 다섯 번을 넘어가는 것은 금한다. 하루 이틀은 괜찮을지 모르지만 장기간의 피정 전체 흐름을 생각하면 오히려 생각의 날카로움을 무디게 하고 결국 기도가 흐릿해질 위험이 크기 때문이다. 하루 동안 기도를 다섯 차례 하고 미사가 있고 개인 면담을 해야 하고 묵상 요점 시간의 강의를 들어야 하는 사정을 감안하면 사람에 따라서는 다섯 차례 기도하기가 벅찰 경우가 있다. 네 차례는 대부분 무난하지만 말이다.

매일 이렇게 많은 기도를 해나가다 보면 때론 기도의 맛이 느껴지며 힘이 나고 위로를 얻는 경우가 있는가 하면 때론 그렇지 못한 경우도 많다. 기도를 계속해 나가기가 힘들고 한차례 앉아 있는 것조차 어려운 경우도 많다. 그러나 그렇다고 해서 낙담할 일은 절대 아니다. 본래 기도의 흐름이란 것이 그렇게 부침이 많다. 물론 기도에 진보해 있는 이라면 좀 더 깊게 머물게 되고 그로 인해 통찰이나 내적 힘을 더 크게 키워냄으로써 위안을 얻기가 쉽겠지만, 그런 이들에게 있어서도 기도의 부침은 있기 마련이다.

다만 이때 피정자도 잘 살펴야 되고 피정을 동반하는 이도 유념해서 볼 것은 기도가 정말 살아 있는가 하는 점이다. 면담 때 피정하는 분위기 내지 기도가 어떤가라고 물어보면 종종 '괜찮아요.' 혹은 '편안해요.' 하는 반응을 접하게 된다. 이때의 편안함 내지 평화 혹은 안정감이 성령으로부터 오는 참된 것인지, 아니면 맑게 깨어 있지 않음에서 오는 위장된 평화나 안정인지 식별해야 할 것이다. 일상의 번잡함과 피로로부터 해방되어 피정 공간에 머물고 있다는 것 자체만으로도 어느 정도의 위로와 안정을 맛보고 그것에 만족하며 머물 수 있기 때문이다.

무엇보다 피정을 주는 이는 면담을 통해 피정을 하는 이의 기도가 어느 존재의 층위에서 일어나고 있는지를 세심하게 살펴 식별하고 더 깊은 곳으로 이끌도록 해야 한다. 기도가 단순한 이성 차원에서 머무는지 혹은 심리 차원에서 그치고 마는지, 아니면 영적 차원이라고 하더라도 어느 정도의 깊이에서 일어나고 있는지를 식별하고 한 단계 더 깊게 들어가도록 적절한 자극과 지침을 줄 수 있어야 한다. 이런 면에서 피정을 주는 이의 영적 감각과 영적 힘이란 것은 무엇보다 중요하게 요청되는 자질이다.

영신수련 피정에서의 면담은 심리 상담과는 다르다. 심리적 억압이나 상처가 너무 심해 영적 차원에로 나아가는 것조차 방해를 받고 있다면 먼저 그 심리 상태를 다독거리고 치유해 줄 필요가 있지만, 그렇다고 해서 너무 심리 차원에만 역점을 두다 보면 영적 차원에까지 내려가지 못하게 된다. 피정하는 이의 내면의 흐름과 역동성을 잘 살피는 가운데 단순한 심리 차원에서 일시적으로 고양되어 충만한 위안을 받고 있는 듯 착각하거나 성급한 결정들을 내리려고 할 때는, 그런 점들을 일깨워 주고 필요한 경우엔 특정 행동에로 나가는 것을 제지해야 한다.

사실 피정하는 이는 피정을 통해 덕에 있어서 커다란 진보를 일궈내는 것보다는 식별력이 강화되는 측면이 더 많다. 어쩌면 덕에 있어서는 조금도 진보가 없을지도 모른다. 함에도 준비기도라는 계획과 그 계획에 따른 실행인 본기도, 그리고 실행의 결과에 대한 분석인 기도 성찰이라는 일련의 기도 과정을 통해 식별력이 자기도 모르는 사이에 자라게 된다. 계획하고 실행하고 분석하고, 그 분석을 바탕으로 또 (그다음의 기도를) 계획하고 실행하고 분석하고, 이런 작업이 거듭 반복되기 때문이다. 더 나아가 피정하는 이는 이런 식으로 나름대로 식별 과정을 거치지만, 개인 면담 시간을 통해 피정을 주는 이의 판단 자료를 참조해서 피정하는 이는 최종적으로 식별을 한번 더 하게 된다. 이러다 보니 이중삼중으로 식별력이 신장된다.

3 의식의 역동적 흐름

_ 영신수련의 구조

시선은 위로 마음도 위로

오르막길 있음 내리막길 있어
올라갈 때 있음 내려갈 때 있어
그건 자연스러운 것

허나
올라가 볼려는 마음 꺾음은
비탈길 저편에 있는 것
꿈꿔 보는 마음 꺾음은
너무 애처로운 것

| 문제 제기 |

예수회원들에게 피정을 줄 때는 당연히 이런 영신수련의 구조에 대한 설명은 하지 않는다. 그러나 영신수련에 익숙해 있지 않은 이들에겐 전체적인 구조 내지 영신수련의 흐름에 대해 개략적인 설명을 들려주는 것이 도움이 되는 것 같았다.

항간에 영신수련에 대한 오해가 몇 가지 있다. 그중 대표적인 것 하나가 영신수련은 예수회의 영성을 심어주려는 것이 아니냐 내지는 예수회의 영성이기 때문에 우리 수도회 혹은 내 영성과는 맞지 않다고 이야기하는 것이다. 이것은 아니다. 영신수련은 각자 자기가 타고난 고유한 아름다움을 찾아내고 더욱더 신장시켜 나가는 것을 도와주는 것을 목적으로 하고 있지 예수회의 영성을 교육시키려는 것이 아니다. 그렇기 때문에 봉쇄수도회의 전형인 가르멜 수녀들이 영신수련을 잘 받게 되면 가르멜 수도자로서 더욱더 깊게 잘 살아내게 된다. 교구사제는 교구사제로서, 평신도는 평신도로서 자신의 고유한 소명을 깔축없이 살아내도록 돕게 된다.

그런데 이냐시오 성인께서 쓰신 이 「영신수련」이란 책자는 전자제품에 대한 매뉴얼과 같은 것이 아니라 텍스트다. 피정을 하는 이를 위한 것이 아니라 피정을 주는 이를 위해 작성하신 책인데, 텍스트이다 보니 나름대로의 해석을 해내지 않으면 안 된다. 그 결과 같은 예수회원이라도 나름대로 해석이 다르고 강조하는 바가 달라지게 된다. 영신수련에 익숙해 있는 이들이라면 다소 다른 해석과 이끎이 있더라도 이렇게 저렇게 이해를 하게 되지만, 그렇지 못한 이들에겐 사뭇 다른 영신수련이 되고 다른 피정으로 다가오게 된다. 그러면서 누구는 피정을 주면서 이렇지 이야기했는데, 도대체 누구 말이 맞느냐고 묻기도 한다. 허나 이는 맞고 안 맞고의 문제라기보다 각자 해석하는 이의 주관적 가치와 관점이 개재된 결과일 따름이다. 다만 어떤 해석이 더 넓은 지평을 열어 보이며 더 큰 통합을 이뤄낼 수 있느냐의 차이가 생길 수는 있다. 따라서 어떤 이에겐 갑이라는 피정지도자와 더 잘 호흡이 맞고 어떤 이에겐 을이라는 피정지도자와 더 잘 맞을 수도 있게 된다.

사정이 이렇다 보니 앞으로 풀어쓸 영신수련의 구조 또한 내 나름대로의 주관적 해석에 지나지 않는다. 다만 그런 해석들을 들여다보고 있노라면 그 사람이 지향하는 바가 어디인지, 영적 여정에 있어 어디쯤에 와 있는지는 가늠이 될지 모르겠다.

| 방향 설정 |

나는 곧잘 영신수련의 구조를 음양의 태극이란 관점에서 이해한다. 그림으로 그려보면 아래와 같다.

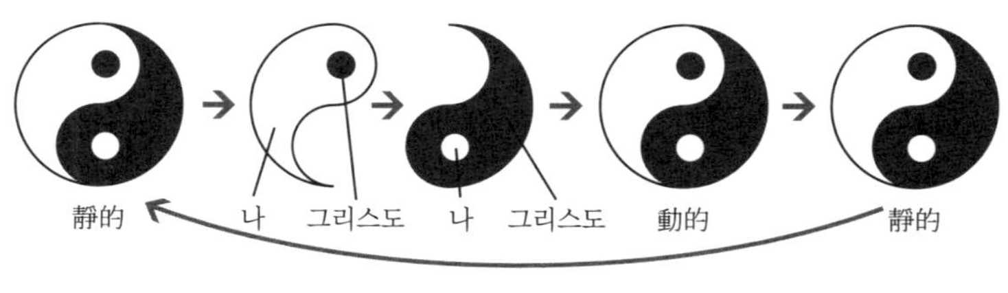

[23] → Ⅰ주간 → Ⅱ주간 → Ⅲ·Ⅳ주간 → [230-7]

전체적으로 영신수련은 [23] '원리와 기초'[5] 그리고 [230-7] '사랑을 얻기 위한 관상'을 두 축으로 하여 그 사이에 첫째주간부터 넷째주간까지 펼쳐져 있다. 영신수련에 대해 나름의 독자적인 해석을 한다 하더라도 전체적인 이 틀은 거의 변함이 없다.

여기서 처음 시작인 [23](원리와 기초)은 음과 양이 통합을 이루고 있는 태극의 상태를 표시한다. 즉 우리 자신의 '본래의 내 모습'을 드러내고 있다. 음과 양이 완전한 조화를 이루고 있는 완전 상태를 가리키는 것으로서 비록 순간적이긴 하지만 정적(靜的) 상태다. 즉 완전에 도달하는 순간 곧바로 더 큰 성장을 향해 창조적 활동을 펼치기 시작하고 그러기 위해서는 음과 양의 움직임이 있

5. 「영신수련」 책에는 각 단락마다 번호가 매겨져 있는데, [23]이니 [230-7]이니 하는 것이 그것이다.

는 동적(動的) 상태로 넘어가기 때문이다.

그러면서 첫째주간이 시작되는데 여기서는 양(陽)의 움직임에 주목한다. 양은 바로 우리 자신을 가리키는 것으로서 그 안에 음(陰), 즉 그리스도께서 함께 내재하고 계신다. 첫째주간에서 하는 작업은 '있는 그대로의 내 모습'을 알아듣는 것인데, 그것이 가능하기 위해서는 그리스도의 시각으로 보지 않으면 안 된다. 그것을 형상화시켜 놓은 것이 양 안에 그려져 있는 핵과 같은 음이다.

영신수련을 주는 이들의 모습을 보면 이 첫째주간에서 많이 갈라지는 듯하다. 전통적인 입장에 서서, 천사의 죄부터 시작해서 아담과 하와의 죄 그리고 카인의 죄를 거쳐 자신의 '죄'에 대한 묵상을 깊게 시키는 것이 그 한 갈래이고, 죄 그 자체보다는 자기 자신에 대한 객관적 이해에 초점을 맞추는 것이 또 한 갈래다. 물론 어느 갈래를 택하든 궁극적으로 지향하는 바나 도달하는 곳은 같다. 그럼에도 불구하고 피정을 이끄는 뉘앙스의 차이에 따라 사뭇 다른 인상과 체험으로 이끌게 된다. 이는 이론 자체를 떠나 피정을 하는 이들의 현실적인 성향이나 상태가 어떤가를 깊이 이해하고 그들을 돕는 방향으로 나가지 않으면 안 될 것이다. 너무나 많은 신자나 수도자들이 죄의식 속에 사로잡혀 허덕이고 있는 것을 보면 과연 어떻게 첫째주간을 이끌어야 할 것인가는 대단히 중요하게 다가온다. 예수님이 공생애를 하시면서 죄인들을 대하셨던 모습을 잘 알아들어야 할 것이다.

현실적으로 죄의 묵상을 통해 적잖은 이들이 심적 부담을 느끼는 가운데, 인위적인 슬픔과 아픔과 눈물을 짜내려고 애쓰고 그에 따라 굳은 결심을 한 다음, 피정이 끝난 다음엔 다시 이전 모습으로 돌아가는 경우를 많이 본다. 바람직하지 않은 일이라고 생각한다. 오히려 깊은 알아들음을 통해 저절로 존재의 변화가 일어나도록 애쓸 일이다. 모르기 때문에 죄를 짓는 것이지 알면 죄를 짓지 않는다.

하여튼 이런 과정을 거친 다음 둘째주간으로 넘어간다. 둘째주간은 예수님의 공생애를 관상하는 단계다. 음의 부분이 예수 그리스도를 나타내는데 역시 이 커다란 음 안에도 핵처럼 양이 박혀 있다. 여기서의 양은 첫째주간처럼 바로 우리 자신이다. 이 말은 예수 그리스도를 알아가면 갈수록 자신에 대한 이해도 깊어진다는 것이다.

이런 맥락에서 특히 한 달 피정의 경우 첫째주간을 마치고 고해성사를 보게 하는 것은 그다지 바람직스러운 것은 아니라고 본다. 통상 사람들은 한 달 피정 중 첫째주간을 마치면 마치 피정의 큰 산은 넘은 것인 양 그다음부터는 비교적 가볍고 활달한 마음으로 여정을 걸어가다 마치면 되는 것으로 생각하는데 이는 오산이다. 오히려 첫째주간을 통해서는 자신의 모습을 깊이 들여다보고 이해하기 위한 자료들을 수집 정리하는 단계에 그치고, 그에 따른 더 깊은 통찰과 참된 회심들은 그다음에 이어, 즉 둘째주간 셋째주간 넷째주간을 거치는 가운데 점점 더 심화되고 완성되어 간다. 그래서 자신에 대해 적어도 이번 피정을 통해 알 만큼 알아들게 되는 것은 셋째주간을 마치고 넷째주간에 들어가서, 즉 피정의 막바지에 이르러서이다.

다음으로 셋째주간 수난 주간과 넷째주간 부활 주간이 이어진다. 52쪽 그림상으로는 '원리와 기초'에서 드러난 모습, 즉 하나의 태극으로 나타나 있다. 다만 '원리와 기초'가 정적인 태극의 모습을 나타낸다면 여기서는 죽음과 생명이 부딪치며 맹렬한 움직임을 드러내는 동적인 양상을 나타내고 있다. 음의 부분이 수난을 가리키고 양의 부분이 부활을 가리키는데, 상대적 지평의 고통과 죽음이라는 음의 움직임과 기쁨과 생명이라는 양의 움직임이 격동하면서 전체적으로 태극의 부활 사건 내지 참된 생명을 상징하고 있다.

끝으로 영신수련 [230-7] '사랑을 얻기 위한 관상'이다. 여기서는 다시 하나의 태극으로 표시되었는데 이는 원리와 기초에서처럼 정적인 상태를 드러낸다. 모든 존재자들과 사건들 안에서 어떻게 하느님께서 함께하시며 일하고 계시는지를 관상하는 모습인데, 이 안에는 필경 음의 요소와 양의 요소가 균형과 조화를 이루는 가운데 한 분이신 하느님, 즉 태극이 얼마나 선하고 아름다운지를 드러내고 있다.

이렇게 보면 피정하는 이는 [23]에서 출발해 1·2·3·4주간을 거쳐 [230-7]에 도달했는데 결국 한 바퀴를 돌아 제자리에 온 셈이다. 정적인 태극에서 출발해 동적인 양과 음 내지 태극을 거쳐 다시 정적인 태극으로 왔기 때문이다. 그러나 의미 없는 단순 반복과정을 거친 것이 아니라, 이 순환을 한 바퀴 돎으로써 생명이 한 차원 상승되고 미적 가치가 한 단계 더 심화되었다.

피정하는 이들이 종종 [23]을 기도하는 게 어렵다고 하는데 어쩌면 당연한 일인지 모른다. [23]은 영적 여정의 출발점이기도 하지만 동시에 귀착점이기도 하기 때문이다. 따라서 이 여정을 모두 마치고 난 이가 좀 더 [23]을 제대로 깊이 이해할 수 있을 것이다.

| 영신수련 흐름 안에서의 역동성 |

피정을 하는 이는 처음부터 [23]에 대한 깊은 이해와 통찰을 얻을 것이라고 욕심부리지 않는 것이 좋다. 더구나 이 부분을 기도할 때는 이제 막 피정에 들어와 몸도 마음도 제대로 안정이 되지 않은 어려운 상태임을 감안하면 더욱더 그렇다. 오히려 기도가 깊이 전개되지 않는 것을 보며 낙담하기 쉬운데, 피정을 주는 이는 격려하고 희망을 심어줄 일이다.

이 단계에서는 그저 자신의 본래 모습을 얼핏이나마 보고 위로를 얻고 그 모습을 회복시켜 내겠다는 마음 한 자락 정도 일어나면 그것으로 족하다고 하겠다. 그러면서 다음 첫째주간으로 넘어가도록 이끌어 줄 일이다.

[23]의 기도를 통해 자신의 참된 아름다움에 대해 일순 자족감을 느낀 영혼은 현재의 자신의 모습을 살핌으로써 더 높고 더 넓

고 더 깊은 자기 존재의 완성을 위해 걸어가고자 하는 열정을 불러일으킬 것이다. 이런 맥락 속에서 첫째주간 기도가 시작되는데, 여기서는 예수 그리스도의 눈을 통해 자신을 들여다봄으로써 새로운 자기 이해가 일어나야 한다. [23]에서와 달리 '있는 그대로의 내 모습'을 보는 단계인데 말이 쉬워 그렇지 어려운 작업이다. 무엇보다 예수 그리스도의 눈으로 보지 않으면 불가능한 일이다. 오히려 지금까지 자기가 배워 알고 있는 윤리 도덕적인 잣대를 가지고 자신을 보고 판단하며 결심에로 나아가려 하면, 우선은 마치 열매가 있는 듯 보일지 모르나 종국엔 더 큰 좌절을 맛보게 된다.

이렇게 첫째주간을 걸어가면서, 물론 사람마다 정도의 차이는 있겠지만 새롭게 자신을 알아듣는 과정을 통해 영적 위안을 얻고 힘을 길어 올려야 한다. 그래서 더욱더 그 작업을 계속하고 싶어 하는 열망이 형성되고, 나아가 다른 이들에게도 이런 여정을 권하고 싶은 열정들이 어느 정도는 형성되어야 둘째주간으로 넘어갈 수 있다.

둘째주간을 통해 예수님을 더 많이 알고 더 깊이 사랑하고 더 잘 따르게 되는 은총을 계속 청하게 된다. 이때는 주로 복음관상을 하게 되며 이로써 예수님에 대한 앎과 사랑이 어느 정도 충분할 정도로 자랐다고 느껴질 때 수난 주간으로 넘어간다. 수난과 부활은 드러나는 모습은 정반대로 보이나 실은 동전의 양면처럼 하나의 사건이다. 다만 의식에 다가오는 모습이 많이 다르므로 적절한 시기를 잡아 수난을 끊고 부활로 넘어가도록 이끌어야 한다.

셋째주간과 넷째주간을 거치면서 죽음과 생명을 통해 드러나는 사랑의 절대 신비를 어느 정도 알아듣고 나면 마지막 마무리로 [230-7]의 기도를 한다. 온전한 태극 안에서도, 내 안에서도, 예수님 안에서도, 죽음 안에서도, 생명 안에서도, 그 어디에서도 한 분이신 하느님께서 계속 함께하시며 일하고 계시는 모습을 깊이 알아듣는 가운데 사랑의 원리를 체화시켜 나가는 것이다.

끝으로 두 가지 점을 언급해 두고자 한다.

먼저 한 가지는 영신수련에 임하는 이의 내적 태도 문제다. 왕왕 의문으로 남는 것이 왜 한 달 동안 영신수련 피정을 하고도 존재의 변화가 그토록 미약한가 하는 점이다. 사람에 따라 많이 다른데, 예컨대 프란치스코 하비에르 성인은 이냐시오 성인께서 한 달 피정을 시키려고 계속 권했지만 도망 다녔다. 그러다가 결국 받게 되었고 피정을 마치고선 글자 그대로 완전히 다른 사람이 되어 잘 알다시피 포교의 주보성인으로까지 올라갔다.

피정의 열매를 놓고 고민하다 내가 알아들은 중요한 요소 하나는 성(誠)의 문제다. 이 성이 갖춰지지 않으면 영신수련 피정을 통한 깊은 내적 변화는 기대하기 힘들다. 우리 모두는 이 성을 가지고 태어났으나 세상의 경쟁 중심적이고 우열을 나눠 지배하고자 하는 탁류가 우리들의 이 성을 집어삼켜 버렸다. 따라서 모름지기 영신수련 피정을 통해 자기 존재의 변화를 꾀하려는 이는 이 성부터 반드시 회복시켜 내야 한다.

다음 한 가지는 피정 전체의 역동적 흐름과 관련하여 피정하는 이가 지향해야 하는 목표점에 대한 인식 문제다. 영신수련 흐름을 비행 모습에 빗대어 비유적으로 이야기하면, 으레 생각하듯 피정 시작 단계는 활주로를 차고 달리다가 첫째주간에서 이륙비행을 하고 둘째주간 동안 고공비행의 기쁨을 누리다가 셋째주간에 들어가면서 서서히 하강 준비를 하고 드디어 피정 마칠 때 다시 활주로에 착륙하는 그런 것이 아니다.

영신수련 피정은 애초 시작부터 착륙 준비를 하는 것이고 피정의 전 흐름이 하강 및 착륙비행이다. 이 말은 철저히 사도직을 겨냥한 여정이란 의미다. 피정을 통해 무슨 타볼 산의 황홀한 체험을 맛보며 취해 있고 그러다가 마지못해 지상으로 내려오는 것이 아니다. 오히려 이 세상 속에 들어와 어떻게 제대로 살아낼 것인지, 나 자신을 어떻게 더 아름답고 더 강하게 다듬어 낼 것인지, 그래서 어떻게 이웃과 더불어 이웃에 봉사하며 하느님의 영광을 드러내며 걸어갈 것인지, 이것이 유일한 목표가 되어 움직이는 여정이다.

4 본래의 내 모습

_ '원리와 기초'

길을 만든 사람들

맨 처음 길을 걸은 사람 훌륭해
험한 길 처음으로 걸은 사람
이름을 외울 가치가 있을 만큼 훌륭해
그 오롯한 자세
정말 아름다워

허나 그 뒤 이어
이름 따위 안 남을 줄 알면서도
꾸준히 길을 밟아 다지며 걸어간 이들의
소박한 걸음도
뒤지지 않을 만큼 아름다워

|문제 제기|

영신수련 [23]의 '원리와 기초'는 실은 성 이냐시오에게 있어서는 오도송과 같다. 선사들이 한 소식을 들었을 때 그 깨달음에 대한 시를 한 수씩 남긴 것처럼 말이다. 다만 동양인과 달리 서양인답게 깨달음의 구체적인 내용을 구구절절이 묘사하고 있을 뿐이다.

먼저 우리가 중요하게 챙겨야 할 것은, 원리와 기초에 담겨 있는 내용들이 인간으로서 마땅히 살아야만 할 당위적인 규범을 적시하고 있다기보다는 인간 본래의 존재론적 모습을 설파하고 있다는 사실이다.

종종 피정을 주다 보면 [23]을 가지고 기도하면서 원리와 기초에 묘사된 내용과 자기 자신을 비교하는 가운데 자신이 얼마나 그로부터 멀리 떨어져 있는 한심한 사람이고 죄인인지 가슴을 치며 나오는 경우를 본다. 이는 기도의 초점에서 빗나간 것이다.

하느님께서 인간더러 새처럼 아름답게 날아보라고 요구하실 수 있겠는가. 날개를 주신 다음에야 그런 요구가 가능할 것이다. 당위적인 요구를 하려면 존재론적 근거부터 마련해 주지 않으면 안 된다. 예수님의 공생애를 살펴봐도 그렇다. 사람들에게 이런저런 요구를 하실 경우가 있는데 그럴 때는 늘 그 전제 조건이 충족되어 있어야 한다. 단적인 예가 '하늘에 계신 아버지께서 완전하신 것처럼 너희도 완전한 사람이 되어라.'는 요구는, 이미 우리 각자가 완전한 존재로서의 자격 내지 자질을 갖추고 있으니 그에 합당하게 살기를 촉구하신 말씀이다.

이런 맥락에서 늘 의식적으로 나를 나라고 생각하고 있던 그 모습이 아니라 내 본래의 참된 모습을 또렷이 봐야 한다. 그 본래의 내 모습은 그저 내가 꿈이나 꾸고 있는 그런 이상적 모습이 아니다.

| 기도 자료 |

영신수련 [23][6]을 가지고 기도한다. 다만 이 내용들이 어렵다는 이야기들을 많이 하기에 혹 도움이 될까 싶어 내 나름대로 아래와 같이 약간 풀어써 봤다. 그게 더 이해를 힘들게 할지도 모르겠지만 그저 참고삼아 기도했으면 한다.

---

6. [23] 원리와 기초

사람이 창조된 것은 우리 주 하느님을 찬미하고 경배하고 섬기며 또 이로써 자기 영혼을 구하기 위함이다. 그리고 이 세상의 다른 사물들이 창조된 것은 사람을 위해서 곧 사람이 창조된 목적을 추구하는 데 도움을 주기 위해서이다. 그러므로, 그것들이 이 목적에 도움이 되면 그만큼 사용할 것이고, 자기 목적에 방해가 되면 그만큼 버려야 한다. 또 그 자체로 금지되지 않고 우리의 자유 의지에 맡겨져 있는 것에 있어서 우리는 모든 피조물들에 대해 초연해지도록 힘써야 한다. 그리하여 우리 편에서는 질병보다 건강을, 가난보다 부를, 불명예보다 명예를, 단명보다 장수를, 그리고 다른 모든 일에서도 이와 마찬가지로, 더 원하지 않을 만큼 되고 오직 창조된 목적에로 우리를 더욱 이끄는 것을 원하고 선택하도록 해야 한다.

풀어쓴 '원리와 기초'

나는 하느님을 찬미하고 공경하고 하느님께 봉사한다. 내 영혼이 하느님과 하나를 이루고 있음을 알기 때문에 이것이 가능하다. 내 삶 전체를 통해 이 점을 알아듣고 살아내는 것이야말로 내 존재의 의미요 목적이다.

내 주위에 있는 자연을 비롯한 온갖 사물들도 하느님과 하나를 이루고 있는 내 존재가 얼마나 아름답고 풍요로운지를 알아듣게끔 도와준다.

사물 그 자체로 귀하고 천한 것이 따로 있는 것이 아니다. 다만 내가 나를 알고 하느님을 알아가는 데 도움이 되는 것이 있는가 하면 그렇지 않은 것도 있을 따름이다.

따라서 나를 알아가는 여정에 도움이 되는 것이면 얼마든지 이용할 것이고 그렇지 않으면 손도 대지 않을 것이다.

그렇기 때문에 그저 단순히 아픈 것보다 건강이 좋다든지, 가난한 것보다 부자가 낫다든지, 천한 취급을 받아선 안 되고 명예를 찾고 누려야 한다든지, 오래 사는 것이 좋다고 이야기하지 않는다. 그런 것은 세상의 기준일 뿐이며 인간 존재의 근원에 대한 관심에서 먼 사람들이 붙좇는 것일 뿐이다.

끊임없이 나의 관심을 이끄는 것은 나 자신의 완전한 아름다움과 생명이며 이를 위해 부단히 애쓴다. 그 모든 것들은 이러한 내 존재의 본래 모습을 똑바로 알아듣기 위한 도구들일 뿐이다.

묵상 요점

1. 내가 누구인가에 대해 가능한 많이, 깊게, 알아들으려고 애쓴다.
2. 자연을 비롯한 다른 존재자들과 나와의 관계가 어떤지 알아들으려 한다.
3. 내가 세상 속에서 추구하는 가치, 사물들을 대하는 태도에 대해 살펴본다.

|방향 설정|

맨 처음에 사람이 창조된 목적에 대해 언급하고 있는데, 이를 피조물에 불과한 인간이 하느님을 어떻게 섬기고 찬미하며 공경하지 않으면 안 되는지 노예적 입장에서 이해하고 언짢아하거나 혹은 두려움에 사로잡히거나 할 게 아니다. 오히려 타고난 자기 존재의 고유한 아름다움을 어떻게 완전하게 실현해 내느냐에 대한 길을 제시하고 있기 때문이다. 그것을 일러 자기 영혼을 구하는 것이라고 하였으며, 그렇게 하는 것이 동시에 하느님을 찬미하고 공경하고 봉사하는 것임을 가리키고 있다.

이어서 세상의 모든 사물들은 사람이 창조된 목적을 달성하는데 도움이 되고자 존재한다고 하였는데, 이를 두고도 어떤 이들은 너무 사람 중심주의에 떨어져 있는 것 아니냐며 불쾌한 기색을 드러내기도 한다. 역시 자연을 비롯한 다른 사물과 인간을 대립 경쟁 구도에서 바라본 폐단에 떨어졌다. 자연과 사물들은 단순히 인간을 위한 수단으로 존재하는 것이 아니라 그 자체로서 하느님의 아름다움과 영광을 드러내고 있다. 오히려 자연과 사물들이 하느님 존재의 엄위로움을 인간들에게 웅변적으로 드러내며 가르치고 있다. 이런 측면에서 인간들은 자연을 통해 알아듣고 배움으로써 자신의 고유한 존재 목적을 이뤄나가는 것이다.

다음으로 이어지는 것이 삶의 태도다. 자신의 존재 이유와 다른 존재자들과의 관계에 대해 알아들은 다음엔 어떻게 살아내야 하는지 그 길 내지 방법이 중요해지기 때문이다. 이와 관련해서 이냐시오 성인이 가르치는 것은 이름하여 불편심(不偏心)의 자세다. 어느 한쪽으로 치우치지 않는 마음을 일컫는다.

어느 한쪽에 매이지 않다 보니 크게 자유로울 터이다. 이 자유야말로 인간 존재에 있어서 얼마나 중요한 요소인지 모른다. 어느 하나에도 걸림이 없는 것, 삶과 죽음에 대해서조차. 예수님 당신 자신이 바로 그러하셨지 않은가. 죽음조차 당신 스스로 선택하셔서 당신 목숨을 내놓으시는 것이지 어느 누구도 감히 당신의 목숨을 앗아갈 수 없다고 하셨다.

건강에도 부에도 명예에도 장수에도 매이지 않기를 요구한다. 심지어 혹 거룩한 이들이 애써 취함직한 그 반대되는 것들, 곧 병이나 가난이나 불명예나 단명에도 매이지 않기를 요구한다. 지극히 거룩한 청빈을 살아내고 온갖 모욕과 업신여김을 통해 더할 나위 없는 덕을 실천해 냈다손 치더라도, 그것이 자신의 본래의 고유한 아름다움, 즉 자기의 존재 목적을 이뤄내지 못하고 궁극적으로 하느님의 아름다움과 선하심을 드러내지 못했다면 무슨 소용이 있겠느냐고 격렬하게 토하고 있는 것이다. 어느 것에도 매이지 않은 가운데 오직 자신의 존재 목적을 이루는 데 도움이 되면 취하고 아니면 버리기를 요구한다.

여기서 각자의 고유한 타고난 아름다움이라고 했다. 사람마다 얼굴 다르듯 모두 고유한 아름다움이 다르다. 그래서 어떤 이에게는 건강이 필요한가 하면 어떤 이에겐 질병이 필요하다. 매사에 모든 것이 그렇다. 또 같은 이라고 하더라도 오늘은 부유함이 필요한가 하면 내일은 가난함이 필요하기도 하다. 그렇기 때문에 어떤 한순간에도 어느 하나에 매여 있어서는 안 된다.

물론 세상은, 원죄가 가르치는 바에 의하면, 아파서는 안 되고 건강해야 하며 가난해선 안 되고 부유해야 하며 모욕을 받아선 안 되고 명예를 누려야 하며 오래오래 살아야 한다고 한다. 질병과 건강, 가난과 부, 모욕과 명예, 단명과 장수, 이런 서로 짝을 이루고 있는 상대적 가치 개념들 사이엔 철저히 우열이 나뉘져 있고 어느 것을 선택하고 어느 것은 버려야 할지가 자명하다. 따라서 서로 좋은 것을 차지하기 위해 다투고 경쟁하지 않으면 안 된다. 2등도 꼴찌보다는 명예롭긴 하지만 더 좋은 명예 1등이 있다. 그래서 또 경쟁해서 1등이 되어 앞서고 누르지 않으면 안 된다. 이

것이야말로 우리가 피정 서두에서 '관점의 변화'에 대해 더듬어 봤던 이원대립론적 사고의 전형이지 않은가.

그러나 이냐시오 성인은 원리와 기초에서 그런 이원대립론적 사고에서 떠나지 않으면 안 된다고 한다. 이중성의 원리 속에서 움직일 것을 촉구한다. 음이 중요한 것도 양이 중요한 것도 아니고 그 음과 양이 하나 되어 움직이는 가운데 꽃피워 내는 태극이 중요한 것처럼, 가난이 중요한 것도 부가 중요한 것도 아니고 그 가난과 부가 하나 되어 움직이는 가운데 꽃피워 내는 내 존재의 고유한 아름다움과 생명이 중요하다.

이렇게 들여다보다 보니 우리의 삶 전체를 하나의 장엄한 드라마로 볼 수 있겠다. 우리 모두는 각자 타고난 자기의 배역을 지니고 있다. 인생 전체를 통해 자신의 배역을 완수하는 것이고 다른 모든 사람들과 함께 그리고 사물들과 더불어 하나의 드라마를 만들고 있는 것이다. 서로가 서로에게 연결되고 하나가 되는 가운데 한 편의 전체적 드라마가 완성되고 각자의 배역과 존재를 통해 드라마 전체 작품으로서의 아름다움과 깊이를 더해 가는 것이다.

여기서는 어느 한 명의 배역만 빠져도 드라마 전체의 작품성에 흠집이 생긴다. 단 한 명도 똑같은 존재는 없기 대문이다. 따로 특별한 주연만 있고 나머지는 없어도 될 그런 엑스트라는 없다. 모두가 다 주연임과 동시에 조연이다. 조명을 어디에 맞추느냐에 따라 한 사람을 중심으로 드라마를 보게 되면 다른 모든 이는 조연이 되고, 조명을 옮겨 다른 이를 비추게 되면 그 사람이 주연이 되고 다른 모든 이는 조연이 된다. 이렇게 우리 모두는 맡은 배역이 다를 뿐 가치에 있어서 차등이 있지 않다. 가치로 치면 모두 완전하고 동등한 가치를 지니고 있다.

우리 삶 내지 존재의 드라마성을 읽어내다 보니, 부가 가난보다 더 가치롭다든지 건강이 질병보다 더 좋다고 이야기하지 않게 된다. 똑같이 중요하다. 사람에 따라 그리고 각 주어진 상황에 따라 어느 배역 내지 연기를 해냄으로써 드라마의 작품성과 미적 가치를 드높이느냐가 중요할 따름이다. 그것이 바로 하느님의 영광을 드러내는 것이라고 고전적으로 표현하는 것이다.

사람들을 포함한 모든 존재자들이 한데 어우러져 하나의 드라마를 연출하다 보니 우리 인생 여정에서 겪는 온갖 고통과 아픔과 슬픔 그리고 악과 불의의 문제도 다른 시각에서 알아듣게 된다. 그런 것들이 모두 배제된, 오직 기쁨과 평화와 행복만이 넘치는 그런 곳이 하느님 나라라고 생각하고 바라고 기다리지 않는다. 고통과 슬픔을 없앰으로써 낙원을 만들어 내고자 꿈꾸는 것이 아니라, 고통과 슬픔마저 끌어안으면서 훨씬 더 깊은 차원에서 존재자들을, 삶을, 읽어내고 음미하고, 찬미하고 경배한다. 그것이 더욱 더 깊은 의식의 차원에로 성장하는 것이며, 그럼으로써 상대적 지평을 넘어간 더 깊은 차원에서의 생명의 아름다움과 빛을 보기 때문이다. 그것이 더욱더 하느님 당신 자신과 깊게 결합되는 것이라고 믿기 때문이다.

이러한 삶의 태도를 반영하는 존재자들의 모습은 퍼즐이라는 이미지를 가져와도 좋겠다. 수많은 조각조각들로 구성된 한 판의 커다란 퍼즐. 그중 하나의 조각만 떨어져도 전체 퍼즐의 온전성에 흠집이 생긴다. 각 조각은 서로가 서로에게 맞물려 각자의 위치를 점한 가운데 하나의 퍼즐의 아름다움과 작품의 깊이를 드러내고 있다. 원리와 기초에서 강조하는 불편심이 뿌리내리고 있는 토양은 바로 이러한 모습과 관계를 지닌 존재자들이다.

끝으로 원리와 기초의 마지막에서 강조하고 있는 내적 태도는 마지스(magis) 정신이다. '더욱더'라고 옮길 수 있는 라틴어다. 우리는 '오직 창조된 목적에로 우리를 더욱 이끄는 것을 원하고 선택하도록' 촉구하고 있다. 끊임없이 성장하기를 원하는 것이다. 최종적으로 하느님께 가닿을 때까지. 하느님 당신 자신이 끊임없이 성장해 나가시고 창조 활동을 계속해 나가시는 분이시기 때문에 우리도 그렇게 닮길 원하신다. 이냐시오 성인도 이 점을 놓치지 않았다.

이는 사랑하는 사람들, 사랑이 무엇인지 아는 사람들의 두드러진 행동 양식이다. 사랑하는 사람들은 여기서 멈추는 법이 없다. 끊임없이 좀 더, 좀 더 하며 나아간다. 사랑을 함에 있어서 이 정도 사랑하면 됐다는 것을 알지 못하기 때문이다.

그리고 '원리와 기초'와 관련해서는 이 책 말미 부록1[7]에 좀 자세한 내용을 언급해 뒀으니 참고할 수 있겠다.

---

7. 부록1 '원리와 기초'에 대한 단상은 2004년 10월 23일, 예수회원들이 모여 처음으로 개최했던 영신수련 세미나에서 발표한 원고다.

| 영신수련 흐름 안에서의 역동성 |

앞에서도 잠시 언급했듯이 [23]의 내용들을 당위적 요청으로 알아듣기보다 존재론적 언명으로 알아들어야 한다. 표현 자체는 '…사용할 것이고…버려야 한다', '…초연해지도록 힘써야 한다', '…원하고 선택해야 한다.'는 등 당위적 요구 규범 형식을 취하고 있다. 허나, 이러한 요구는 그것이 가능한 존재론적 요구가 선행되지 않으면 의미가 없다.

그렇기 때문에 오히려 우리는 이렇게 읽어야 한다. '…사용하고 있고…버리고 있다', '…초연해 있다', '원하고 선택하고 있다.'는 식으로. 본래의 나는 그렇다는 의미다. 물론 현실적으로 이렇게 살고 있지 않을지도 모른다. 허나 그것은 배역이다. 드라마 상의 모습일 뿐이다.

여기서 우리는 영신수련 전 과정을 통해 화두처럼 물고 가기도 할 '과연 나는 누구인가' 하는 문제를 마음속 깊이 새겨둘 필요가 있다. 도대체 나를 나라고 할 때 어느 국면에서의 나, 어느 차원에서의 나를 지칭하고 있는지 살펴야 한다. 혹시 저 차원의 나를 이 차원에 가지고 와서 슬퍼하거나 혼동을 일으키거나 좌절하고 있는 것은 아닌지.

다른 식으로 표현하면 영신수련의 화두 하나는 '사랑'이라고도 할 수 있다. 전체적 흐름 또한 '원리와 기초'라는 형식으로 드러난 사랑과 '사랑을 얻기 위한 관상'이라는 형식으로 드러난 사랑,

이 두 사랑을 큰 두 축으로 하여 각 주간을 거치면서 사랑의 여정을 계속한다. 사랑이 무엇인지 알아가고 심화시켜 나간다. 그때마다 아주 다양한 기도 자료를 쓰겠지만 궁극적으로 알아듣고 내 것으로 승화시켜 내고자 하는 것은 오직 이 '사랑' 하나다. 내가 누구인가 하는 문제도 바로 이 사랑을 제대로 알아들을 때 풀린다. 하느님과 인간과 자연과 사건들을 관통하는 바로 그 자리에 사랑이 있고 내가 있을 터이다.

이처럼 영신수련 여정의 시작에서 출발점임과 동시에 도달된 완성점이기도 한 이 원리와 기초에 묘사된 내 모습은 가능태로서, 잠재태로서, 배경으로서, 근원적 자아로서 숨어 있는 가운데 우리의 영적 여정을 계속 이끌고 지도할 것이다. 따라서 지금으로선 그저 이 모습을 건듯 보는 것만으로도, 그럼으로써 약간의 가슴 설렘이 있고 희망과 용기가 생기는 것만으로도 족하다. 여정을 계속해 나갈 충분한 조건을 갖춘 것이다.

5 현실의 내 모습

_ 영신수련 첫째주간

하얀 길

오랫동안 헤매이다
마침내 바른길 찾아오면
길은 아무 말 하지 않아
칭찬도 나무람도

짐될까 저어
'돌아왔니' 한마디조차

다만
지금부터 걸어갈 길
오롯이 하얗게 가리킬 뿐

걸어온 길보담
지금부터 걸어갈 길이
늘 중요하니까

| 문제 제기 |

지금부터 영신수련의 첫째주간에 들어간다. 이 주간에 대해 접근하는 방법은 대개 다음과 같다. 즉 '소위 죄의 묵상을 하는 과정을 말한다. 자신의 죄를 보고 그 뿌리를 찾고 깊이 통회함으로써 스스로를 정화시키는 단계다. 그러기 위해 천사의 죄를 먼저 살피고, 이어 아담과 하와의 죄를 본 다음 카인의 죄를 고찰한다. 이러한 준비 과정을 거쳐서 마침내 자신의 죄를 보기 시작한다. 그러면서 하느님의 크신 자비와 사랑에 비춰 자신은 얼마나 비참하고 배은망덕한 존재인지를 보며 크게 뉘우치도록 독려받는다.'

그러면서 피정하는 이들은 용서하지 못한 이들을 용서하려고 애쓰고, 게으르고 쾌락에 젖어 있는 자신을 준엄하게 꾸짖고, 신앙이 약한 자신에게 은총을 내려주십사고 청한다. 그러고는 앞으로는 탈선하지 않고 제대로 잘 살아가겠다고 결심하며 이 첫째주간을 마무리한다. 이렇게 애를 쓰다 보면 나름대로 심적 평화와 위안도 얻고 피정을 마치고 나가면 이제야말로 정말 제대로 살아갈 것 같은 희망이 보이며 힘이 솟기도 한다.

허나 이는 피정하고 있는 동안에만 보고 있는 신기루에 지나지 않는다. 만족할 만한 존재의 변화는 일어나지 않고 다시 이전의 삶의 모습으로 돌아가 있는 자신을 보게 되며, 그것이 더욱더 자신을 초라하고 보잘것없는 존재로 여기게끔 만들어 버린다. 악순

환이다. 벌써 이런 식으로 반성하고 결심하며 살아온 지 몇십 년이 지나지 않았는가. 이제 살날도 얼마 남지 않았는데 언제까지 이런 작업을 반복해야 할까. 얼마나 더 하면 드디어 나도 다른 사람으로 변화될 수 있을까. 끝없는 죄의식과 자기 모멸감으로부터 언제쯤이면 벗어날 수 있을까. 분명히 용서도 했고 화해도 했고 상처도 치유받았다고 생각했는데, 분명 그런 체험이 일어났는데, 왜 또다시 그 사람에 대한 증오감이 치올라오고 이전에 받았던 상처로 온몸이 이토록 아픈가.

그러면서 늘 생각하는 것은 의지가 약해서 그렇다고 자책한다. 과연 그럴까. 뭔가 좀 다른 식으로 접근하는 길은 없을까.

|기도 자료|

1. 요한 5,4-5

거기에는 서른여덟 해나 앓는 사람도 있었다. 예수님께서 그가 누워 있는 것을 보시고 또 이미 오래 그렇게 지낸다는 것을 아시고는, "건강해지고 싶으냐?" 하고 그에게 물으셨다.

2. 열왕기상 18,43-44

엘리야는 자기 시종에게 "올라가서 바다 쪽을 살펴보아라." 하고 일렀다. 시종이 올라가 살펴보고는 "아무것도 없습니다." 하고 대답하였다. 엘리야는 일곱 번을 그렇게 다녀오라고 일렀다. 일곱 번째가 되었을 때에 시종은 "바다에서 사람 손바닥만 한 작은 구름이 올라옵니다." 하고 말하였다.

3. 이사야 43,1; 4-5; 18-19

너를 빚어 만드신 분, 주님께서 이렇게 말씀하신다. "내가 너를 구원하였으니 두려워하지 마라. 내가 너를 지명하여 불렀으니 너는 나의 것이다."

네가 나의 눈에 값지고 소중하며 내가 너를 사랑하기 때문이다.

[나는 너와 함께 있다]

예전의 일들을 기억하지 말고 옛날의 일들을 생각하지 마라.

[과거의 기억에 갇혀 있지 말라—기억 치유]

보라, 내가 새 일을 하려 한다.

4. 기도 자료는 원칙적으로 자신의 과거 삶의 체험이다. 긍정적인 체험이든 부정적인 체험이든, 좋은 체험이든 나쁜 체험이든, 자신의 현재를 구성하고 있는 것들 중 중요하다고 생각하는 체험을 가지고 기도한다.

5. 혹 체험을 가지고 기도하는 것에 식상한 사람은 자신의 기질이나 성향을 가지고 기도한다.

앞에 인용한 성경 구절 세 곳은 그것을 가지고 직접 기도를 해도 좋지만 그냥 첫째주간 기도를 해나가면서 배경음악 정도로 사용하면 좋겠다. 각 성경 구절에 담겨 있는 뜻을 깊이 새기며 그 맥락에 좇아 기도해 나가는 것이다. 38년이나 앓은 병자처럼 뚜렷하고 확고한 원함이 있고, 일곱 번씩 찾아가는 열정이 있고, 무엇보다 이사야서에서 언급한 것처럼 과거의 상처라고 생각하는 것에 매여 전전긍긍하지 말고 새로운 일을 시작하신 하느님을 깊이 신뢰하며 자신을 새롭게 창조해 나갈 일이다.

|방향 설정|

무엇보다 첫째주간의 기도를 하면서 자신을 들여다볼 때는 시비선악의 판단으로부터 떠나는 일이 중요하다. 이 장 서두에 실어 놓은 〈하얀 길〉이란 시에 드러난 그런 자세로 기도해 나갈 일이다. 윤리 도덕적으로 판단하고 뉘우치고 결심하면 일견 쉬 이뤄진 것처럼 보일지 모르지만 그것은 엄청난 착각이다. 그렇게 의식 내지 심리 차원에서의 약간의 수고나 변화로 우리 존재가 바뀌지 않기 때문이다. 우리의 의식이나 행동을 지배하는 힘은 훨씬 더 깊은 차원에서 올라온다. 바로 영적 차원이다. 그렇기 때문에 의식 차원의 섣부른 움직임 정도로 사태가 해결되었다고 생각해선 안 된다. 오히려 상대적 지평에 놓여 있는 판단들을 유보한 채 내 마음 깊은 곳에서 올라오는 움직임과 소리를 들으려고 애쓰고, 그에 따라 움직여 나가는 것이 훨씬 더 효과적이고 올바르다. 따라서 성급하게 용서하려고 애쓸 일도 아니요 상처를 치유해야 한다고 강박적으로 몰아붙일 일도 아니다.

그저 자신과 주변 사람들을 그리고 그런 상황들을 물끄러미 바라보고 있을 일이다. 그러다 보면 지금까지는 그런 식으로는 생각해 보지 않았던, 새로운 관점에서의 생각이 떠오를 수 있고, 그런 시각이 스스로를 놀라게 하고 변화시킨다. 그럴 때 비로소 감동이 있게 되고 감동에 터 잡은 알아들음이야말로 존재를 변화시키게 된다.

이것이 바로 '있는 그대로의 내 모습'을 알아듣는 것이고 예수 그리스도의 눈으로 바라보는 것이다. 있는 그대로의 내 모습을 알아가는 것은 그리 간단한 일이 아니다. 오히려 대단히 어려운 일에 속한다. 이때 절대적으로 요청되는 것이 예수 그리스도의 시각으로 보는 것이다. 세상이 바라보는 시각과는 사뭇 다르기 때문이다. 우리는 그동안 세상적 시각에 너무나 깊이 젖어 왔기 때문에 부지불식간에 세상의 가치 기준에 따라 자신을 바라보기 일쑤다. 옳은 것과 그른 것의 구분은 늘 분명하며, 해야 할 일과 해서는 안 될 일도 이미 완전하게 정해져 있다. 그 잣대로 자신을 재고 판단하고 방향을 정하는 것이다. 그러면 대개 결론은 일정하다. 자학하고 어깨에 무거운 짐만 지울 따름이다. 늘 더 열심히 살아야지 하는 결심과 더불어.

이 주간에 하고자 하는 것은 피정하는 이가 그동안 얼마나 많은 죄를 지어 왔는지 샅샅이 찾아내고 모두 바로잡고 깨끗한 몸으로 만들고자 하는 것이 아니다. 혹은 자기 안에 있는 죄스런 성향을 뿌리째 뽑아내는 것도 아니다. 오히려 자기 자신의 현실적 모습에 대해 좀 더 깊은 이해를 구하고자 하는 것이다. 어디가 강하고 어디가 약한지, 어디가 아름답고 어디가 추한지, 어디가 남고 어디가 부족한지, 이러한 이해의 바탕 위에 자신을 좀 더 아름답고 강하고 생명에 넘친 존재로 가꿔내기 위해서는 어떻게 해야 할지를 알아가는 작업이다. 아름다움과 생명을 창조해 내는 데 걸림돌이 되고 있는 것이 무엇인지 찾는 것이다. 아름다움과 생명을 일궈내는 창조 작업에는 죄의식이 끼어들 틈이 없다. 거듭 만들어 내고자 하는 수고로움과 열정이 있을 뿐이다.

소위 죄라는 것을 보는 것도 이런 연유에서다. 자신의 어둡고 약한 부분을 알지 못하고서는 밝고 강한 부분도 제대로 알지 못하게 되고 그 결과 더 큰 생명을 창조해 낼 수 없기 때문이다. 설사 안다고 치더라도 왜곡되게 알게 될 것이고 생명은 그만큼 위축된다. 그래서 부득불 자신의 죄 혹은 어둠을 보고자 한다.

이렇기 때문에 죄의 묵상을 하는 동안 고개를 떨구고 얼굴엔 깊은 슬픔의 표정을 드리운 채 땅만 보며 다닐 일이 아니다. 오히려 소풍 나온 꼬마들, 소풍 와서 보물찾기를 하는 어린애들 심정으로 이런저런 어둠의 바위를 들쳐 볼 일이다. 혹 그 바위 밑에 내가 미처 알지 못했던 나에 대한 커다란 보물이 숨어 있지나 않은가 하고. 설렘과 기대 속에서 이 작업을 계속할 일이다.

하느님께서는 왜 그런 죄를 지었느냐 혹은 왜 애쓰지 않고 그토록 부족하기 짝이 없느냐 하는 식으로 우리를 꾸짖진 않으신다. 죄를 지었느냐 안 지었느냐가 중요한 것이 아니라, 그런 체험을 통해 생명에로 나아갔느냐 아니냐를 물으실 것이다. 밝은 것이든 어두운 것이든 그 모든 체험들은 생명의 신장에도 연결되어 있기 때문에 이 점에 있어서 어느 정도의 열매를 맺었는지를 알고 싶어 하신다. 마치 한 탈렌트를 받은 종이 주인은 심지도 않은 데서 거두시는 무서운 분으로 알아 땅속에 묻어뒀다가 한 탈렌트 그대로 가지고 온 종처럼 되어서는 경을 칠지도 모른다. '죄'라는, 어둡고 칙칙하고 마음에 안 드는 한 탈렌트를 무서운 하느님을 생각하며 마음속 깊은 땅속에 꽁꽁 묻어뒀다가 나중에 그 하나만을 끄집어내면 혼이 날지도 모른다. 그 볼품없는 한 탈렌트를 가지고 장사를 해서 이문을 남기기를 원하시기 때문이다. 어떤 체험도 쓰기에 달렸지 그 체험 자체만으로 좋거나 나쁜 것은 없다.

이 단계에서 자신의 현재 있는 모습 그대로를 완전하고 아름답고 좋은 것으로 알아들어야 한다. 어둠이 있고 죄악이 있기 때문에 오히려 완전하고 좋은 것임을 알아야 한다. 좋고 나쁜 것을 상대적으로 양편에 갈라놓고 그중 좋은 것만으로 다 채울 때 비로소 완전한 모습이라고 생각해선 안 된다. 그런 것을 오히려 불완전하다고 한다. 완전하다는 것은 좋고 나쁘다는 가치 판단을 내리기 이전에 하나도 빠짐없이 모든 것이 다 갖추어져 있을 것을 요구한다. 밝은 것도 어두운 것도, 선한 것도 악한 것도, 아름다운 것도 추한 것도, 참된 것도 거짓된 것도 모두 다 있을 때 그것을 완전하다고 하는 것이고 이런 관점에서 우리 모두는 완전한 사람이다. 한 명의 예외 없이. 밝고 어둡고, 선하고 악하고, 아름답고 추하고 등의 상대적 비율에 있어 차이가 있을 뿐이지 상대적인 양면을 합해서 백 퍼센트를 이루고 있지 않은 사람은 없다. 그래야 비로소 하느님 아버지께서 완전하신 것처럼 우리도 완전해지고 살아낼 수 있게 되는 발판이 마련된다. 재료는 다 갖췄으니 이제 아버지처럼 그 재료들을 사용해 간단없는 창조 활동을 통해 성장해 나가고 생명을 키워 나가는 일만 남았다.

사정이 이러하다 보니 죄를 지었다고 해서 죄의식에 빠져 있는 것이 중요한 것이 아니라, 새로운 생명과 성장을 이뤄내고 있느냐 여부가 중요해진다. 그리고 우리 삶 속에서 끊임없이 일어나는 결정과 선택에 따른 상황 변화들은 과학실험실에서 일어나는 간단없는 실험과 같다. 실험을 통해 원하는 데이터가 나오지 않을 경우 과학도들은 죄의식을 느끼는 것이 아니라 다시 한 번 더 실험을 계속한다. 물론 때론 힘이 빠지고 슬퍼지고 좌절도 할 것이다. 허나 거기에 멈춰 있지 않는다. 다시 일어나 희망을 가지고 실험을 계속한다.

여기에서 참고로, 의식 성찰에 대해 잠시 언급해 둔다. 많은 이들이 양심 성찰이라는 표현도 쓴다. 그러나 양심이란 단어를 가지고 들어오면 곧장 옳으니 그르니 하는 뉘앙스가 묻어 들어오고 그러다 보면 알게 모르게 시비선악의 판단에 떨어질 위험이 있기 때문에, 그저 모든 의식의 흐름을 내 것으로 보면서 다소 객관적으로 살피기 위해 의식 성찰이란 단어를 나는 더 선호한다.

첫째주간의 기도가 그런 것처럼 의식 성찰에 있어서도 너무 인위적인 조작은 하지 않았으면 한다. 으레 권유하듯, 그날의 삶을 돌아보며 잘했다 싶으면 하느님께 감사와 찬미를 드리고 잘못했다 싶으면 뉘우치면서 앞으로는 그렇게 하지 않을 결심들을 하라고 한다. 이때 잘했니 잘못했니 하는 판단들이 대개 세속의 가치판단에 의해 정형화되어 있는 경우가 많기 때문에 그 잣대에 따라 재단을 하다 보면 성장이 있기보다 오히려 영혼에 상처를 입히는 경우가 더 많다. 거듭 강조하지만 의식의 한두 가지 측면 내지 작업을 통해 인간존재 전체에 걸친 변화를 가져오겠다는 것은 두모하고 어리석다.

따라서 의식 성찰을 함에 있어서도 그저 물끄러미 바라볼 일이다. 마음 안에 일어났던 갖가지 생각과 느낌들, 그에 터 잡아 행동으로 나아갔던 움직임들, 그로 인해 파생되어 나온 결과들, 이런 일련의 변화 과정을 맑게 깨어 관찰만 할 일이다. 그러면서 거기서 혹 생명과 빛이 느껴지는지 아님 죽음과 어둠이 느껴지는지, 만약 그렇다면 그 원인은 어디서 기인하는지만을 더듬어 알 일이다. 마치 자연과학자가 자연현상을 자기 주관대로 이렇게도 저렇게도 변화를 일으키려는 것이 아니라, 다만 일어나고 있는 현상을 객관적으로 주의 깊게 관찰하려고 하는 것처럼.

|영신수련 흐름 안에서의 역동성|

일반적으로 보면 아무래도 첫째주간으로부터는 도망가고픈 마음이 더 큰 모양이다. 그래서 하나의 체험을 가지고 기도하더라도 서둘러 마무리 짓고 다음으로 넘어가려고 한다. 그러다 보니 어설픈 농사만 짓게 된다. 영신 사정에 있어서 유익한 것은, 많은 것을 고루고루 맛보는 것이 아니라 하나의 것을 깊게 맛보는 것이다. 사랑이라는 하나의 화두를 참구하면서 이쪽저쪽 어디서 건드려 들어가든 결국 가닿는 곳은 사랑이라는 지하수 하나이기 때문이다. 종국엔 그 지하수를 뚫어 물이 솟구치게 하는 것이 중요하지 여러 곳에 구멍을 내고 파고 들어가나 지하수 가까이만 갈 뿐 물줄기와 만나지 못한다면 아무런 의미가 없는 것과 같다.

그렇기 때문에 하나의 체험을 기도 자료로 택하면 적어도 두세 번 반복해 기도함으로써 새로운 면을 알아들어야 한다. 단순히 한 번만 기도하면서 옛 체험을 되살리며 기억에 젖는 가운데 약간의 마음의 위로를 받고서는 됐다고 생각하며 다른 주제로 넘어가서는 안 된다. 적어도 지금까지 그 체험에 대해 나름대로 알아듣고 해석을 내려왔던 것에서 한 걸음 더 내딛지 않으면 안 된다. 뭔가 새로운 측면을 알아듣고 그것이 영혼에 위로와 힘이 될 때까지 같은 기도 자료로 반복해서 기도해야 한다. 성향이나 기질을 가지고 기도할 때도 마찬가지다.

그리고 하나의 체험이나 기질을 가지고 기도하면 그때 그 체험이 자신의 삶에 어떤 영향을 미쳤는지, 그 이후 어떻게 그 체험이 자기 안에서 변화 발전되어 왔는지 그 과정을 살펴봄이 유익하다. 그러는 가운데 앞으로는 그 체험을 어떤 식으로 이용해 나가야 커 큰 성장과 발전이 있을지를 살펴야 할 것이다.

6 예수님의 꿈과 비전

_ '예수 그리스도의 왕국 관상'

꽃보라

길을 가면
산벚나무 꽃잎 나부껴

벚꽃잎 석 장
땅에 떨어지기 전 붙잡음
행복이 찾아온다고
그런 이야기 듣고
꽃보라 속에 서 있은 적 있어
붙잡으려수록
꽃잎 이리저리 흩날려
마침내 울고 만 어린 날

지금 길을 가면
꽃잎 머리에 어깨에

연신 내려와 쉬어
욕심나지 않게 되었단 게 아냐
손 뻗치면 잡을 수 없다는 것
알았을 뿐

|문제 제기|

이제부터 영신수련 첫째주간을 끝내고 둘째주간으로 넘어간다. 이냐시오 성인은 [91-8]의 '예수 그리스도의 왕국 관상'을 시작으로 천주 강생 사건, 예수 탄생 사건 등을 거쳐 '두 개의 깃발에 대한 묵상', '세 부류의 사람들', '겸손의 3단계'에 이르기까지 대단히 중요한 기도 자료들을 둘째주간 초반에 집중 배치하고 있다. 그렇기 때문에 어쩌면 이러한 기도를 따라가기가 만만찮을지도 모르겠다.

지금까지 나를 중심으로 봐오면서 내 안에서 핵처럼 움직여 오셨던 예수 그리스도를 간접적으로 이해해 왔다면 지금부터는 그분을 직접 대면해 만나고자 한다. 사뭇 다른 시각에서 나를 바라보시고 나를 이끄시고 다듬어 내시며 사랑해 주셨던 그분이 도대체 어떤 분인가, 하는 점에 대한 열정이 그분에 대해 좀 더 깊이 알고자 하는 바람으로 이끄는 것이다.

둘째주간을 통해서는 한결같이 청하는 은총은 하나다. 예수님을 더 많이 알고 더 깊이 사랑하고 더 잘 따를 수 있는 은총이다([104]). 아는 만큼 사랑하게 되고 사랑하는 만큼 함께 걸어가려고 할 것이기 때문이다.

그러면서 둘째주간에서부터 이냐시오 성인은 복음을 관상하도록 초대한다. 그래서 특별히 묵상해야 할 몇 곳을 제외하곤 모두 관상해야 한다. 이는 예수님을 그저 머리로 피상적으로만 아는 것이 아니라 직접 대면해서 보고 듣고 만지고 느끼는 가운데 인격적 만남의 관계를 확실하게 이루기 위함이다.

한 가지 유념할 것은 영신수련에 나오고 있는 상징적 이미지나 표현들이 대단히 고답적인 것이어서 현대의 우리들에게 잘 와 닿지 않을지도 모른다는 점이다. 특히 여성들에게 그러할지 모르겠다. 이냐시오 성인이 사셨던 16세기 초엽의 시대적 분위기를 생각하면 어쩔 도리가 없다. 더구나 그분의 신분이 군주에 충성하는 기사였던 점을 고려하면 더욱더 그렇다. 그러나 그렇다고 해서 잘 쓰는 말로, 애를 목욕시키고 나면 구정물만 버릴 일이지 애까지 함께 버려서는 안 된다. 당시의 시대적 제약을 담고 있는 상징이나 표현법 등은 걷어내고 그 안에 담겨 있는 소중한 정신과 원리는 그대로 취해야 한다.

| 기도 자료 |

당연히 영신수련 [91–8]이다.[8]

크게 세상 왕의 부르심에 대한 1부와 그리스도의 부르심에 대한

---

8. 예수 그리스도의 왕국 관상

[91] 세상 왕의 부르심이 영원한 왕의 일생을 관상하는 데 도움을 준다.

준비기도는 평소와 같다[46]. 첫 번째 길잡이는 장소를 구성하는 것이다. 여기서는 우리 주 그리스도께서 설교하시던 회당들과 마을들과 건물들을 상상의 눈으로 보는 것이다.

두 번째 길잡이는 원하는 은총을 구하는 것인데 여기서는 우리 주님의 부르심에 귀머거리가 되지 않고 그분의 지극히 거룩한 뜻을 완수하기 위해 민첩하고 부지런하도록 은총을 구한다.

[92] 제1요점. 우리 주 하느님이 손수 뽑으신 왕으로서 모든 군주들과 그리스도교 신자들이 존경하고 복종하는 한 사람을 내 앞에 그려 본다.

[93] 제2요점. 이 왕이 자기 모든 백성들에게 다음과 같이 말하는 것을 본다. "나는 불신자들의 땅을 모두 정복하고자 한다. 나와 뜻을 같이하는 사람들은 나와 의식주를 똑같이 할 것이다. 또 낮에 일하고 밤에 파수를 서는 것도 나와 똑같이 해야 한다. 나와 함께 일한 사람들은 승리했을 때 나와 함께 한몫을 차지하게 하겠다."

[94] 제3요점. 올바른 신하들이라면 이처럼 관대하고 인정이 있는 왕에게 어떻게 응답해야 할지를 생각한다. 그리고 이런 왕의 요청을 거절하는 자가 있다면 사람들이 그를 기사답지 못한 어리석은 자로 얼마나 비난할 것인지를 생각한다.

[95] 이 수련의 두 번째 부분은 앞서 말한 세상의 왕의 예를 세 가지 요점에 따라서 우리 주 그리스도께 적용하는 것이다.

제1요점. 세상의 왕이 자기 부하들을 소집하는 것을 생각하면 영원한 왕이신 우리 주 그리스도께서 온 세상 모든 사람들 앞에서 그들을 한 사람씩 따로따로 불러서 다음과 같이 말하는 것은 얼마나 더 마땅한 일인가. "나는 온 세상과 모든 원수들을 정복하여 내 아버지의 영광 안에 들어가려고 한다. 나와 함께 가기를 원하는 사람은 나와 함께 일해야 한다. 고통 중에 나를 따르는 이들은 영광 중에도 나를 따르게 하겠다."

[96] 제2요점. 판단력과 이성을 가진 사람이면 누구나 그 일에 자신을 모두 바칠 것임

2부로 나뉘져 있는데 굳이 따로 나누어 기도할 것은 아니다. 더구나 시간이 부족한 경우는 더 그렇다. 1부는 2부를 위한 배경음악 정도의 차원에서 이해하고 2부에 초점을 맞춰 기도하면 된다.

이 기도를 통해 예수 그리스도께서 가지고 계시는 꿈 내지 비전이 무엇인지 잘 알아듣도록 애써야 한다. 그리고 '그리스도의 나라'에 대해서도 추상적 이해에 머물지 않도록, 자기 나름대로의 이미지로 형상화시켜 보도록 애쓴다.

구체적으로 기도할 때는 두 가지 점에 초점을 맞춘다. 첫째는 과연 그리스도의 나라가 어떤 나라인지 그 내용을 명확히 알아들을 일이요, 둘째는 그런 나라의 건설을 위해 초대받았을 때 기꺼이 따라갈 마음이 생기는지 점검해 볼 일이다. 그저 낭만적 기분에 사로잡혀 금방 따라가겠다고 했다가 도중하차하는 일이 없도록 해야 하기 때문이다. 그 길을 좇아가는데는 고통이 따를 것이라고([95]) 예고하고 있기 때문이다. 가난을 감수해야 할 것이고

을 생각한다.

[97] 제3요점. 영원한 왕이신 온 세상의 주님에 대한 모든 봉사에서 더욱 헌신적이고 탁월하기를 원하는 사람들은, 그 일에 자신을 바칠 뿐 아니라 더 나아가서 인간적인 감정과 육적이고 세속적인 사랑을 거슬러서 다음과 같이 더 소중하고 가치있는 봉헌을 할 것이다.

[98] "온 누리의 영원하신 주님, 당신의 은혜와 도우심으로, 참으로 선하신 당신과 영예로운 당신의 어머니와 천상의 모든 성인 성녀들 앞에서 저를 바치옵니다. 오직 당신께 더 큰 봉사와 찬미가 되도록 온갖 모욕과 비난을 감수하고 모든 정신적·실제적 가난에 이르기까지 당신을 본받기를 원하고 바라며 신중히 결정하였사오니, 부디 저를 그런 생활과 신분으로 선택하여 주시고 받아주시옵소서."

모욕과 업신여김을 받을 것이고 자지 못하고 수고해야 할 것인데, 그래도 좋겠느냐고 물어야 한다. 예수님께서도 망루를 지으려고 하는 자는 먼저 앉아서 셈을 해보지 않겠느냐고 하셨던 것처럼.

|방향 설정|

그리스도의 나라에 대한 관상기도는 첫째주간에서 둘째주간으로 넘어가는 가교에 해당한다. 따라서 첫째주간의 체험, 즉 예수님의 눈으로 자신의 삶과 성격을 살펴봤을 때 이전과는 다른 모습의 자신을 발견하게 되고, 그렇게 새로워진 자신의 모습을 보며 기쁨과 생명을 느낀 체험이 있어야 한다.

그 결과 그 체험을 자신 안에서 확대시켜 나가고 싶은 열망이 생길 뿐만 아니라 다른 이들에게도 그런 체험을 시켜 주고 싶은 열망이 움터 나와야 한다. 하여 이런 식으로 자신을 새롭게 하고 다른 이들을 새롭게 하는 것이 바로 그리스도의 나라를 실현시켜 나가는 것이 된다.

이것이 미신자(未信者)들을 정복하는 것이고, 모든 세계와 원수들을 정복하여 아버지의 영광 속으로 들어가는 것이고, 이것이야말로 복음화를 달성하는 것이다.

1부의 기도만을 따로 떼내어 좀 더 구체적으로 살펴보면, 이는 첫째주간을 정리하는 과정이기도 하다. 가정 안에서, 사회 안에서, 교회 안에서 선한 의지로 열심히 살아가는 자신의 모습 내지 사람들의 모습을 관상한다. 성직자나 수도자들 그리고 익명의 그리스도인들이 양심의 소리 내지 하느님의 음성을 들으며 이 세상에 진리와 평화를 심기 위해 자신을 내어 놓으며 봉사하는 모습들을 눈여겨본다. 첫째주간에서 봐왔던, 자신이 그런 식으로 열심히 살아 움직이고 있었던 모습들을 봄도 좋다.

물론 선한 의지들로 그렇게 움직여 오긴 하지만 여기엔 분명한 한계가 있음도 알아야 한다. 아직 그리스도의 세례가 온전히 베풀어지지 않은, 다분히 자기 중심적이고 세속적이고 개인적인 욕망들에 사로잡혀 있는 모습들이다. 아직 충분히 복음적인 단계에까지 나아가지 못한 것이다.

그럼에도 불구하고 세상 속에서의 이러한 움직임들을 눈여겨봐둠이 예수님의 공생애를 관상하는 데 도움이 된다. 예수님의 공생애 역시 이런 사람들처럼 세상 한복판에서 펼쳐져 나가고 있었기 때문이다.

이런 맥락 속에서 1부와 2부를 연결하는 가운데에 '회심'이 놓여 있음을 봐야 한다. 이냐시오 성인의 경우 1부의 세속적 열망으로부터 2부의 예수님의 부르심을 따르는 것에로 넘어가는 사이에 회심이 있었다. 이 회심은 세속적 야망으로부터 돌아섬일 수도 있고, 마지스적 차원에서 한 발 더 내디딤일 수도 있다. 또한 이 회심은 첫째주간에서 일궈냈던 복음화 작업, 즉 과거의 낡은 나로부터 새로운 나로 변화된 모습일 수도 있다. 과연 이러한 점에서도

[91–98]은 첫째주간에서 둘째주간으로 넘어가는 가교 역할을 한다. 첫째주간 작업의 회심을 통해 둘째주간에로 넘어가는 것이다.

2부의 기도는 예수님의 초대에 응하는 것이다. 여기서는 그리스도의 나라를 자신의 말로 표현해 내보는 것이 중요하다. 1부의 기도에 바탕을 둔, 현실 체험에 바탕을 둔, 구체적인 그리스도의 나라를 머리에 그릴 것이다. 누구는 가족들이 단란하게 앉아 웃고 이야기하며 밥을 함께 먹는 모습, 그런 모습이 전체적으로 확산되는 것이 그리스도의 나라 이미지로 새겨질 수도 있다.

여하튼 그리스도의 나라에 대한 명확한 이미지를 가지고 있는 것은 대단히 중요한데, 크리스천들이 내려야 하는 모든 결정과 선택 과정에 있어서 첫번째의 바로미터가 되기 때문이다. 어떤 선택을 하든 늘 맨 먼저 떠올라야 하는 것은 이 선택이 그리스도의 나라 건설과 부합하는가의 문제다. 여기서부터 갈라지기 시작한다.

영신수련의 목적이 뭐냐고 묻는다면 대개 두 가지가 거론되는데 하나는 기도를 배우는 것이고, 하나는 자신이 처해 있는 구체적인 상황 속에서 하느님의 뜻을 선택하는 것이다. 그만큼 선택의 문제가 중요하고, 이 선택 과정은 영신수련 둘째주간을 통해 이뤄진다. 구체적인 선택 과정은 두 개의 깃발에 대한 묵상과 세 부류의 사람들에 대한 묵상이 끝난 다음부터 시작하지만, 실질적 의미에서는 바로 이 그리스도의 나라에 대한 관상에서부터 시작한다. 우리의 그 모든 선택은 최종적으로 그리스도의 나라 내지는 하느님의 나라를 건설하는 것에로 방향 지워져야 하기 때문이다. 그렇기 때문에 그리스도의 나라에 대한 구체적인 이미지는 늘 우리 눈 앞에 명확하게 놓여 있어야 한다.

| 영신수련 흐름 안에서의 역동성 |

첫째주간과 둘째주간을 잇는 이음매로서 [91-98]이 놓여 있는데, 이는 둘째주간 전체를 이끌어 가는 커다란 횃불과 같다. '그리스도의 나라'야말로 예수님의 꿈이요 비전이다. 전체적인 목표이기도 하다. 여기에 이어 그 비전에 대한 청사진이 펼쳐지는데 그것이 [101-9]로 제시되는 천주 강생에 대한 관상이다. 이를 천주 성삼께서 지구를 내려다보시는 장면을 관상하는 것이라고도 한다. 가브리엘 천사를 통해 성모님께 수태고지를 하는 장면이 포함된다.

이렇게 비전에 따른 청사진 내지 계획표까지 작성되면 이젠 실행만 남았다. 그 실행의 첫 단추가 바로 [110-7]의 예수 탄생 장면을 관상하는 것이다. 이어서 이틀 정도(이는 물론 한 달 피정을 할 경우에 해당한다) 예수님을 성전에서 봉헌하는 장면, 이집트로 피난 가는 장면, 나자렛에서의 삶의 모습 등을 관상한다.

그러고는 선택 작업에로 초대하면서 '두 개의 깃발에 대한 묵상'으로 들어간다. 이어서 '세 부류의 사람들에 대한 묵상'을 하고 '겸손의 3단계'를 점검한 후, 예수님의 세례 사건을 필두로 공생애에 대한 복음관상을 시작한다.

전체적 구조가 이러하기 때문에 적어도 천주 강생 장면에 들어갈 때에는 개략적이라도 복음관상에 대한 설명을 하는 것이 마땅하다. 실제 피정을 줄 때는 그렇게 하는 것이 바람직하다. 다만 여기서는 편의상 두 개의 깃발과 관련된 설명을 마친 후 따로 복음관상에 대해 한 장을 할애해서 이야기하고자 한다.

7 두 영의 갈등과 조화

_ '두 개의 깃발 묵상'

황금의 섬

비탈 오르면 멀리가 보여
구름 사이로 새어나는 빛
천상의 스폿라이트가
건너편 마을을 감싸는 게 보여
잿빛 바다에 떠오르는
황금의 섬 같아

허나 황금의 섬 주인들은
그런 것 생각지도 않겠지
다만 구름 사이로 태양이 얼굴을 내밀었다
그것만이라고 생각하겠지

조금도 '그것만'이 아닌데

| 문제 제기 |

이냐시오 성인은 영신수련 전 과정에 있어서 오직 이 묵상에 대해서만 이어서 네 번을 하도록 요구하고 있다. 그토록 중요하다고 본 것이다.

이냐시오 성인은 이 묵상을 통해 예수의 나자렛 삶을 정리하려고 했던 듯하다. 예수님은 30세까지의 삶을 통해 사회와 세상을 보면서 자신의 여러 관점을 확립하였고, 그런 예수님이 확립한 관을 피정자들도 정리할 수 있도록 이끌고 있다고 보여진다.

이런 점에서 첫째주간을 단순히 반복하는 것이 아니다. 곧잘 피정 면담하면서 보이는 것은 자신이 얼마나 가난 대신에 부를 추구하고, 모욕 대신에 명예를 좋아하며, 겸손하지 않고 오만한가에 대해 반성하면서 가슴을 치고 있는 모습들이다. 마치 첫째주간으로 되돌아가 자신의 현실적인 모습을 되짚어 보는 것처럼 말이다. 그러나 이것은 이 기도의 초점을 벗어난 것이다.

이 묵상을 통해서 예수님의 대사회관·대인간관·대세상관을 살피며 그 안에서 움직이고 있는 두 기운, 즉 선신과 악신에 대한 깊은 이해를 구해야 한다. 이 묵상의 핵심은 [139]에 묘사되고 있는 셋째 길잡이에 놓여 있다. 즉 '악한 괴수의 속임수에 대한 인식과 그로부터 나를 지키기 위해' 이 묵상을 하는 것이다. 속임수라고 하고 있는 만큼 악신인 루치펠의 움직임에는 우리를 교묘하게 현혹시키는 것들이 다수 존재하고 있다. 맑게 깨어 있지 않으면 예수 그리스도를 따르고 있다고 확신하고 있으면서도 정작 루치펠을 쫓아가고 있는 경우를 왕왕 보게 된다. 중요한 결정을 내리고 선택을 해야 할 때 영들의 움직임을 잘 분별하면서 하지 않으면 안 되는 필요성도 이 때문이다.

| 기도 자료 |

영신수련 [136－147]의 '두 개의 깃발 묵상'이다.[9]

---

9. [136] 제4일. 두 개의 깃발 묵상인데 최고 사령관이신 우리 주 그리스도의 깃발과 우리 인간 본성에 불구대천의 원수인 루치펠의 깃발을 묵상하는 것이다. 준비기도는 평소와 같다.

[137] 첫째 길잡이는 줄거리이다. 그리스도께서 모든 사람들이 당신 깃발 아래에 함께하기를 원하시어 사람들을 부르시고, 이와 반대로 루치펠은 자기의 깃발 아래로 사람들을 불러 모은다.

[138] 둘째 길잡이는 장소 구성이다. 예루살렘의 거대한 진지를 보는데 그곳에 있는 선한 사람들의 최고 사령관은 우리 주 그리스도이시다. 다른 진지는 바빌로니아에 있으며 그곳에 있는 원수들의 괴수는 루치펠이다.

[139] 셋째 길잡이는 내가 원하는 것을 청함이다. 그 악한 괴수의 속임수에 대한 인식과 그로부터 나를 지키기 위해 필요한 도움을 청하고 진정한 최고 사령관이 보여주시는 진실한 삶을 알고 그분을 본받기 위해 필요한 은총을 청한다.

[140] 제1요점. 모든 원수들의 괴수가 바빌론의 거대한 진지에서 불과 연기가 무섭고 흉측하게 치솟고 있는 커다란 연단 같은 곳에 자리 잡고 있는 것으로 상상한다.

[141] 제2요점. 그가 무수히 많은 마귀들을 어떻게 불러 모으고 또 어떻게 한 무리를 어떤 도시로, 또 다른 무리를 다른 도시로 보내 모든 지방과 장소, 신분 그리고 사람들에게 빠짐없이 온 세상에 퍼뜨리는지를 생각한다.

[142] 제3요점. 그들에게 하는 설교인데 어떻게 사람들을 그물과 오랏줄로 덮치라

이 기도에 함축되어 있는 것은 각 개인 안에, 그리고 조직 안에, 사회 안에, 세상 안에 움직이고 있는 커다란 영들의 존재와 힘을 깊게 이해하는 것이다. 그저 단순히 자신에 대한 반성 혹은 교회나 사회에 대한 질책 차원에 머물러선 안 된다. 물론 출발점은 자

고 일러주는지를 생각한다. 그가 보통 하는 것처럼, 먼저 사람들을 재물에 대한 탐욕으로 유인하고, 그들을 세상의 허영심으로 그리고 다음에는 한껏 부푼 교만예로 더 쉽게 이끌 수 있게 해야 한다고 말한다. 이런 식으로 첫 단계는 부, 둘째는 명예, 셋째는 교만이며, 이 세 단계로부터 다른 모든 악행들로 이끄는 것이다.

[143] 진정한 최고 사령관이신 우리 주 그리스도에 대해서는 이와 반대로 상상한다.

[144] 제1요점. 우리 주 그리스도께서 예루살렘 지역의 거대한 진지에서 조촐하고 아름답고 품위 있는 장소에 자리 잡고 계심을 생각한다.

[145] 제2요점. 만민의 주님이 어떻게 그 수많은 사람들을 사도들과 제자들로 삼아 온 세상에 그들을 보내시어 모든 신분과 조건을 지닌 사람들에게 당신의 거룩한 가르침을 전파하시는지를 생각한다.

[146] 제3요점. 우리 주 그리스도께서 이런 임무에 파견하시며 당신의 모든 종들과 친구들에게 하시는 설교를 생각한다. 모든 사람들을 도와 첫째, 최고의 정신적 가난으로 인도하며 하느님께 봉사가 되고 그분이 선택하신다면 실제적인 가난에게까지 이끌고, 둘째, 그들이 수치와 업신여김을 바라게끔 이끌라고 부탁하신다. 왜냐하면 여기에 겸손이 이어지기 때문이다. 그리하여 세 가지의 단계를 이루고자 하는데, 첫째는 부에 반대되는 가난, 둘째는 세상의 명예와 반대되는 수치 혹은 업신여김, 셋째는 교만에 반대되는 겸손이 그것이다. 이 세 단계로부터 다른 모든 덕행들로 이끌라는 것이다.

[147] 성모님께 하나의 담화를 한다. 이는 내가 주님의 깃발 아래 받아들여지도록 주님이신 당신 아드님의 은총을 얻어주시라는 것이다. 그리하여 첫째, 최고의 정신적 가난 가운데, 그리고 하느님께 봉사가 되고 그분이 나를 선택하고 받아들이신다면 더 나아가서 실제적 가난 가운데에서, 둘째, 수치와 업신여김을 겪는 가운데—다만 이로써 그 누구에게도 죄가 되는 일이 없고 하느님께 누가 되지 않을 경우에 한해서—그분을 더 잘 본받으려 함이다. 그리고 이와 함께 성모송을 한번 바친다. 두 번째 담화. 이런 은총을 성부께 얻어주시도록 이와 똑같이 성자께 청한다. 그리고 '그리스도의 영혼은' 기도를 바친다.

신이어도 좋고, 교회나 다른 수도회여도 좋고, 이 사회나 세상 전체여도 좋다. 그러나 그것을 출발점으로 해서 좀 더 거시적이고 근본적인 차원에서 영들의 대립 각축을 이해하도록 애쓸 일이다.

묵상 요점

1. 먼저 그리스도의 작전과 루치펠의 작전에 대해 깊이 이해하도록 한다. 루치펠의 작전이 부, 명예, 교만임에 대해 그리스도의 작전은 가난, 모욕, 겸손이다.

세 번째 담화. 성부께서 이것을 내게 허락해 주시도록 이와 똑같이 성부께 청한다. 그리고 주님의 기도를 한번 바친다.

그리스도의 영혼은(Anima Christi)

그리스도의 영혼은 저를 거룩하게 해주소서.
그리스도의 몸은 저를 구원해 주소서.
그리스도의 피는 저를 취하게 하소서.
그리스도의 늑방의 물은 저를 씻어주소서.
그리스도의 수난은 저에게 힘을 주소서.
오, 선하신 예수님, 저의 기도를 들어주시어
당신의 상처 속에 저를 숨겨주시고
당신을 떠나지 않게 해주시며
사악한 원수에게서 지켜주소서.
제가 죽을 때에 저를 불러주시어
당신께 오라 명하시고
당신의 성인들과 더불어
영원토록 당신을 찬미하게 하소서. 아멘.

2. 현대를 살아가는 우리들에겐 특히 '편한 것'과 '불편한 것'도 대립되는 작전 중의 하나가 될 수 있다.
3. 내게 있어서 '부'는 무엇인지도 점검해 볼 일이다. 심지어 내가 철저히 살아내고 있는 가난조차 내게 있어선 부가 될 수도 있다.

그리고 이 기도를 마칠 때마다 이냐시오 성인의 지시대로 삼중담화를 한다([147]). 먼저 성모님께 담화하고 이어 성자께 담화하고 끝으로 성부께 담화한다. 그만큼 기도의 중요성이 드러나는 대목이다. 피정하는 이들은 앞으로도 중요한 기도라고 생각되고 그 기도를 통해 꼭 은총을 받아야 되겠다고 생각하면 삼중담화를 할 것을 권한다.

|방향 설정|

오늘날과 같은 세상 속에서는 더욱더 가난의 의미가 무엇인지, 왜 가난을 추구해야 하는지를 깊게 알아듣도록 애써야 한다. 두 개의 깃발에 대한 묵상을 통해 어느 깃발을 따라야 할 것인가에 대해 결론을 내려야 한다면 정답은 너무나 뻔하다. 적어도 신자들에게 그렇고 수도자이면 더 말할 것도 없다. 동시에 머리로 알아듣는 것은 너무 간단한데 정작 살아내는 모습은 또 영 딴판일 수가 있다. 수도자들의 경우엔 사도직과 관련되어 문제가 엉키기 시작하면 정말 제대로 식별해 내지 않는 한 곧잘 사탄의 유혹과 위험에 떨어지게 된다. 이런 점에서 예수님이 추구하고자 하셨던 가난의 의미를 더 깊이 올곧게 알아들을 필요가 절실해진다.

교육을 필두로 모든 사회체제가 경쟁 일변도로 치달리고 있는 요즘에 명예의 문제도 중요하게 짚어보지 않으면 안 된다. 여기에는 '내'가 누군가 하는 자아의 존재에 대한 깊은 성찰과 맞물려 들기 때문에 더욱더 간단한 문제가 아니다. '나'라고 이름 지어 부를 수 있는 존재의 양상에는 여러 층위가 있기 때문에 그때그때 문맥에 따라 제대로 이해하지 않으면 안 된다. 그러면서 더욱더 깊은 존재를 향해 끝없이 성장해 나가야 하는 우리로선 지금 어느 층위의 존재 지평에 머물러 있는지를 살피며 움직여야 한다. 예수님께서도 '자기 목숨을 살리려고 하는 자는 자기 목숨을 잃을 것이요.'라고 하실 때 앞에 있는 '자기'와 뒤에 있는 '자기'는 존재의 지평을 달리한다.

이렇게 볼 때 명예의 문제를, 그저 신자니까 수도자니까 명예를 추구해선 안 된다면서 의지력으로 모욕을 달게 받으려는 쪽으로 나가려고 애쓴다면 그 열매는 지극히 초라해진다. 의지의 문제가 아니라 자기 존재에 대한 깨달음의 문제다. 깨달음을 통해 스스로가 더 깊은 존재 지평에 머물고 있다면, 얕은 층위에서 벌어지고 있는 번잡한 움직임들에 대해 명예니 모욕이니 하며 따지고 흔들리고 영향 받고 하는 일이 저절로 없어질 것이기 때문이다.

가난의 문제도 똑같은 맥락이다. 그저 결심으로 밀고 나가는 게 아니라 가난의 참된 가치와 아름다움에 대한 깊은 깨달음이 필요하다. 그렇게 될 때 가난이니 부유니 하는 것으로부터 자유로워진다.

그런데 이냐시오 성인은 이런 문제를 그리스도와 루치펠의 대립 구도에서 조망하고 있다. 예수님께서 공생애 동안 사회의 제도를 뜯어고치려고 애쓰시거나, 자신의 조직을 강화시키려고 하시거나, 사회 문화적 관습을 바로잡으려고 애쓰시지 않고, 늘 각자의 근본적인 마음자리를 바르게 하도록 촉구하셨던 것을 간파한 것으로 보인다. 각자 안에서의 조화롭지 못한 삶의 모습이나 이 사회의 온갖 불의를 그저 개인적 취향이나 성격들을 다듬고 사회조직이나 제도를 바꾸면 될 것으로 보지 않았다. 개인 안에서 그리고 사회 안에서 일어나는 온갖 부조리와 악과 고통은 훨씬 더 깊은 차원에서의 영들의 움직임에 그 뿌리를 두고 있다고 본 것이다.

그렇기 때문에 이 묵상에 이어 선택 작업에 들어갈 때([163] 이하) 영들의 움직임, 즉 선신과 악신의 분별에 대해 강조하고 일러주는 것이다.

여기서 한 가지는 짚어두고자 한다. 두 깃발을 묵상할 때 그리스도의 진영과 루치펠의 진영이 서로 각축하는 모습을 보게 되는데, 보통의 전쟁에서 그런 것처럼 그리스도가 완전히 승리하고 루치펠은 완전히 패퇴하는 그런 것으로 알아들을 일이 아니다. 이

두 진영은 선신과 악신의 대립으로 축소시켜 이해할 수 있겠는데, 선신도 악신도 어느 한쪽이 승리하면서 다른 한쪽을 완전히 없애 버리는 그런 것을 지향해서는 안 된다. 이미 [23]에서 봐왔던 것처럼 선신과 악신은 양과 음으로서 떼려야 뗄 수 없는 하나의 태극을 형성하고 있기 때문이다.

악신이란 것도 우리 외부에 있는 어떤 사특한 존재로서 우리는 그와 싸워 그를 쳐 없애야 하는 것으로 알아듣는 것보다 우리 안에 있는 상반된 하나의 기운 내지 움직임으로 이해해야 한다. 그렇기 때문에 만약에 악신을 쳐 없앤다면 유감스럽게도 같이 붙어 있던 선신마저 함께 죽어버리게 된다.

모름지기 생명을 탄생 유지시키기 위해서는 반드시 정반대의 두 기운 내지 존재가 하나로 결합되어 상호작용해야 한다는 점을 잊어서는 안 된다. 남자와 여자의 결합에 의해 인간이 탄생되는 것이 단적인 예다. 식물이 생장하기 위해 낮과 밤이 하나로 어우러져야 하는 것도 마찬가지고, 사람이 살아가기 위해 들숨과 날숨이 교차하는 것이나, 음식이 들어가는 입과 나오는 항문이 하나로 결합되어 있어야 하는 이 모든 것들이 같은 원리요 이치다.

영들의 차원에서 보면 선신과 악신의 결합 내지 동거도 같은 원리다. 하느님도 살아 계신 하느님이시고 우리 인간도 살아 있는 존재들이다. 그럴 때 우리 안의 영적 기운들을 보면 생명에로 운동에로 성장에로 나아가고자 하는 힘이 하나 있는가 하면, 동시에 죽음에로 정지에로 퇴행으로 나아가고자 하는 힘 또한 있다. 전자의 힘을 일러 선신이라 하면 후자의 힘을 악신이라고 한다. 그렇기 때문에 중요한 것은 악신의 존재나 힘을 없애려고 덤비는 것이 아니라 선신의 존재와 힘과 더불어 어떻게 참된 생명과 성장에로 나아가는가 하는 것이 중요한 과제로 떠오른다. 선신과 악신의 조화와 균형의 문제인 것이다.

어떻게 보면 선신이나 악신이나 무색·무취·무향인지 모른다. 선신은 그저 자기 본래 모습이 생명에로 변화에로 가는 것이고, 악신은 그저 자기 본래 모습이 죽음에로 정지에로 가는 것이다. 다만 사람들이 각자 자기 기호와 성향에 따라 (자기 영에 따라) 균형을 깨고 어느 일방을 과도하게 취하고 다른 일방은 과도하게 버림으로써 드러난 결과가 우리가 보통 일컫는 선이니 악이니 하는 모습일 뿐이다.

독립된 별개의 존재로서 악신 내지 사탄이 있고 그들에 의해 일방적으로 악이 생산되고 그래서 우리는 그들과 싸워 승리해야만 하는 그런 도식으로 존재를 이해하는 것은 피상적이다.

이런 맥락에서 이해하다 보면 악신 또한 궁극적으로는 생명을 위해 존재하는 것이다. 물론 여기서의 생명은 참된 생명, 그리스도의 생명, 하느님의 생명을 가리킨다. 상대적으로 생명과 죽음을 갈라놓은 그런 차원이 아니라 그 속에 상대적 생명과 상대적 죽음을 내포하고 있는 생명, 이름하여 참된 생명 말이다. 그런 의미에서 이 악신 또한 하느님 손바닥 안에 놓여 있는 것이지, 하느님과 분리되어 있는 별개의 존재나 세력이 아니다. 악신 그 자체가 나

뻐다고 할 것은 아니다. 우리가 어떻게 그 기운을 쓰느냐에 관건이 달려 있을 따름이다.

하느님은 살아 계신 분이시고 그리스도께서는 끊임없이 모든 존재자들이 성장하길 바라고 계획하고 계신 만큼, 선신과 악신을 어떻게 조화롭게 운용함으로써 그런 생명과 성장을 일궈내는가가 오직 중요할 따름이다. 그런데 여기서 우리는 자칫 잘못 식별하면 생명과 성장을 취한다는 것이 반대의 결과를 초래할 경우가 빈번하게 있게 된다. 그렇기 때문에 영들의 식별이 중요한 문제로 다가선다.

외견상 일견 옳고 좋아 보이는 것들이 실은 그 반대인 경우를 보게 되는데, 이를 영들의 분별 안에서 이야기할 때 악신의 속임수라고 한다. 그러나 더 정확하게 말한다면 악신이 적극적으로 우리를 파멸시키기 위해 사기를 치고 있는 악신의 속임수라기보다는, 오히려 우리 스스로에게 책임을 묻지 않을 수 없는 우리 식별력의 부족이고 우리 존재의 얕음이다. 악신을 주체적으로 세워 그에게 책임을 묻는 것보다는 스스로의 질서 잡히지 않은 존재의 얕음을 보며 공부해 나가는 것이 훨씬 더 건강한 영적 태도라고 생각한다.

영들의 분별을 할 때 우리 마음 안에 영적인 위안이나 고독이 찾아들게 되는데 이 때문에 곧잘 식별을 그르치곤 한다. 영적 위안에 대한 과도한 집착 성향 때문이다. 인간의 성향이 위안의 부드럽고 달콤한 맛을 좋아하고 고독의 스산하고 쓴맛을 싫어하다 보니 식별에서 착오를 일으킬 위험이 있다. 왜냐하면 때론 악신에서 올라오는 움직임인데 일견 그 맛이 부드럽고 따뜻하고 좋아 그 길을 좇아가다 보면 결국엔 참된 생명에로 나아가지 못하고 오히려 반대 길로 가버리게 되기 때문이다.

영적 위안을 맛보고 있을 때는 의욕과 힘이 솟기 때문에 영적 여정을 걸어가기도 쉽고 맛이 있다. 반면에 영적 고독을 맛보고 있을 때는 한 발을 내딛기가 힘이 들고 어려워진다. 그래서 누구든 영적 위안을 찾고 목말라하는데 나름대로 나쁘다고 할 수는 없다. 성장을 위해 좋은 밑거름이 되기 때문이다. 다만 그렇게 영적 위안이 많다고 해서 반드시 성령과 함께 성령의 뜻에 맞는 삶을 살아가고 있다는 보증이 될 수 없고, 어떤 면에서는 오히려 악신도 움직일 여지가 많은 만큼 위험이 더 크기 때문에 조심해야 하는데, 이 점에 있어서 소홀한 면이 없지 않다. 유감스러운 것은 바로 이런 점이다.

그리고 영적 위안이라고 하지만 그 드러나는 느낌의 모습은, 영적 차원이 아닌 단순한 심리 차원에서 일어나는 위안과도 같기 때문에 식별에 있어서 더욱더 어려워진다. 그러므로 영적 차원에 대한 감각이 어느 정도 갖춰져 있는 사람인가 하는 것은 식별이나 지도에 있어 너무나 중요한 문제가 된다. 이러한 영적 감각은 사람에 따라 천차만별이다.

만약에 심리 차원에서 일어나는 위안과 영적 차원에서 일어나는 위안을 겉모습이 같다 하여 혼동하게 되면 하느님의 뜻을 찾아가는 데 결정적인 과오를 범하게 된다. 자신이 원하고 좋아하는 것을 하느님의 뜻이라고 강변할 위험이 상존하기 때문이다.

이러한 존재의 차원에 대한 문제는 기도에 있어서도 그대로 드러난다. 모두들 기도하고는 있지만 그 기도가 어느 층위에서 일어나고 있는가 하는 것은 제각각이고, 그런 기도의 깊이에 대한 식별이 제대로 이뤄지지 않으면 영혼을 성장에로 이끄는 데 잘못을 범할 위험이 생긴다.

다시 영의 식별과 관련하여, 우리 안에 선신이나 악신의 움직임들을 보면 현재 그 영혼이 영적으로 성숙하고 있는 사람인가 퇴보하고 있는 사람인가에 따라 움직이는 양상이 다른 만큼 우리의 식별을 더욱더 어렵게 만드는 요인이 되기도 한다.

영의 식별과 관련하여 이야기해야 할 것은 아직도 많이 남아 있다. 우선은 영신수련 [313-336]의 식별 규범들을 참고하는 것이 좋다.

| 영신수련 흐름 안에서의 역동성 |

적어도 두 개의 깃발 묵상을 통해 세부적인 미세한 것을 일일이 다 보지는 못했다손 치더라도, 개인 안에서 그리고 조직과 사회 안에서 움직이고 있는 커다란 두 힘의 존재와 그 결과에 대한 통찰은 어느 정도 얻었다고 할 것이다. 이 세상의 온갖 다양한 모습이 벌어지고 있는 기반이 되는 큰 두 영의 축을 응시함으로써 예수님이 세상과 사물을 바라보신 그 관점을 웬만큼은 알아들은 것이다.

이 묵상에 이어 이냐시오 성인은 '세 부류의 사람들에 대한 묵상'([149-157])을 하도록 이끈다. 예수님의 관점에 대해 알아듣고 그 관점에 좇아 세상이 어떤가에 대한 이해를 얻은 영혼이 그다음 어떤 행동을 취하는가 하는 문제와 관련된 묵상이다. 이 묵상을 통해 자신의 성향을 알 수 있을 뿐 아니라, 알아들었다고 하는 것이 어느 정도의 깊이까지 내려갔는가를 가늠해 볼 수 있다.

물론 이 묵상 중에 '당신은 어느 부류의 사람이길 원하느냐?' 라고 묻는다면 적어도 신자이거나 수도자인 사람들은 셋째 부류라고 답할 것이다. 그러나 '원하는 것'이 아니라 '현재 당신 모습'이 어떤 부류냐고 묻는다면 답은 다양하게 나올 것이다. 여기서 만약 피정하는 이의 답이 셋째 부류로 나오지 않는다면, 그 길로 나아가는 데 걸림돌이 되고 있는 것이 무엇인지 살피고, 그것을 정리하려고 애쓸 일이다.

다음으로 선택에 들어가기 전에 이냐시오 성인은 '겸손의 3단계'에 대해 '깊이 생각하고 깨닫기'를 요구한다([164-168]). 이 부분에 대해서는 따로 묵상기도를 할 것은 아니다. 그저 그동안의 기도 흐름을 통해 드러나고 있는 자신의 모습을 점검해 보면 된다. 왜냐하면 두 개의 깃발 묵상을 통해 예수님의 뜻과 세상에 대해 알았고, 그에 따라 자기가 어떻게 행동하느냐 하는 것도 알았기 때문에, 겸손의 몇 단계에 도달해 있느냐 하는 것은 자동적으로 그 성적표가 나오기 마련이기 때문이다.

그래서 지금 어느 단계의 겸손에 도달해 있는지, 만약 셋째 단계의 겸손 아니면 적어도 둘째 단계의 겸손에 도달해 있지 않다면 왜 그런지를 짚어볼 일이다. 적어도 선택 과정에 들어가기 위해서는 둘째 단계의 겸손에 도달해 있어야 한다고 강력하게 요구하고 있기 때문이다.

여기서 겸손의 3단계라고 하는 것은 사랑의 3단계라고 이해해도 좋겠다. 사랑의 깊이와 사랑하는 방법에 있어서 차등이 있다는 말이다. 1단계의 사랑은 자기 식대로 사랑하는 것이다. 그 방식이 죄가 되지 않는 한 말이다. 부유하게 살고 결혼을 한다고 해서 죄가 되는 것은 아니다. 그러면서 자기는 그렇게 살고 싶고 그런 방식으로 주님도 섬기고 교회에 봉사도 하겠다면 나쁘다고 할 수 없을 뿐만 아니라 그것도 사랑하는 하나의 방식이다.

2단계의 사랑은 주님께서 원하는 식으로 사랑하는 것이다. 자기는 가난하게 살면서 결혼도 하지 않고 봉사하고 싶은데 주님의 뜻이 결혼하길 원하시고 부유하게 살면서 교회를 돕기를 원하신다면 그렇게 살아가는 것이다. 이 역시 좋은 사랑의 자태다.

3단계의 사랑은 다시 적어도 외견상으로는 자기 식대로 사랑하는 것이다. 다만 여기서는 자기가 좋아하는 식대로 하겠다는 것보다는 완전히 주님을 그대로 닮겠다는 욕구와 의지가 더 강하고 앞선다. 그래서 비록 주님께서 결혼을 하고 부유하게 살면서 봉사하길 원하심에도 불구하고, 고집을 부리며 주님처럼 결혼하지 않고 주님처럼 가난하게 살면서 봉사하겠다고 한다. 가장 완전한 사랑의 모습이다. 이는 주님과 자신을 완전히 하나로 합치려는 사랑의 절절함이 더 깊게 배어 있기 때문이다.

이냐시오 성인은 여기서 둘째 단계의 겸손, 즉 불편심에 터 잡은 사랑 내지 겸손의 단계에는 적어도 이르러야 하느님의 뜻을 식별하고 선택할 수 있는 자격을 얻는다고 한다.

8 예수님을 보고 듣고 느끼며

_ 복음관상

어느 날

이 순간 이 길은
내가 맨 먼저 걷는 길

바람에 노니는 하늘의 구름
해에 비춰진 땅 빛깔

둘도 없는 이 한순간
이 길을 걸음은
내가 맨 처음

그렇게 생각함에
계속 걸어갈 용기를 얻는 일도 있어

| 문제 제기 |

이제부터 예수님의 세례 받으시는 장면을 시작으로 구체적인 공생애에 대한 복음관상에 들어간다. 그리고 필요하면 하느님의 뜻을 선택하는 작업을 병행한다.

영신수련 피정을 둘러싸고 일어나고 있는 큰 오해 중의 하나가 바로 이 복음관상이다. 이냐시오 성인은 관상을 할 때 통상 세 개의 길잡이를 제시하는데 첫째가 줄거리이고 둘째가 장소 구성이고 셋째가 은총을 청하는 것이다. 여기서 첫째와 셋째는 묵상기도에서도 공통적으로 하는 요소임에 반해, 둘째 요소는 복음관상에만 있는 것이다.

이 장소 구성이 문제인데, 복음서의 사건이 일어나는 장면의 구체적인 모습을 상상의 눈으로 그려 보라고 요청하고 있기 때문이다. 그 장소의 사물의 배치를 볼 뿐만 아니라 등장인물의 모습들도 살피면서 그들이 나누는 대화나 행동도 보고 듣고 하라는 것이다. 이러다 보니 모두 한껏 상상의 나래를 펴, 기도 안에서 그야말로 드라마의 연출자처럼 움직이고 있는 것이다. 도로의 폭도 넓혀 봤다 좁혀 봤다 나무도 심어 봤다 뽑아 봤다 사람들의 표정이나 옷 입고 있는 것도 이것저것 바꿔 보고 주고받는 대화들도 이렇게 저렇게 각색을 해본다.

그러면서 한다는 이야기는 나는 상상력이 풍부해서 관상이 잘 된다는 둥 혹은 상상력이 없어서 도저히 관상이 안 된다는 둥 하면서 우쭐해하거나 의기소침해진다. 그러나 양쪽 다 잘못된 것이다. 무엇보다 기도라고 하기 위해서는 자기 생각만을 전개시키는 것이 아니라고 했는데, 이는 관상기도에서도 마찬가지다. 상상력을 동원한다고 하지만 결국은 자기 생각의 전개에 지나지 않기 때문이다. 물론 그런 상상력을 동원해서 그럴듯하게 장면을 구성하며 기도하는 가운데 적당한 위로와 힘을 받을 수도 있다. 함에도 그 정도 가지고야 자기의 존재 변화를 가져오기에는 턱없이 부족하다고 하지 않을 수 없다. 한마디로 복음관상기도라고 해서 그저 상상력의 테스트 정도가 아니란 점을 명심할 일이다.

이냐시오 성인이 복음 사건을 가지고 기도할 때는 묵상을 할 것이 아니라 관상을 하도록 초대하는 것은 우리가 그토록 사랑한다고 고백하고 있는 예수님에 대해 그저 머릿속으로 이리저리 생각이나 좀 하면서 정리해 나갈 것이 아니라, 마치 현장에서 우리가 예수님을 직접 대면하고 있듯 그렇게 그분의 일거수일투족을 놓치지 않고 살피는 가운데 그로부터 오는 강한 감동들을 우리 마음속에, 영혼 속에 깊이 박아두길 원하기 때문이다. 또한 그렇게 함으로써 단순한 신학적·교리적 지식 차원에서의 예수님만 알고 있을 것이 아니라, 우리 마음속에서 살아 움직이고 있는 예수님, 우리만이 알고 있는 예수님과 인격적 관계를 맺고 심화시키며 여정을 걸어가길 원하기 때문이다.

| 기도 자료 |

둘째주간의 공생애에 해당하는 부분인데, 세례 받으시는 장면부터 시작해서 성지주일 장면까지이다([158–161]). 물론 반드시 영신수련 [161]에 제시된 자료로 못 박을 일은 아니다. 피정하는 이의 사정을 고려하여 적절한 기도 자료를 다른 복음 사건들 가운데서 선택해도 무방하다.

다만 여기서는 복음관상을 해나갈 것이기 때문에 관상하기에 적합하지 않은 자료는 피함이 좋다. 예컨대 비유 이야기나 교훈적인 이야기가 그렇다. 관상에 적합한 것은 예수님을 비롯한 여러 등장인물이 있고 그 안에서 역동적인 사건들이 벌어지는 장면들이다.

여기서 피정 주는 이들이 유념할 것 한 가지는 너무 많은 기도 자료들을 제공하지 않는 것이다. 3개 이상을 주는 것은 무리라고 본다. 그렇게 되면 피정하는 이들이 기도 자료 좇아가기에 급급해서 기도의 깊이가 얕아질 위험이 대단히 많다. 그래서 매일 하나나 둘 정도 줌이 좋은 것 같다.

피정을 하는 이들도 주어지는 기도 자료를 다 해내야 한다는 강박관념에 사로잡히지 않아야 한다. 기도의 완급에 대해서는 개인면담 시간에 피정을 주는 이로부터 적절한 조절을 받게 된다. 피정하는 이는 모쪼록 기도를 통해 영신적 유익을 많이 취하는 것이 중요하지 방학숙제하듯이 다 해내는 것이 중요한 게 아니다. 사람에 따라서는 다른 이들보다 진도가 늦는 것 같은 생각에 쫓기는 기분으로 기도에 임하다 보니 오히려 기도의 열매를 못 얻는 경우가 있는데, 전혀 괘념할 바 아니다. 오히려 자기 페이스에 좇아 차근차근 나아갈 일이다.

많은 피정하는 이들의 체험을 돌아보면 반복기도를 통해 기도가 훨씬 더 깊어지는 경험을 하고 있고 그로 인해 영적으로 배부른 느낌을 갖는다. 따라서 적어도 하나의 기도 자료에 대해 두 번 이상 세 번 정도 반복기도를 하는 게 좋다. 그러면 몇 번이나 반복해야 하느냐고 물을 수 있는데, 사람에 따라 다르고 기도 자료에 따라 다르다. 이에 대해서는 피정을 동반하는 이가 분별해 줄 것이다. 극히 일반적으로 이야기한다면 3번 정도까지 반복을 하고 그럼에도 알아듣는 게 없고 영적 만족이 없다면 그냥 다음 기도로 넘어가는 게 좋을 것이다. 물론 경우에 따라서는 더 많은 반복기도가 요청되기도 하지만. 대개 한 주제에 대해 마무리 지을 때는 그 기도를 통해 뭔가 새롭게 알아들은 게 있고 그것이 영적 만족을 가져다줄 때이기 때문이다. 따라서 한 주제에 대해 네 번 다섯 번씩 반복하고 있을 때는 혹 자기 욕심에 사로잡혀 있는 것은 아닌지 점검해 볼 일이다. 사도들도 때론 예수님의 말씀이나 행동이 이해가 가지 않고 그 깊은 뜻을 알아듣지 못했던 경우가 종종 있었다. 피정하는 이들에게 일어나는 기도 체험이 바로 그러하다.

한 가지 더 언급해 둘 것은 오감을 활용한 기도에 대해서다. 이냐시오 성인은 [121-6]에서 오감을 활용한 기도를 통해 마지막 반복기도를 하도록 요청하고 있다. 그러나 이 부분에서도 인위적인 상상력을 발휘해서 기도가 피상적인 의식 차원에 머무르지 않도록 유념해야 한다. 예를 들어, 그저 관상기도를 해나가는 중에 어떤 이의 모습이나 주변 사물 등이 마음에 와 닿고 그래서 좀 오랫동안 그것을 물끄러미 바라보며 하나를 이루는 가운데 절로 영신적 유익이 찾아오도록 하는 것을 통해 시각을 활용한 관상을 하는 것이지, 의식적이고 자의적으로 시각을 곤두세워 관상하려고 할 것이 아니다. 다른 청각이니 후각·미각·촉각 등에 대해서도 마찬가지다.

|방향 설정|

복음관상기도에 대해서는 좀 더 상세한 설명을 부록2[10]에 덧붙여 놓았으니 참조하면 되겠다. 거듭 강조하는 셈이 되겠지만 관상기도를 한다고 해서 무리하게 상상력을 동원해서 장면을 구성하려고 애쓰는 등 기도가 인위적이고 자의적으로 흘러가지 않도록 유념해야 한다. 그냥 좀 더 자연스레 기도가 흘러가도록 내버려 둘 일이다.

둘째주간이 계속됨에 따라 피정하는 이는 점점 더 예수님을 깊

10. 부록 2 '기도에 대한 단상 – 복음관상기도를 중심으로'는 샬트르 성 바오로 수녀회 회지 「바오로 뜨락」(2004년 겨울 제103호)에 실었던 원고다.

이 알아가고 사랑이 자라고 더욱더 곁에 함께 머물고 싶어하게 된다. 여기서 예수님을 '안다'는 것은 보통 우리가 사회생활을 하면서 사람을 안다고 하는 것과는 차원이 다르다. 비유적으로 이야기한다면 마치 부부 사이에 남편이 아내를 알고 아내가 남편을 아는 것처럼 온 존재 전체로 아는 그런 앎의 차원을 가리킨다. 그리고 부부가 서로 그렇게 아는 것은 제삼자는 도저히 알 수 없는 영역이기도 하다.

복음관상기도를 통해 예수님을 아는 것도 바로 이런 차원이다. 누구든 다 아는 교리적 내지 신학적 지식 차원에서 예수님을 알고 있는 것이 아니라, 자기만이 알고 있는 예수님의 모습이 따로 있는 것이다. 물론 그 앎의 내용이 교회의 가르침과 어긋나서는 안 되겠지만 그렇다고 해서 미세하게 알고 있는 예수님에 대한 앎의 내용이 신학적으로 옳으냐 아니냐는 크게 중요한 문제가 아니다. 성령께서는 그 영혼을 성장시키기 위해서는 갖은 방법을 다 쓰시기 때문이다. 기도를 통해 알아듣고 있는 예수님의 모습 내지 예수님과의 인격적 관계가 성령으로부터 비롯되고 있는지의 여부는 그 사람의 살아가고 있는 모습, 즉 열매를 보면 알게 된다.

이처럼 복음관상기도는 온몸의 인위적인 힘을 빼버리고 자연스레 흘러가는 가운데 성령께서 보여주시고 이끌어 주시는 대로 따라가며 영적 자양분을 길어 올리는 것인 만큼 어떤 의미에선 시골 장터에서 이리저리 돌아다니며 구경하는 모습과 닮았다. 맑게 깨어 있으면서, 장터에서 호기심 가득한 눈으로 보듯 예수님에 대한 호기심 내지 사랑 가득한 마음으로 복음 사건을 둘러싼 여러 요소를 찬찬히 구경하는 것이다.

그리고 적잖은 경우 피정하는 이들이 관상기도를 하면서 복음서의 장면을 '보라'고 하는 말에 걸려 넘어져 계속 비디오를 보듯 보려고 애쓰고 결국 그렇게 보이지 않는 것 때문에 좌절하는 모습을 본다. 관상기도를 한다면서 눈을 지그시 감고 있으면 복음서의 장면들이 동영상 지나가듯 그렇게 눈앞에 펼쳐지고 그것을 내가 보고 있는 것쯤으로 생각하면 오산이다. 그런 식의 동영상은 거의 펼쳐지지 않을 것이다.

여기서 '본다'는 것은 '생각한다'는 것이고, 이 생각한다는 것은 묵상기도에서 생각하는 것과는 다르다. 복음관상기도의 방법은 관상이라는 글자 자체에 담겨 있다. 즉 '관'(觀 : 볼 관) 하면서 '상'(想 : 생각할 상) 하고 '상' 하면서 '관' 하는 것이다. 생각하는 거리로서는 성경이 본래 너무 소략하게 서술되어 있기 때문에 그 행간을 메워 나가는 것이 된다. 그렇게 생각을 전개시켜 나가는 것이 장터에서 이곳저곳 기웃거리며 구경하는 셈이 된다. 그러다 보면 평소 자기가 생각지도 못했던 한 생각이나 느낌 혹은 이미지들이 떠오르면서 자신에게 새로운 지평을 열어 보이고 새로운 앎을 통한 변화에로 이끈다. 여기엔 의지적 개입이 없고 그런 만큼 자신을 변화시켜 내는 힘이 클 뿐만 아니라 성령으로부터 오는 것으로 신뢰해도 큰 위험이 없다.

한 가지 유념할 것은 관상기도를 할 때는 예수님에 대한 지극한 사랑의 마음이 전제되지 않으면 안 된다. 그렇지 않으면 관상하는 것이 마치 주말 연속극 보는 것처럼 되어 재미는 있을지 모르지만 사랑하는 이를 알아감에 대한 감동과 스스로의 변화가 없게 되기 때문이다. 사랑하는 마음 가득 안고 관상함으로써 더 깊은 면을 알아들으며 사랑이 더욱 자라고, 그렇게 더 커진 사랑으로 관상을 하다 보니 관상이 더 깊어지고, 이러한 선순환이 일어나야 한다.

피정하는 이들에게 종종 물어본다. 묵상기도가 수월하냐 복음관상기도가 수월하냐고. 대개 답이 나뉘긴 하지만 묵상기도가 좀 더 쉽고 낫다고 생각하는 이들이 더 많다. 그러나 내가 보기엔 이것은 착각이다. 묵상기도는 그동안 많이 해왔고 복음관상기도는 이제 처음 해보는 이들이 많아 상대적으로 하나는 쉽고 하나는 어렵다고 느껴진다고 생각한다. 그리고 묵상기도의 방법 때문에도 그렇게 생각하기 쉬운데, 묵상은 깊은 생각을 통해 기도하는 것인 까닭이다. 우리 일상의 삶이 자고 있지 않은 이상 끊임없이 생각 속에 살아가고 있는데 기도한다고 앉아서도 생각을 전개시켜 나가는 것이므로 쉬 기도에 들어가고 있다고 여기기 때문이다.

그러나 이 역시 기도의 열매를 보면 쉬운 기도가 아님을 알 수 있다. 묵상기도가 그렇게 쉽고 괜찮은 것이라면 어떻게 그 많은 묵상기도를 하고 있음에도 영적 진보는 그토록 더딜까. 묵상기도에서 영적 만족을 얻고 성장이 일어나기 위해서는, 기도 중에 자기가 지금까지 듣고 배워 알고 있던 모든 신학적 배경보다 한 걸음 더 들어가서 뭔가를 길어 올려야 한다. 그렇지 않으면 그저 단순한 복습 차원에 그쳐 신선감을 동반한 변화의 움직임은 미약하게 된다. 그런데 이게 쉬운 일이겠는가. 오히려 묵상기도에서 진전을 이루고자 한다면 남다른 지적 힘과 집중력 그리고 성실성이 뒷받침되어야 하지 않겠는가.

이에 비해 복음관상기도라는 것은 기본적으로 구경하는 기도이기 때문에 묵상기도만큼 지적 능력이나 고도의 집중력 같은 것이 요구되지 않는다. 오히려 편안하게 즐기는 마음, 무엇이든 건강한 관심을 가지고 살피며 받아들이는 자세 등이 갖춰져 있으면 훌륭하게 관상기도에 몰입할 수 있다.

어릴 적부터 우리가 교육받아 온 경향을 고려한다면 여러 가지 문제점들이 좌뇌 중심 교육에 기인하고 있음을 본다. 반드시 위계질서를 잡아야 하고, 분명하게 정답이 있어야 하고, 조직과 능률을 우선시하는 등 남성 중심적 사고 경향들은 모두 좌뇌에서 맡고 있는 기능이다. 묵상기도 또한 이 연장선상에서 이뤄지고 있음을 쉬 알 수 있다.

좌뇌도 필요하지만 우뇌의 기능으로 보완되지 않으면 안 된다. 분석과 동시에 통합할 수 있어야 하고, 조직과 질서를 세움과 동시에 관계를 중심으로 더불어 존재할 줄 알아야 하고, 이성적 힘과 동시에 직관적 통찰을 중시하는 등 여성적이고 모성적인 자비와 관용이 움직이는 우뇌의 기능이 절실히 요청되는 현대에서는 더욱더 그렇다. 복음관상기도는 바로 이 우뇌에서 수월하게 해내는 기도 형태다.

그리고 복음관상기도를 할 때는 묵상기도를 할 때보다 더 몸에 힘을 빼고 유연한 자세로 임해야 하는 결과, 관상기도의 내용이 신학적으로 맞느냐 아니냐 혹은 복음 사건의 내용을 신학적으로 어떻게 결론지어야 하느냐 하는 문제 등에 대해서는 일절 떠나는 것이 좋다. 성령께서는 피정하는 이의 영혼을 건강하게 하고 성장시키기 위해서 참으로 사람마다 다르게, 상황마다 다르게, 다양한 방법을 원용하신다. 그래서 마니피캇에서 성모님이 노래하신 것처럼, 모자란 이에겐 채워넣으시고 남는 이에겐 덜어내시고 높은 이는 낮추시고 낮은 이는 높이신다.

|영신수련 흐름 안에서의 역동성|

예수님의 세례 사건에서 시작해서 예루살렘 입성으로 둘째주간을 마칠 때까지 비교적 시간적 순서에 좇아 복음관상이 진행된다. 그러면서 예수님에 대한 앎과 사랑과 투신하고픈 열정들이 에스컬레이터화하며 상승작용을 일으켜 마침내 수난을 맞이할 준비를 갖추게 된다.

그러므로 그런 영적 기운이 상승하는 역동성을 고려할 때, 기도해 나가는 과정을 공생애의 시간적 순서에 철저히 좇아가는 게 더 유익하다는 생각을 한다. 무슨 말인고 하니 하루에 기도 자료가 A, B 둘이 제시되고 다섯 번 기도를 한다면, 첫 번째는 A, 두 번째는 B, 세 번째는 A나 B 중 반복, 네 번째와 다섯 번째도 그런 식으로 반복하는 것보다는, 먼저 A를 가지고 충분히 알아듣고 영적 만족을 얻을 때까지 두 번이고 세 번이고 반복해서 기도하는 것이다. 그런 다음 B로 넘어가 또 만족을 얻을 때까지 두세 번 반복하고, 이런 식으로 다음 기도 자료인 C,D 등으로 넘어가는 것이다.

사실 이냐시오 성인은 「영신수련」 책자에서 전자의 방법으로 제시하고 있다. 그런데 막상 기도를 해보면 후자의 방법이 더욱더 예수님과 깊게 밀착하게 만들고 예수님에 대한 앎과 사랑에 가속도가 붙으면서 상승하는 체험을 하게 된다. 예수님 삶의 발자취를 시간과 공간의 이동에 따라 또박또박 그대로 좇아가면서 기도해 나간다는 사실이 더욱더 예수님과 하나 되는 역동성을 불러일으키는 듯하기 때문이다. 한 달 피정을 하는 경우는 더욱더 그러하다. 영신수련 피정이 아닌 일상적 기도 생활에서 으레 그러하듯, 그저 단순히 영신 사정의 유익만을 생각해 이 사건에서 저 사건에로 왔다 갔다 하는 것이 종국에 얼마나 더 큰 열매를 맺는 것인지 잘은 모르겠다.

이렇게 복음관상기도를 해나가다 보면 어떤 땐 전혀 관상이 되지 않아 답답하고 불안해지기도 하고 우울해지기도 한다. 자연스런 현상이다. 기도에는 늘 부침이 있기 마련이다. 이런 현상이 일어나지 않으면, 이냐시오 성인은 오히려 그게 이상하기 대문에 피정하는 이가 제대로 기도를 준비하며 걸어가고 있는지 여러모로 따져보라고 권고한다([6]). 이런 과정을 통해 피정하는 이는 기도에 대해 많은 것을 배워 가기 때문이다.

대체적으로 기도가 잘 안 된다는 느낌이 들 때 그 이유를 몇 가지 짚어볼 수 있다. 하나는 피정하는 이의 마음 자세가 부족한 경우다. 성령께 오롯이 맡겨드리는 가운데 기도하려 하지 않고 기도의 흐름을 자기가 컨트롤하려는 오만한 자세를 드러내는 것이 그것이다. 그리고 성급하게 기도의 열매를 거두려고 욕심을 부리다 보니 긴장하게 되어 성령의 자유로운 활동을 스스로 방해하게 되는 모습도 이에 해당한다. 사실 어떤 의미에서는 피정을 망치는 가장 주된 범인은 피정을 잘해야겠다는 욕구다. 기도의 주도권을 하느님께 내어 드리고 피정하는 이는 그저 한차례씩 앉는 가운데 맑게 깨어 있으려고 애쓸 따름임을 명심해야 한다.

또 하나의 이유는 오히려 기도가 안 되는 과정을 통해 성령께서 피정하는 이를 성숙시키고자 하심이다. 사실 영적 위안이 여정에 도움이 되고 반드시 필요하긴 하지만 그렇다고 해서 위안만 계속 받고 있다는 것은 영적 어린애와 다름없다는 이야기가 되기도 한다. 하느님께서는 우리가 영적으로 성숙해서 당신 자신과 허물없는 대화를 나누길 원하신다. 그러다 보니 위안뿐만 아니라 고독도, 어둠의 긴 터널도 묵묵히 지나갈 수 있을 정도의 힘과 사랑을 지니길 원하신다. 그래서 기도가 안 되고 기도를 통해 위안을 허락하지 않으신다. 이럴 땐 피정하는 이는 더 큰 위안이 올 것을 기대하며 그리고 지난날 받았던 위안을 떠올리며 위로를 삼는 가운데 흔들림 없이 기도의 길을 계속 걸어갈 일이다.

그러는 가운데 피정하는 이는 늘 감사할 줄 아는 법을 배우고, 위안과 고독을 넘어 주님과 하나 됨, 주님과 맺어진 사랑의 관계가 더욱더 소중함을 깨쳐 알게 된다. 기도 안에서 드러나는 [23]의 원리를 몸으로 배우고 닦아 나가야 하는 단계에 이른 것이다

피정을 주는 이는 그동안에 피정하는 이의 영신 사정을 잘 살피면서 너무 뛰어오르지도 않고 너무 가라앉지도 않도록 적절히 이끌어 줘야 한다. 그러면서 필요하면 선신과 악신을 분별하는 규범에 대해서도 적절한 설명을 곁들여 줘야 한다. 특히 선택 작업에 들어가 있는 이라면 더욱더 피정하는 이의 영신 사정이 어떻게 흘러가고 있는지 주의 깊게 살피고 정확하게 식별하며 이끌도록 애써야 한다.

9 나만의 길을 찾아

_ 하느님의 뜻을 선택함

마음 베풂

되돌아가고파 뒤돌아보면
길은 우정 시치미를 떼
이게 정말
스스로 걸어온 길인가 의심할 정도

여기서 부드러운 얼굴 하면
내가 어디에도 가닿을 수 없음
분명히 알고 있기에

| 문제 제기 |

피정하는 이가 처해 있는 상황에 따라 하느님의 뜻을 식별하고 선택해야 하는 작업을 해야 하는 경우가 있다. 그럴 때 바로 이 둘째주간에서 그 작업을 하게 되는데, 특히 두 개의 깃발에 대한 묵상과 세 부류의 사람들에 대한 묵상이 끝난 다음 세례 사건을 머리로 예수님의 공생애에 대한 복음관상을 시작하면서 구체적인 선택 작업에 들어가게 된다.

그런데 실제적으로 영신수련을 주고 있다 보면 영신수련 피정을 통해 제대로 된 선택이 이뤄지는 경우를 보기가 참 힘들다. 여러 가지 이유를 짚어볼 수 있겠지만 사실이 그러한 것은 틀림없다. 종신서원을 앞둔 수녀들이나 사제수품을 앞둔 신학생들이 최종적으로 성소를 식별하고 선택을 하는 좋은 예를 찾기가 흔하지가 않다. 나름대로 수도 생활이나 신학교 생활을 거의 10년 정도씩 했고, 또 주관적으로 다른 길을 따로 특별히 생각해 보지도 않은 상태가 대부분이라, 한 발씩 뺀 느슨한 자세로 식별과 선택 과정에 들어가는 게 가장 큰 이유처럼 보인다. 선택에 대한 절박한 마음이 아닌 것이다. 이들의 종신서원 준비 피정이나 수품 준비 피정은 대개 한 달을 하는데 이때도 사정이 이렇다면 소위 8일 피정을 통해 하느님의 뜻을 찾고 선택한다는 것은 더더욱 어려워지기 마련이다.

또 한 가지 어려움으로 다가오는 것은 하느님의 뜻만을 찾고자 하는, 그래서 그 어떤 것에 대해서도 열려 있는, 불편심을 갖추기가 만만치가 않다는 점이다. 대개는 자기 생각이나 고집을 한켠에 묻어두고 식별 작업을 하는 경우가 많다. 그러다 보니 하느님의 뜻을 찾는다기보다는 자기 뜻에 대해 하느님의 인준을 받기를 원하는 경우를 더 많이 보게 된다.

그리고 기도가 아직 몸에 제대로 익어 있지 못한 것도 정해진 시간 내에 식별과 선택 작업을 하는 데 방해 요인으로 등장한다. 특히 8일 피정을 통해 하느님의 뜻을 선택하려고 덤빌 때 피정에 들어오는 이가 아직 제대로 준비가 되어 있지 않은 경우가 많고, 그 준비 작업을 위해서 2-3일을 쓰고 나면 충분한 시간을 확보하기 힘들어진다. 따라서 현실적인 이러한 어려움들을 염두에 두고, 아래에서는 어느 정도 이상적인 모델을 상정하면서 하느님의 뜻을 식별하고 선택하는 것에 대해 언급하고자 한다.

| 기도 자료 |

원칙적으로 선택에 대한 기도 자료가 따로 있는 것은 아니다. 물론 상황에 따라서는 구체적인 선택 대상을 직접적인 기도 자료로 해서 기도할 수도 있다. 어쩌면 피정하는 이의 여러 가지 한계들을 고려하면 이 방법이 더 나을지도 모르겠다.

그러나 기도에 전진하고 있는 이로서 더 나은 방법을 강구한다면, 복음관상기도는 그대로 진행하면서 기도와 기도 사이 쉬는 시간에 선택 대상에 대해 머물러 보며 영들의 움직임이 어떻게 일어나고 있는지를 식별하는 가운데 선택 작업을 해나가는 것이다. 따라서 이 경우에는 복음관상기도 자료만 제시될 뿐 다른 기도 자료가 따로 있지는 않다.

선택에 대해서는 이냐시오 성인이 영신수련 [169]에서 [188]에 이르기까지 비교적 상세하게 서술해 놓은 부분이 있으므로 선택 작업에 들어가는 이는 영적 독서로 읽어둠이 유익하다.

| 방향 설정 |

하느님 뜻의 선택에 대해서도 좀 더 자세한 내용은 이 책 말미에 있는 부록3[11]을 참조하는 것이 좋겠다. 여기에서는 몇 가지만 간략하게 언급하고자 한다.

먼저 영신수련을 주는 이는 영신수련을 하는 이가 불편심의 조건을 갖췄는지 잘 분별해야 한다. 겸손의 3단계 중 적어도 2단계에는 이르러야 하는 것이다. 자기 생각과 지향에 묶여 있는 이상 하느님의 뜻을 읽어내기가 힘들기 때문이다.

11. 부록3 '성 이냐시오의 영신수련을 통한 하느님의 뜻의 식별과 선택'은 수원 성 빈센트 드 뽈 자비의 수녀회 회지 「빈센트의 숨결」(2000년 제10호)에 실었던 원고다.

그러나 현실적으로 이 불편심을 갖추는 것 자체가 대단히 어렵다. 적잖은 경우 선택 문제를 둘러싸고 하느님의 뜻을 잘 모르겠다고 하소연하는 사람들이 많은데, 이는 불편심을 갖추지 못하고 자기 뜻에 사로잡혀 있으면서 하느님의 뜻과 갈등을 일으키기 때문이다. 적어도 겉으로는 면담 등을 통해 자기는 불편심을 갖추고 있다고 자신 있게 말하는 경우가 많다. 피정을 주는 이는 그런 말마디만이 아니라 참으로 그런 내적 자유를 갖추고 있는지 여부를 다른 모든 자료들을 종합해서 판단해야 한다.

그래서 아직 불편심이 갖춰져 있지 않다고 생각되면 선택 작업을 시작하지 말고 불편심이 갖춰질 때까지 복음관상기도를 계속시켜야 한다. 그럼으로써 예수님의 모습을 보고 배우는 가운데 서서히 선택을 할 수 있는 준비를 갖추게 되기 때문이다. 예수님보다 하느님의 뜻을 잘 읽어 들이고 살아낸 사람이 없으므로 예수님의 모습을 관상하는 가운데 스스로가 예수님의 마음을 닮게 되어 식별과 선택을 잘할 수 있는 발판을 마련하게 된다.

그런데 이 불편심은 일반적인 덕의 차원에서 불편심을 갖출 것을 요구하는 것은 아니다. 즉 매사의 모든 면에 있어서 초연한 불편심을 요구하는 것이 아니라 선택 대상에 대해서만 불편심의 자세를 갖추면 된다.

불편심이 갖춰지면 구체적 선택 작업에 들어가는데 이냐시오 성인은 전체적으로 8일 정도의 기간으로 선택 과정을 마무리 지으려고 했던 듯하다. 예수회 회헌을 작성할 때 절대적 청빈 문제를 둘러싸고 하느님의 뜻을 식별한 과정이 '영적 일기'로 남아 있는데, 거기에 언급된 내용을 봐도 대개 그 정도로 선택 작업이 이뤄진다고 본 것 같다. 영신수련 안에서도 둘째주간 전체가 12일로 구성되어 있고, 선택은 세례 장면을 관상하기 시작하는 5일부터 시작하라고 지시([163])하고 있는 것을 봐도 그렇다.

적어도 한 달 영신수련을 하는 이라면 복음관상에 들어가기 전까지의 과정을 거쳐 오는 동안에 충분히 불편심과 주님에 대한 사랑이 함양되었다고 가정하고 남은 8일에 걸쳐 선택 작업을 하게 되는데 개략적인 일정을 보면, 첫 하루 정도는 선택의 첫째시기([175])를 위해 할애하고, 이어서 3-4일 정도를 선택의 둘째시기([176])로 쓰고, 다음 이틀 정도를 선택의 셋째시기([177-188])에 배정한다. 끝으로 하루 정도를 선택의 확증 절차에 사용하고, 이어지는 한나절 정도를 확신 절차로 씀으로써 전체적인 선택 작업을 마무리한다.

선택을 하는 이는 우선은 첫째시기의 은총이 주어지게끔 청하면서 하루를 성실히 보낼 일이다. 즉 이것이 하느님의 뜻임이 틀림없다는 것을 의심하려야 의심할 수 없을 정도로 분명하게 알아들을 수 있게끔 이끌어 달라고 청하는 것이다. 이때 섣부른 표징 특히 자연의 기상 변화와 같은 것을 청하고 그런 표징이 있으면 하느님의 뜻에 틀림없다고 단정하는 일은 피해야 한다. 오류에 떨어질 위험이 많다.

사실 이냐시오 성인이 첫째시기의 예로 드는 것은 사도 바오로의 회심 체험과 같은 대단히 극적인 것이다. 허나 그런 드라마틱한 정도는 아닐지라도, 수도회나 신학원에 입회한 이들의 성소 체험을 들어보면 첫째시기의 체험에 바탕을 둔 식별과 선택이었음을 알 수 있는 예들을 종종 만날 수 있다. 그렇기 때문에 자기에겐 그런 특별한 은총은 해당되지 않는다고 생각하면서 미리 포기하고 적당히 첫째시기를 보내서는 안 된다.

하루를 그렇게 지냈는데 분명한 사인이 없으면 계속 기다릴 것이 아니라 선택의 둘째시기로 넘어감이 좋다. 이 시기에서는 선택 대상을 놓고 일어나는 영적인 위안이나 고독과 같은 영의 움직임을 통해 식별하게 된다. 주님에 대한 사랑으로 차 있고 선택의 문제를 놓고 기도하고 있는 이라면 둘째시기에 영적 움직임이 나타나는 것이 정상적이기 때문이다.

이때는 영적 위안이나 고독을 자궁으로 하여 그로부터 하느님의 뜻이 움터 나오면서 영혼을 끌어당겨 하느님의 뜻을 알게 해주는 움직임을 감지하게 된다. 이 말은 따로 영적 위안이나 고독 중에 선택 대상에 대해 생각을 떠올리지 않아도, 복음관상을 통해 영적인 위안이나 고독을 맛보고 있는 가운데 하느님의 뜻을 향한 이끄심인 영적 충동이 일어난다는 것을 의미한다.

이 움직임을 관찰하는데는 다소 신중함과 엄밀함이 요구된다. 대개는 선택에 들어가 있는 이들이 복음관상 등을 통해 영적 위안 상태에 있는 가운데 구체적인 선택 대상을 떠올리면서 그 점에 대해 어떤 기분이 드는지, 즉 평화롭고 안정되고 위로가 되는 느낌이 올라오는지 여부를 살피고 만약 그렇다면 하느님의 뜻으로 보려는 경향들이 많다. 그러나 그렇게 되면 자신이 원하는 것에 대해 스스로 최면을 걸면서 하느님으로부터 오는 인가를 받으려고 하는 위험이 상존하게 된다.

그렇기 때문에 구체적인 선택 대상을 놓고 그에 대해 어떤 느낌이 오는지를 보려고 할 것이 아니라, 그저 영적 위안이나 고독 상태에 머물면서 그런 내면으로부터 구체적으로 어느 쪽(선택 대상)을 향해 내적 충동 내지 이끌림이 감지되는지를 살펴야 한다. 그렇게 해야 자의적 판단에 떨어지는 위험으로부터 벗어나 성령으로부터 오는 움직임을 더 정확하게 포착할 수 있게 된다.

그리고 둘째시기에서 영신수련을 주는 이는 무엇보다도 선택하는 이의 내면의 움직임이 영적 차원에서 일어나고 있는 것인지, 비영적 차원 즉 이성적이거나 심리적 차원에서 일어나고 있는 것인지를 정확하게 식별하려고 애써야 한다.

대개의 경우 첫째시기를 통한 사인이 없으면 통상 둘째시기에서 위안과 고독이 번갈아 일어나는 가운데 내적 충동도 왔다 갔다 하는 경향이 있다. 그래서 그런 움직임을 보면서 하느님의 뜻을 식별하게 되는데, 이런 현상도 3-4일 지나면 잦아들면서 뚜렷한 영적 움직임이 감지되지 않고 멈추는 때가 온다. 그러면 이제 셋째시기로 넘어가야 한다. 따라서 만약 영들의 움직임이 한쪽으로 뚜렷하게 방향 잡히거나 아니면 아예 움직임이 포착되지 않는 것이 아니라, 위안과 고독 속에서 영들의 움직임이 계속된다면 셋째시기로 넘어갈 것이 아니라 둘째시기를 당분간 더 지속해야 한다. 또한 비록 영적 위안이나 고독의 움직임은 있을지라도 선택 대상에 대한 이끌림은 안 나타날 수도 있는데, 이때도 역시 셋째시기로 넘어가야 한다.

셋째시기는 영들의 움직임이 없이 평온한 상태에서 이성에 의해 하느님의 뜻을 분별하는 시기다. 이때는 적극적으로 머리를 써서 선택 대상을 숙고하게 되는데, 이 경우 그 대상에 대해 감정적 움직임이 일어날 수도 있다. 즉 하나의 선택지에 대해 기쁨이나 평화 같은 위안을 느낀다든지 혹 반대 현상이 일어날 수 있다는 것이다. 허나 이때의 그런 감정적 움직임은 둘째시기의 영적 차원의 움직임과는 다른 것이다.

셋째시기의 식별을 위해서는 선택 대상에 대해 플러스적인 점과 마이너스적인 점에 대해 가능한 상세한 목록을 작성할 필요가 있다. 그러곤 각 항목별로 그 무게를 달아보면서 식별 작업을 계속해 나간다. 다만 이때 유의할 점은 각 항목을 분별함에 있어서 자의적인 판단에 맡겨서는 안 된다는 것이다. 반드시 '하느님의 더 큰 영광'을 위해 그 항목이 어느 정도 플러스적인 면과 마이너스적인 면을 지니고 있는가를 판단해야 한다.

또 한 가지 놓쳐서는 안 되는 것은, 하느님의 '더' 큰 영광을 추구하다 보니 반드시 선택 대상들을 서로 비교하고 무게를 달아보는 과정을 거쳐야 한다는 점이다. 선택 대상 A에 대해서만 플러스, 마이너스를 달아보고 플러스 쪽이 많아 그것이 하느님의 뜻이라고 식별하고 선택할 것이 아니라, 그런 연후에 과연 A가 B보다도 더 하느님의 영광을 드러내는 것인지에 대한 식별 작업도 거치지 않으면 식별과 선택에서 오류를 범하게 된다.

대개 피정하는 이들은 이 정도의 세 시기만 거치면 하느님의 뜻은 다 드러났다고 단정하는 경향이 있다. 물론 거의 대부분의 사람들은 이 정도의 과정도 거치지 않고 결정하며 살아가는 게 일반적이긴 하다. 그러나 영신수련의 선택 작업에 있어서는 이 세 시기를 거쳤다고 해서 완결되는 것은 아니다. 이 세 시기를 거치면서 알게 된 자료들은 어디까지나 잠정적인 하느님의 뜻에 불과하고 더 명확한 하느님의 뜻을 찾아가는 과정을 밟아야 한다.

그것이 바로 확증 절차와 확신 절차다. 확증 절차를 거치면서 선택의 세 시기를 통해 얻어진 식별 결과들에 대해 좀 더 보강적인 자료들을 모으게 되고, 그럼으로써 거의 하느님의 뜻이 틀림없다고 판단이 서게 되면 최종적으로 확신 과정을 거침으로써 선택 작업을 마무리 짓게 된다.

무엇보다 선택하는 이들이 명심해야 할 것 한 가지는, 하느님의 뜻을 식별하고 선택하는 것이 그저 단순한 아니면 복잡한 하나의 테크닉이라고 생각해선 안 된다는 사실이다. 이 작업은 철저히 사랑의 문제임을 명심하고, 사랑하는 이들이 어떻게 서로 힘을 고아 사랑하는 상대방의 뜻을 찾으며 현실적인 문제들을 풀어나가는지를 알고, 선택 작업에 있어서도 그대로 해야 한다. 즉 성령과 함께, 성령께 대한 큰 신뢰 속에서, 철저히 성령께 협조하는 가운데

이 작업을 해나가지 않으면 올바른 선택에 이를 수 없다. 오직 사랑하는 이만이 사랑하는 상대방의 마음을 꿰뚫을 수 있음이다.

┃영신수련 흐름 안에서의 역동성┃

둘째주간의 복음관상기도를 통해 예수님을 더 많이 알고 더 깊이 사랑하는 강도가 점점 상승 곡선을 그리게 된다. 그런 역동적 흐름을 타고 하느님의 뜻을 찾고 선택하는 작업들이 펼쳐진다. 이것이야말로 자신의 무질서한 애착을 정돈함으로써 타고난 자신의 고유한 아름다움을 실현시켜 나가는 모습이고, 영신수련의 고유한 목적을 달성해 나가는 움직임이다.([1] 참조)

무엇보다 이런 일련의 과정을 통해 사랑이 무엇인지에 대해 더 잘 알게 되면서 사랑에 대한 감각을 더 잘 벼리게 된다. 그저 말로만 하는 사랑이 아니고 관념적으로만 떠도는 사랑이 아니라, 구체적인 현실 안에서 선택하고 나아가는 행동을 통해 살아 있는 사랑의 아름다움과 힘을 체득해 나가게 된다.

이 정도로 앎과 행동이 함께 가는 가운데 크게 자라난 사랑은 마침내 절정을 향해 치닫게 되고, 그 속에서 자아에 대한 온전한 죽음을 맞이할 준비를 하게 된다. 둘이 아니고 하나를 이루게 되는 것이다. 이게 수난으로 이어지는 흐름이다. 그리고 이 죽음을 통해 온전한 사랑, 온전한 하나를 이루게 된다.

10 어둠 속의 사랑의 절정

_ 영신수련 셋째주간 '수난'

고독을 짊어져 주신 분

비탈을 오를 땐 늘
그분 생각이 나

1마일을 억지로
걷게 하고파 하는 이의 마음에
고독의 부르짖음 들어담고
더불어 2마일을 걷겠다고
말해 주셨던 분

그런데도 자신은
오직 혼자서
무거운 짐 지고 올라가셨던
그분 생각이 나

| 문제 제기 |

이제 영신수련 여정도 막바지를 향해 달리고 있다. 여기서부터 영신수련의 셋째주간 즉 수난 주간에 들어간다.

보통 예수님의 수난에 대해 기도하면 슬픔과 고뇌에 잠기며 눈물을 흘려야 된다고 생각한다. 그리고 적잖은 이들은 예수님께서 수난당하시는 것을 보며 비통한 마음과 애절한 마음에 복받쳐 심히 감정이 요동을 친다. 게다가 예수님이 겪고 계시는 이 모든 수난과 죽음이 벌레만도 못한 나 때문에, 내가 지은 죄 때문에 비롯된 것이라고 생각하며 더욱더 가슴을 찢으며 슬퍼한다.

수난기도를 통해 이런 마음의 움직임을 겪고 아파하며 자신에 대해 좀 더 정화작업을 해낼 수 있다면 나름대로 괜찮다. 그러나 모두가 다 이런 체험을 하는 것은 아니다. 어떤 이들은 정작 예수님이 고통당하시는 모습을 보면서도 전혀 마음의 움직임이 없어 그저 물끄러미 바라만 보고 있는 자신을 대면하는 가운데, 그런 자신에 대해 오히려 죄책감을 느끼거나 자신의 신앙이 혹 퇴보하고 있는 것이나 아닌가 하는 불안에 사로잡히기도 한다.

지극히 일반적으로 이야기한다면, 비교적 신앙생활의 초기 내지 영적 여정의 시작 단계에 있어서는 예수님의 수난을 보며 크게 마음이 요동치며 아파하고 그로 인해 영적 위안을 받는 일도 많다. 그러나 영적 여정이 비교적 오래된 이들은 그렇게 마음을 아파하고 슬픔의 눈물을 흘리려고 애쓰면 오히려 기도가 더 안 되고 무덤덤한 자신을 보며 당황하는 경우가 많다.

먼저, 기도는 이래야 한다 혹은 저래야 한다고 스스로 금을 긋지 말고, 성령의 움직임에 자연스레 맡겨드리고 좇아가는 것이 중요하다. 그래서 수난기도에 들어갈 때 곧잘 요구하는 것이 '수난 관상한다고 해서 곡부터 하려고 하지 말라.'는 것이다.

| 기도 자료 |

1. 요한 13,1-15 및 마태 26,26-28 — 최후의 만찬

관상 요점

1. 먼저 요한복음을 중심으로 세족례 장면을 잘 들여다본다. 최후의 만찬이 벌어지고 있는 분위기부터 살피고, 각 제자들에게 발 씻겨 주시는 모습을 찬찬히 본다.
2. 마태오복음에서 성체성사가 이뤄지는 장면을 본다. 세족례까지 하신 예수님께서 제자들을 향해 사랑의 마음을 어떻게 표현하고 계시는지 잘 들여다볼 일이다.
3. 자신이 속해 있는 공동체의 모습을 비춰 보고, 자기가 미사에 참여하고 있는 모습에 대해 살펴본다.

2. 마태 26,36-46— 겟세마니 동산에서의 기도

관상 요점

1. 예수님께서 겪고 계시는 내적·외적 고통을 보며 단순하게 그 앞에서 머문다.
2. 제자들의 모습을 살피고, 예수님과 제자 3명과의 사이에 형성되어 있는 관계도 들여다본다.
3. 밑바닥까지 내려갔다 올라오신 예수님의 모습을 잘 살펴본다. 고통 외에 혹 다른 위안은 없는지 더듬어 본다.

8일 영신수련을 하는 경우라면 위 두 자료 정도로 수난 주간을 정리하는 게 좋겠다. 그리고 한 달 영신수련을 하는 경우에는 겟세마니의 기도에 이어 예수님의 시신을 무덤에 안장하는 장면까지 적절한 곳을 택해 기도하도록 이끈다.([208-9: 291-8] 참조)

이 경우에도 역시 너무 많은 기도 자료를 주지 않도록 한다.

|방향 설정|

기도를 함에 있어서 우리의 선입견들이 기도의 살아 있는 맥을 끊어버리는 경우가 종종 있다. 수난관상을 하면 반드시 슬퍼해야 하고 부활관상을 하면 또 반드시 기뻐해야 한다고 지레 작정하고 기도에 들어감으로 해서 오히려 기도가 살아나지 못하고 죽어버리는 것이다.

그저 대상을 물끄러미 바라보는 가운데 그 대상이 말을 해줄 때까지 기다리지 않고 서둘러 우리 쪽에서 그 대상을 개념화해 버리고 우리 생각대로 정리해 버리고 만다. 가히 폭력적이라고 할 만하다. 길거리에 서 있는 은행나무 한 그루가 새벽에 먼동이 터 오면 무슨 생각을 하는지, 한낮의 땡볕이 내리쬘 때는 어떤 느낌을 갖는지, 비바람이 칠 때는 어떤 심정이 되는지 알지 못한다. 알려고도 하지 않는다. 그저 '아, 저건 은행나무야.' 하는 한마디로 모든 건 정리되고 끝나버린다. 그러고도 우리는 저 은행나무에 대해 알고 있다고 이야기할 수 있겠는가.

예수님의 수난 사건을 바라보는 눈도 이런 점에서 각별히 조심하고 깨어 있지 않으면 안 된다. 도대체 예수님께서 겪고 계시는 그 고통과 죽음 안에 무엇이 잠겨 있는가. 도대체 예수님께서 골고타 언덕을 올라가시며 만나는 사람들과 시선이 마주치실 때 그 시선 속에는 무슨 생각과 어떤 느낌이 담겨 있는가. 슬프고 괴로운 거야, 라고 정리해 버리기엔 너무나 단순하다 못해 오히려 진실을 크게 비틀어 버리는 것이 되지 않겠는가.

그렇기 때문에 우리는 수난 사건을 대할 때도 아무런 선입견 없이 오로지 성령께서 보여주시고 이끌어 주시는 대로 맡겨드리고 좇아가며 수용할 일이다. 사람에 따라서는 수난관상을 통해 더할 나위 없는 기쁨과 위로를 듬뿍 받을지도 모른다. 늘 사람들 앞에서 주눅이 들어 기를 제대로 펴지 못하고 살아가던 사람이, 빌라도 앞에서 너무나 당당한 예수님의 모습을 보며 그 고통에 마음 아파하기 이전에 속이 뻥 뚫리는 것 같은 통쾌함을 깊게 음미했다 해서 수난기도가 잘못되었다고 이야기할 수는 없다. 모든 것을 획일화하고 정형화하는 것만큼 하느님의 뜻이나 성령의 활동과 배치되는 것은 없다고 해도 과언이 아니다.

피정을 주다 보면 수난 주간에 들어와 기도하면서 자신의 부족함과 죄스러움 때문에 예수님이 이런 수난을 겪지 않으면 안 되셨노라면서 자책과 반성에 떨어지는 경우를 적잖게 보게 된다. 그러면서 마치 첫째주간의 기도로 되돌아간 듯한 느낌을 받게 된다. 이는 기도의 초점이 빗나간 것이다. 물론 우리가 죄스럽지 않다거나 우리 자신의 책임이 없다는 이야기는 아니다. 그럼에도 불구하고 셋째주간의 핵심은 죽기까지 사랑하신 예수님의 사랑의 절정에 대한 체험인 것이지, 자신에 대한 반성이나 회오가 아니다.

수난의 신비를 알아듣기가 힘든 까닭이 바로 여기에 있다. 우리 모두 살아오면서 이런저런 사랑을 하고 사랑을 받으며 왔다. 함에도 죽기까지 사랑해 본 체험도 사랑을 받아본 체험도 없다. 어디까지나 내가 있고 나서 너를 사랑하는 것이지 내가 죽음으로써, 그렇게 사라짐으로써 너를 사랑한다는 것은 꿈꾸기조차 어렵다. 그러다 보니 수난과 죽음을 통해 드러내 보여주신 예수님 사랑의 깊이와 폭을 이해하기가 어려워진다.

그럼에도 불구하고 우리의 영적 여정에 있어서 그리고 신앙생활이나 수도 생활에 있어서 이 수난을 제대로 알아듣고 살아내는 것만큼 중요하고 절실하게 요청되고 있는 것도 없다. 이는 오늘날의 교회 모습을 보면 여실히 드러난다. 신앙생활을 통해 병 고침을 받고, 사업이 날로 번창하고, 매사에 성공하고, 자녀들은 좋은 대학에 들어가는 쪽으로 과도하게 기울고 있음은 주지의 사실이다. 그러면서 남편이 중병에 걸리고, 사업이 몰락하고, 자녀가 이혼을 하게 되면, 도대체 사랑의 하느님이란 분이 어디 계시느냐고, 하느님이 계신다면 이럴 수가 있느냐고, 슬픔과 울분을 가누지 못하면서 하느님으로부터 깊은 상처를 입어버린다.

신앙에 대해, 하느님에 대해, 이쯤 된다면 어떻게 예수님의 수난을 알아듣고 받아들일 수 있겠는가. 예수님의 수난 고지에 대해 절대로 그런 일이 있어서는 안 된다고 펄쩍 뛰던 베드로 사도에게 떨어졌던 질타가 우리 정수리 위에도 그대로 떨어지지 않겠는가. 물론 인간적인 육적 측면을 보면 이해 못할 바드 아니요 오히려 자연스레 다가오기도 한다. 함에도 좀 더 깊은 존재의 차원을 찾아 떠난 우리에겐 심각하게 짚고 넘어가지 않으던 안 될 일이기도 하지 않겠는가.

우리의 이 여정 서두에 '관점의 변화'를 중심으로 살펴봤던 이원대립론적 태도를 다시 한 번 짚고 다듬어 세우지 않으면 안 되는 중대한 국면에 도달했다. 늘 음과 양으로 갈타 치고 그중 우리 본성에 맞고 좋아하는 양만을 택하려고 하는 자세에 대해 좀 더 심각하게 직면하지 않으면 안 된다. 일견 그렇게 취한 양(陽)이 더 아름답고 좋아 보일지도 모르겠으나 종국에는 그곳에서는 더 나은 생명을 만들어 낼 수 없다는 사실을 깊게 알아듣지 않으면 안 된다. 루치펠의 깃발이 나부끼는 그 부유와 명예와 오만들 속에 우리를 혹하게 하는 아름다움이 현란하게 요동칠지 모르지만 종국에는 그 길을 좇아가서는 참된 생명에 도달할 수 없음과 같다.

결국은 살아 있는 생명이 중요하고 그 생명을 제대로 키워내기 위해서는 음(陰) 또한 절대적으로 요청되고 필요한 존재임을 깊게 알아듣고 수용하지 않으면 안 된다. 예수님의 수난이 바로 이런 맥락 위에 놓여 있다. 수난과 고통을 어쩔 도리 없이 마지못해 수동적으로 받아들이고 견뎌내는 것이 아니라, 오히려 생명 창조를 위해 적극적으로 기꺼이 받아들이지 않으면 안 되는 까닭이 여기에 있다. 그래서 예수님 당신 자신도 죽음의 세력에 의해 당신 목숨을 앗긴 것이 아니라, 당신의 뜻과 계획대로 스스로 목숨을 내주고 던지신 것이다.

우리가 살아가며 짊어지게 되는 십자가라는 것도 모두 이런 차원에서 알아듣고 즐겨 수용할 일이다. 그렇기 때문에 예수님도 우리더러 십자가를 다 정리하고 당신을 따르라고 하지 않으시고, 자기 십자가를 지고 따르라고 초대하셨다. 그 십자가가 그저 할 수만 있다면 없애야 하는, 없는 것이 좋은, 그런 고통이고 질곡인 것만이 아니라 오히려 그 십자가를 통해 한 차원 더 높은 생명과 아름다움을 창조해 낼 수 있기 때문이다.

이런 점에서 신앙을 통해 오직 성공과 건강과 부만을 추구하려는 오늘날의 신앙 자세는 심각하게 수정되지 않으면 안 된다. 목자라는 성직자들조차 앞서 이런 식의 삶의 자세, 하느님에 대한 관(觀)을 전파하고 있는 것은 거짓 예언자들이라고 하지 않을 수 없다.

본래 복음관상기도를 하게 되면 인위적인 여러 힘들을 빼고 자연스레 성령께 맡겨드리는 가운데 기도가 진행되는 게 순리다. 수난 주간에 들어와 관상할 때는 더더욱 그렇다. 기도는 더 단순화되고, 오관들도 더 깊은 침묵 속에 잠기는 가운데 좀 더 깊은 관상으로 들어가게 된다. 사실 수난 주간에 들어와 더 사색을 전개하고 신학적 알아들음을 추구하려고 한다면 방향을 잘못 잡은 것이다. 둘째주간의 공생애 관상을 통해 예수님에 대해 알아들을 만큼 알아들었고 사랑도 꽤나 많이 자랐다. 그 연장선상에서 수난에 들어온 지금은 그저 사랑 안에서 예수님과 하나를 이루고 있을 일이지 거기서 또 무슨 사변적 놀음을 펼쳐 나갈 것이 아니다.

예수님 당신 자신이 수난에 들어오시면서 거의 말씀을 거두시고 오직 몸으로만 증거하고 드러내시는 것처럼, 영신수련하는 이들의 기도 모습도 그래야 한다. 공생애 동안 온갖 가르침을 받으며 알 만큼 알아듣고 난 이제는, 그것이 몸 안으로 들어와 내 것이 되면서 살아 움직여지길 바라고 기다려야 한다. 따라서 훨씬 더 성성하게 깨어 있는 가운데 예수님의 수난 곁에 머물 일이다.

그리고 수난하고 계시는 예수님 모습을 관상하면서 예수님에 대해, 하느님에 대해, 더 깊은 이해와 통찰을 얻을 수 있도록 청해야 할 것이다. 예수님 전 생애의 어느 한순간을 잘라보더라도 거기엔 하느님 아버지의 모습이 드러난다. 구유에 누워 계셨을 때도, 이집트 피난 생활에도, 열두 살 사건에도, 세례 장면에도, 죄인들과 어울려 술 마시고 계실 때도, 겟세마니 동산에도, 십자가상에도, 그 어느 때 어느 곳 하나 하느님 아버지께서 드러나지 않으신 곳이 없다. 이 말은 하느님을 알아들음에 있어서도 눈먼 이 코끼리 더듬는 식으로 알아들어서는 안 된다는 말이다. 예수님 당신 삶 전체의 유일한 목적은 늘 어디서나 아버지를 드러내시는 것이었다. 아버지의 사랑을 증거하는 것이었다. 수난에서도 예외가 아니다. 말씀을 거두시고 몸으로 드러내고 계시는 것도 역시 아버지의 존재와 사랑이다.

| 영신수련 흐름 안에서의 역동성 |

곧잘 생각하는 것이, 영신수련을 하는 이들은 첫째주간을 끝내면서 자신의 보기 싫은 어둡고 죄스런 면을 보는 작업이 마무리되면 영신수련 피정의 큰 산맥을 넘었다고 여긴다. 그러면서 둘째주간까지 마치고 나면 이젠 피정이 거의 끝난 것처럼 하산할 채비들을 하면서 느긋한 움직임을 드러낸다. 그나마 수난 주간엔 조금 슬퍼하며 힘들어 하는 기색을 보이다가 아예 부활 주간에 들어가면 파장 분위기에 들어간다. 허나 이것은 정말 잘못된 흐름이다. 수난과 부활을 제대로 알아듣고 마무리하지 않으면 영신수련 전체의 역동성이 완전히 허물어지고 고생은 해놓고도 제대로 된 열매를 못 거두는 꼴이 되고 만다.

대개 8일 피정을 하는 경우는 수난 주간에 하루 정도가 할당되고, 한 달 피정을 하는 경우는 3-4일 정도가 주어진다. 이때 피정하는 이는 수난 주간을 마무리하는 시점을 미리부터 정해 놓고 기도하는 것이 도움이 될지도 모르겠다. 그래서 그 정해진 시점이 되면 수난기도가 제대로 마무리되었든 안 되었든 그냥 종료하는 것이다. 이는 마치 예수님 주위를 따라다니던 사도들이, 설마설마 하다가도 막상 예수님께서 십자가 상에서 돌아가시고 나자 이제 모든 것이 끝나버리고 더 이상 뭘 해드리려고 해도 해드릴 수조차 없게 된 상황에, 피정하는 이도 함께 들어가 머물기 위함이다. 각자 나름대로 온갖 회한이 몰려들 것이다. 예수님의 제자들이 그랬던 것처럼.

그리고 드물게 보이는 현상이긴 하나 둘째주간까지 나름대로 기도를 잘 진행해 오던 이가 갑자기 셋째주간에 들어가면서 마치 캄캄한 벽에 부딪친 것처럼 전혀 기도의 움직임이 일어나지 않는 경우가 있다. 몇 가지 이유를 떠올려 볼 순 있으나 아직 이 점에 대해 명확한 답은 찾지 못했다. 그저 한 가지 일러두고 싶은 것은 설혹 이런 일이 일어나더라도 기도를 잘못하고 있는 것은 아니니, 조금도 두려워하거나 불안해하지 말고 차분히 기도를 계속해 나가라는 말이다. 어쩌면 성령께서 그 영혼을 남다른 존재의 깊이에로 이끌고 싶어하시는 것인지도 모른다.

끝으로 한 달 피정을 하고 있는 경우에는, 피정하는 이들이 예수님을 안장한 무덤 앞에서 좀 머물며 역사상의 예수님은 확실히 돌아가셨음을 깊이 인지할 필요가 있다. 역시 이때도 무슨 사변적인 해석을 하려고 하는 것보다는 그저 무덤, 이는 부활하신 후의 빈 무덤이 아니라 돌문으로 꽉 닫혀 있는 무덤인데, 그 앞에 머물며 분위기와 느낌 속에 젖어 드는 시간을 갖는 것이 유익하다.

또한 부활관상으로 넘어가기 전에, 서둘러 예수님을 무덤에 모신 후 성모님을 비롯해 제자들이 함께 모여 안식일이 끝날 때까지 기다리고 있는 장면도 관상함이 유익하다. 그 분위기, 제자들의 모습, 성모님의 자태 등을 살피는 가운데 성령께서 어떻게 함께 하고 계시는지를 관상할 것이다. 이 시기는 바로 우리 교회가 태동하는 때이기 때문에 그만큼 중요하다.

11 빛 속의 사랑의 절정

_ 영신수련 넷째주간 '부활'

작지만

자신이 걷지 않아도
이 길은 역시
이런 길이었으리라는 것

허나 자신이 걸었으므로
뒤에 따라올 이
조금이나마 걷기 쉽게 된 것

이 사실에
일찍 생각이 미치는 게 좋아
자신의 작지만 확실한 존재에
일찍 생각이 미치는 게 좋아
길을 걷고 있는 동안에

| 문제 제기 |

이제부터 영신수련의 마지막 주간인 넷째주간, 즉 부활 주간에 들어간다. 수난관상 때 미리 곡부터 하지 말라고 당부했던 것처럼 부활관상에 있어서도 미리 알렐루야부터 부를 생각을 하지 말아야 한다. 부활은 또 마땅히 기뻐하며 즐거워하지 않으면 안 되는 것인 양 미리 주입시킬 것이 아니기 때문이다. 역시 성령께 맡겨드리는 수동성과 자연스러움이 강하게 요청된다.

그저 단순히 기뻐 용약하며 느긋하게 즐기고 있을 계제가 못된다. 그도 그럴 것이 이 부활관상을 통해 하느님이 어떤 분이시고 인간들이 어떤 존재인가에 대한, 대단히 중요한 물음과 실마리들에 직접 대면하게 되기 때문이다. 따라서 부활관상을 흐릿하게 해서는 다 된 밥에 코 빠뜨리는 꼴이 되고 말 것이다.

부활관상 또한 사랑의 절정에 대한 체험이다. 수난관상이 어둠과 죽음을 통해 드러난 사랑의 절정 체험이라면 부활은 빛과 생명을 통해 드러난 사랑의 절정 체험이다. 그리고 수난이 죽기까지 사랑한 절정의 모습이라면, 부활은 조건 없이 사랑한 절정의 모습이다. 부활관상이 어려운 것도 사실 우리의 사랑 체험 안에는 조건 없이 사랑한 체험이 없기 때문이다. 어디가 예뻐도 한구석 예쁜 곳이 있기에 그걸 통해 사랑을 하는 것이지, 다만 인간이란 그 사실 하나만으로 사랑해 본 체험이 없다. 그래서 예수님께서 부활 사건을 통해 보여주시는 사랑을 알아듣기 힘들고, 그만큼 우리는 환골탈태하는 존재의 변화가 지난하게 된다. 전혀 존재의 차원을 달리하는 그 사랑을 알아듣고 받아들이고 변화되지 않으면 계속 땅 위만 맴돌 뿐이다.

| 기도 자료 |

부활 시기의 예수님 발현 사건은 각 복음서마다 다양한 스펙트럼으로 펼쳐져 있다. 그래서 자유롭게 마음에 와 닿는 장면을 관상하면 되겠다. 다만 이냐시오 성인은 영신수련 [218-225]에서 성모님께 발현하신 장면을 먼저 관상하라고 한다. 일리 있는 지도라고 보여진다. 성모님이야말로 예수님께는 가장 먼저 발현하길 원하셨던 분이시리라는 것을 능히 짐작할 수 있기 때문이다.

이어서 베드로 사도에게 따로 발현하신 장면(루가 24,34), 막달라 마리아에게 발현하신 장면, 엠마오로 가는 두 제자, 10사도 내지 11사도, 티베리아스 호숫가 등에서 발현하신 장면들을 비교적 자유롭게 택해 기도하면 되겠다.

유념할 것은 더욱더 긴장을 풀고, 신학적 결론을 얻으려거나 의미를 캐물으려 하지 말고, 복음 사건이 전해 주는 것을 단순히 그대로 받아들이려고 하는 내적 태도로 기도에 임할 것이다.

|방향 설정|

부활관상을 하면서는 그저 천연덕스럽게 기뻐하며 좋아만 하고 있을 수가 없는 것이 정작 내게 부활 체험이 일어나지 않으면 기뻐하고 좋아하기 힘든 탓이다. 남이 배부르게 먹는 것을 보고 있다고 해서 내 배가 불러지는 것은 아니다. 토마스 사도는 자기가 없을 때 예수님이 다녀가신 것을 두고 제자들이 그렇게 좋아하는 것을 보며, 자기 손으로 직접 예수님을 만져보기 전에는 믿을 수가 없다고 거부했다. 이는 특별히 토마스 사도가 믿음이 부족해서라기보다, 예수님을 만나고 알고 사랑하는 관계와 그로 인한 기쁨은 각 개인에게 구체적으로 일어나야 할 일이지 도매금으로 무더기로 얻어 가질 수 있는 것은 아님을 드러냈던 것이다. 예수님 또한 그런 토마스의 태도를 기꺼이 수용하셔서 다시 나타내 보이셨다.

피정하는 이에 따라서는, 어쩌면 부활관상 내내 다소 우울해지고 가라앉고 너무 차분해질지 모른다. 제자들이 맛봤던 그런 부활 체험이 기도 중에 일어나지 않기 때문에. 그러나 지금껏 걸어왔던 것처럼 차분히 그리고 더욱더 조용히 기도 중에 머물다 보면, 부활 체험에 대한 감각이 여릿하고 부드럽고 나지막한 소리로 들려올 것이다. 꽹과리 치며 요란하게 찾아오지 않고. 부드럽고 따뜻한 사랑의 기운이 온몸으로 퍼지며 힘이 조금씩 솟아오르고 희망을 갖게 될 것이다. 더구나 그게 그동안 내가 잘 살아와서도 아니고 피정에 전력투구해서도 아닌, 그저 내가 존재하고 있다는 그 사실 때문에 내가 사랑받고 있고 그 사랑의 기운이 내게 생명의 물을 조금씩 먹여주고 있구나 하는 잔잔한 감동이 몸을 감싸기 시작하면 예수님이 자기에게 발현하셨구나 하고 알아들어도 되겠다. 부활 체험을 하고 있다고 믿어도 된다는 말이다.

그 사랑의 입김을 받아 생명의 힘이 솟아나고, 그 기운 속에 고요히 머무는 가운데 스스로 자기 안의 무질서한 모습들이 제자리 잡아가고, 내면에서 움직이는 여러 영들이 좀 더 조화와 균형을 이루는 것을 보게 되면 부활 사건이 일어나고 있다고 알아들으면 된다. 이런 식으로 자기 영혼이 다듬어지고 튼튼해지는 것이 그윈되어 가는 모습이고 부활을 체험하는 것이지, 무슨 다른 신기한 체험을 바라고 있을 일이 아니다. 그리고 이런 식의 부활 사건에 눈뜨고 있으면 거의 대부분의 사람들은 정도 차이가 있을 뿐 나름대로 진지하고 참된 부활 체험들을 하게 된다.

그런데 이 부활 사건들을 살펴보면 적잖은 의문들이 떠오른다. 무엇보다 먼저 올라오는 의문은 제자들이 예수님을 못 알아보고 있다는 사실이다. 엠마오로 가던 두 제자가 그렇고 티베리아스 호숫가에 발현하셨을 때의 제자들의 정황도 그렇다. 무엇보다 온몸의 세포가 예수님으로 염색이 되어 있을 법한 막달라 마리아조차 예수님을 못 알아보고 있다는 사실은 다소 충격적이다. 이것을 도대체 어떻게 알아들어야 할 것인가.

그런가 하면 또 왜 그토록 자주 발현하셨는가 하는 의문도 떠오른다. 나 같음 예수님 발현하신 것 딱 한 번만 봐도 흔들림 없이 신앙생활 잘해 나갈 텐데, 하고 생각하는 이들도 많을 것이기 때문이다. 그리고 40일이나 되는 긴 기간 동안 발현하셨던 이유는 왜인가. 발현하시는 모습도 의아하긴 매한가지다. 그토록 사랑하셨던 제자들인데, 적어도 하룻밤 정도는 함께 머무시면서 이런저런 회포도 풀고 앞으로의 일을 당부도 하고 가실 만한데 마치 숨바꼭질하시듯 잠깐 나타나셨다 곧바로 사라지신다. 왜 그러시는가.

성경을 주의 깊게 읽다 보면 제자들을 향한 호칭이 바뀌어 가는 것도 볼 수 있다. 최후의 만찬 때 '이제는 너희를 종이라고 부르지 않고 벗이라고 하겠다.'고 하시면서 종에서 벗으로 격상시키시는 모습을 보게 된다. 그런데 부활하신 다음에는 '내 형제들에게 가서 전하라.'고 하시면서 피와 살을 나눈, 한 부모 밑에서 자라난 형제의 차원에까지 끌어올리신다. 이런 의미는 또 무엇인가.

이런 일련의 의문들은 인간이 도대체 어떤 존재인가 그리고 그런 인간과 하느님께서는 어떤 관계를 맺고 계시는가 하는, 존재론을 둘러싼 대단히 중요한 면들을 함축하고 있다. 비록 부활관상을 하면서 이런 문제들을 깊이 묵상할 것은 아니지만, 피정 후 따로 시간을 내서라도 제대로 잘 알아들을 필요가 있다. 물론 피정 중에 관상기도를 통해서 직관적으로 알아들을 수 있다면 그보다 더 큰 은총도 없겠다. 그래서 이 의문들에 대해서는 따로 설명을 하지 않고 피정하는 이들 각자의 몫으로 남겨두고 싶다. 각자의 영적 층위에 맞게 각자의 버전으로 해석하고 그 각각이 모두 부활의 다양하고 깊은 면들을 드러낼 것이기 때문이다.

당연히, 다양한 체험을 하고 다양한 해석을 하는 것들이 모두 부활 사건을 드러내는 것이긴 하지만, 그들 모두가 동일한 가치 내지 동일한 존재 차원을 건드린다고 할 수는 없다. 가치에 차등이 있고 존재의 깊이에 있어서 많이 다를 터이다. 우리가 주의하고자 하는 것은 그런 다양한 가치 체계와 존재의 차이에 서열을 매기고 낮은 차원은 잘라내 버리거나 억압하려고 해서는 안 된다는 점이다. 함께하는 것임을, 전체로서 하나의 존재를 이루고 있음을, 알고 있기 때문이다. 그렇기 때문에 우리는 부활 사건에 대한 더 깊은 기도를 통해 존재의 차원을 더 심화시키려고 애써야 할 뿐만 아니라, 더 큰 아름다움을 읽어내고 만들어 내려고 땀을 흘리지 않으면 안 된다.

여기서 한 가지만 짚어두고 싶은 것은 예수님을 못 알아본 제자들의 모습이다. 공통된 점은 모두 처음엔 못 알아보고 그다음엔, 마리아의 경우는 '마리아야.' 하고 부르는 소리에, 엠마오 제자들은 빵을 떼는 순간에, 티베리아스 호숫가에서는 차려진 아침 식탁을 보고, '아, 주님이시구나!' 하며 알아들었다는 사실이다. 이런 맥락에서 영신수련을 하는 이는, '나는 어떤 채널, 어떤 사인, 어떤 만남을 통해 예수님을 알아볼 수 있는가?' 하고 살펴볼 필요가 있다.

간혹 피정하는 이들이 그런다. 예수님 목소리를 꼭 한 번만 들어봤으면 좋겠다고, 예수님의 얼굴 한 번만 봤으면 좋겠고, 손 한 번만 잡아봤으면 여한이 없겠다고. 아마 죽을 때까지 그런 일은 일어나지 않을 것이다. 혹 일어났다고 주장한다면 오히려 그때 그 사람의 건강 상태가 어땠는지 심리 상태는 어땠는지를 점검해 보겠다. 더 이상 갈릴래아를 거니시던 예수님은 존재하지 않는다. 그러나 예수님께서는 그리스도로서 지금도 우리와 함께 존재하고 계시며, 당신을 알아보는 표징과 접할 때 우린 그분을 뚜렷하게 보고 듣고 만질 것이다. 영신수련 여정을 걷고 있는 이들은 어디에서 그분을 찾고 있는가?

부활하신 예수님의 가장 우선적이고 중요한 사도직은 사람들을 위로하시는 것이었다. 넋이 꺾이고 무릎이 주저앉아 있는 이들을 일으켜 세우시고 다시금 걸어갈 수 있도록 힘과 용기를 불어넣으시는 것이었다. 성모님께도 나름대로의 위로가 필요했고, 베드로 사도를 비롯한 제자들은 더 말할 나위도 없었다. 이때 과거의 잘잘못에 대해서는 일체 함구하셨다. 앞으로의 다짐 같은 것도 받아내려고 하지 않으셨다. 그저 지금 쓰러져 있고 가라앉아 있는 이들을 붙들어 세우시는 것이 화급했다. 위로받고 인정받고 힘을 얻는 것, 이것이 부활 체험을 알아듣는 가장 중요한 표징인지도 모른다.

우리 신앙에 있어서 부활 사건이야말로 핵이 되는 가장 중요한 것이라고들 한다. 왜? 죽었다가 다시 살아나 더 이상 죽지 않고 영원히 살기에? 이젠 온갖 고통과 슬픔이 없어지고 오직 기쁨과 평화만이 있기에? 그런 것이 아니다. 어쩌면 천국에도 지금의 이 지상과 똑같은 모습들이 벌어지고 있는지도 모른다. 함에도, 그

현상들을 이해하고 바라보는 차원이 지금의 우리 차원과는 전혀 다를 것이다. 부활 사건이 그토록 중요한 것은 다시 살아나고 고통이 없어져서가 아니라, 인간을 포함한 이 세상을 전혀 다른 차원에서 바라보고 이해하고 행동하기 때문이다. 존재의 훨씬 더 깊은 차원에 들어가 있음을 보고 알기 때문이다. 그리고 그 차원이, 부활에 대한 체험이 아예 없거나 있다손 치더라도 지극히 미미한 지금 이 세상의 차원과 비교했을 때, 그 유를 비교할 수 없을 정도로 아름답고 생명에 넘쳐 있기 때문이다. 악이 없어지고 선만으로 가득 차는 등 세상이 바뀌는 것이 아니라 세상을 바라보는 눈들이 완전히 바뀌어 버리는 일이 우리 안에서 일어나는 것, 바로 그것이 부활 사건이다. 바로 그 부활 체험을 했을 때 우리의 영혼들이 글자 그대로 기뻐 용약하게 된다.

그렇게 세상을 읽어 들이며 살아가는 존재의 차원들이 과연 어떤 경지를 드러내며 어떤 모습일까에 대해 성경의 복음사가들은 그 편린들 내지 실마리들을 제공하고 있다. 이런 점에서 부활관상은 너무나 중요하게 다가오며, 실제로 깊이 있게 기도에 정진하는 이들을 보면 부활관상을 통해 적지 않은 영신적 유익을 길어 올리고 있음을 알게 된다.

부활 체험 사건이 일어나는 면면을 유심히 살펴보라. 바로 지금 우리가 살아가고 있는 이 현실 그대로이지 않은가. 막달라 마리아와 같이 너무도 사랑한 사람을 잃은 데서 오는 상심과 고통과 눈물이 있고, 엠마오의 두 제자처럼 여행을 하고 세상일에 대해 이야기를 나누는 풍경이 있고, 티베리아스 호숫가처럼 밤새 그물질을 하면서도 한 마리도 낚아 올리지 못해 좌절하고 허탈해 있는 노동 현장이 있다. 그 모든 상황들이 바로 우리 상황이지 않은가.

주어진 상황은 우리와 똑같은데, 여기서 부활 사건이 일어나면서 완전히 반전한다. 마리아로부터 기쁨과 탄성과 제자들을 향해 달려가는 활력이 터져 나오고, 엠마오의 두 제자로부터 가슴이 뜨거워지며 가던 길을 되돌려 형제들에게 가 소식과 기쁨을 나누고자 하는 열정이 솟구치고, 티베리아스 호의 제자들로부터는 그물이 찢어질 정도로 많은 고기를 낚아 올리는 노동의 열매가 풍성한 가운데 행복하게 밥상을 받아 안는 삶의 의미와 충만들이 번져 나온다. 이렇게 변화되고 있는 것이다. 부활 체험 전과 후의 존재 모습들을 보면 가히 하늘과 땅의 차이다. 이것이 우리가 그토록 소중하게 다루는 부활 체험이고 부활 신앙이다. 이것이 빠져버리면 우리의 신앙 자체가 물거품이 되어버리는 그것이다.

여기서, 그래도 막달라 마리아나 엠마오 제자들이나 티베리아스 호 제자들에겐 예수님께서 직접 나타나셔서 뭔가를 해주셨기 때문에 그런 변화가 일어난 것 아니냐고 말해서는 안 된다. 예수님께서 하셨던 그런 일들은, 적어도 외견상으로 우리의 지금 이 현실 안에서도 매일 벌어지고 있다. 다만 각자 서 있는 존재의 지평이 다르다 보니 같은 세상이고 현실이라도 달리 해석해 내고 있을 뿐이다. 그래서 똑같은 일이, 누구에게는 그저 온갖 우여곡절이 뒤범벅이 되어 흘러가고 있는 세상의 한 모습으로 읽힐 뿐이고, 누구에게는 부활 사건으로 읽히고 그 안에서 주님을 만나뵙고 위로와 힘을 얻으며 주님을 찬미하고 경배하게 된다.

이렇게 알아볼 수 있도록 하는 힘 내지 능력이 바로 성령이다. 이는 인간의 이성이나 지성과는 그 차원이 다르다. 훨씬 더 깊고 넓고 높은 곳을 보여주며 이끄신다. 지성적 차원에서 세상을 분석하고 움직여 나가는 것에 멈추지 않고 더 깊은 것을 추구해야 하는 것도 이 때문이다. 세상의 가장 큰 것이 성령의 가장 작은 것보다 작다. 우리의 영적 여정에 있어 왜 영적 차원을 그토록 강조하는지, 왜 성령에 대한 감각을 키워 나가는 것이 그토록 중요한지는 바로 이 때문이다.

|영신수련 흐름 안에서의 역동성|

아무리 같은 사랑의 절정에 대한 체험이라 할지라도 죽음을 통해 드러나는 수난 주간과 생명을 통해 드러나는 부활 주간은 우리의 감성에 다가오는 바가 사뭇 다르기 마련이다. 따라서 수난 주간에서 부활 주간으로 넘어갈 때는 한 호흡을 멈춰 분위기를 좀 바꾸고 나갈 필요가 있다.

그리고 수난 때와 마찬가지로 한 달 영신수련을 하는 이들은 넷째주간 들머리에 먼저 빈 무덤 안에 들어가 좀 머물다 나오는 것이 유익하다. 여기서도 무슨 사유를 펼칠 것이 아니라, 그저 빈 무덤 안의 모습과 분위기에 좀 머물며 어떤 느낌이 오면 그것을 음미하며 있을 것이다.

부활관상에 허여되는 시간도 대개 수난관상 때와 비슷하다. 8일 피정이라면 하루 정도 그리고 한 달 피정이라면 3-4일 정도인데, 내 생각에는 부활관상엔 가능한 좀 더 넉넉한 시간을 할애해 깊이 머무는 것이 바람직하게 여겨진다.

한 달 영신수련의 경우 이렇게 며칠간의 부활관상이 마무리되면, 이어서 승천에 대한 관상과 성령강림에 대한 관상까지 하는 것이 바람직하다.

영신수련을 하는 이들은 넷째주간쯤 오면 어느 정도 몸도 지치고 마칠 때가 되어간다는 생각에 마음이 풀리고 느슨해질 위험이 있다. 자연스레 침묵을 깨고 싶은 유혹도 많이 몰려든다. 이럴 때일수록 영신수련을 주는 이들은 마지막까지 영신수련을 하는 이들이 깨어 있을 수 있도록 독려하고 이끌어야 한다.

이 단계에 와서는 '한 시간 기도 그리고 매일 다섯 차례 기도'라는 식으로 스스로를 재촉하며 매여 왔던 것으로부터도 놓여날 필요가 있다. 훨씬 더 자유롭고 편안한 분위기에서 부활관상에 머물 일이다. 그럼에도 불구하고 자칫 잘못하면 느슨하게 도망가고 적당히 기도에 머물 위험이 있으므로 각별히 유념할 일이다. 따라서 영신수련을 주는 이도 면담을 통해 각자의 특이성을 고려해 처방할 일이지 일률적으로 기도 시간 등을 풀 것은 아니라고 본다.

고해성사가 필요한 이는 이 단계에 와서 성사를 보면 되겠다.

적어도 이번 피정을 통해 자신의 모습을 들춰보고 다듬고 정리해 내는 작업은 부활 주간에 오면 일단은 마무리가 되었다고 보기 때문이다. 고백의 내용도 따로 무슨 죄목 같은 것을 일일이 적어 가지고 와 성사를 볼 것은 아니라고 본다. 성실하게 피정을 해온 이라면 이미 개인 면담을 통해 자신의 깊은 부분들을 충분히 드러냈다고 보여지기 때문이다. 그래서 그동안 면담 때 해온 내용들을 전부 묶고, 덧붙여야 할 것이 있으면 더 고한 다음 보속과 사죄경을 받으면 될 것이다. 개인 면담 때 나온 내용들은 법적으로 고해성사는 아니지만 고해성사에 준하는 것으로서 사적인 비밀은 엄수할 의무가 있다. 그래서 예수회원들은 영신수련 피정 면담을 통해 들은 이야기를 함부로 누설해서는 안 되는 것으로 알고 있다. 그렇기 때문에 피정하는 이들은 개인 면담 때 부담 없이 하고픈 이야기를 충분히 할 수 있겠다.

이렇게 수난과 부활관상을 거치면서 삶과 죽음이라는 가장 큰 소용돌이의 융합을 통해 존재 전체가 어떻게 생명을 지니게 되고 유지 발전시켜 나가고 있는지, 그 통합 안에서 어떻게 사랑의 기운이 휘돌고 있는지를 제법 알아듣게 되었다. 그러다 보니 이젠 일상의 터전으로 되돌아가 모든 존재자들과 장면들 안에서 사랑의 존재와 활동을 읽어 들이며 함께 기뻐하고 즐길 수 있게 되었다. 갈무리하는 '사랑을 얻기 위한 관상'을 통해 이 작업을 하게 된다.

12 산은 산이고 물은 물이다

_ '사랑을 얻기 위한 관상'

작은 만남

이런 산속
길 옆에 핀 철쭉
사람 눈 따위 닿지 않을진정
지금껏 몇 번이나
힘껏 아름답게 피었을 터

그런 나무에 내 찬사 따위
보잘것없으나
가만히 바라보노라면 기쁜 듯 빛나

| 문제 제기 |

이젠 정말로 영신수련의 마지막에 도달했다. [230－7]의 '사랑을 얻기 위한 관상' 기도를 통해 영신수련의 전 과정을 종합 정리하고 마무리하게 된다.

영신수련 피정을 하고 난 이는 영신수련을 살아내지 않으면 안 되는데, 일상의 삶 속에서 영신수련을 살아내는 모습 내지 지침에 대해 언급하고 있는 것이 바로 이 '사랑을 얻기 위한 관상'이다. 즉 이제부터는 모든 사건과 사물들 안에서 하느님의 현존과 활동을 읽어내는 가운데 하느님과 피조물들에게 감사와 찬미를 드리며 살아가도록 요청받는다.

영신수련의 구조에 대해 언급하면서 [23]과 [230－7]이라는 사랑의 큰 두 축을 중심으로 사랑의 긴 터널을 통과해 나오는 것이 영신수련의 흐름이라고 했다. [23]에서는 사랑이라는 것이 '원리와 기초'의 내면을 흐르며 꽃봉오리로서 숨어 있었다면, [230－7]에서는 사랑이라는 꽃이 활짝 피어 흐드러진 모습을 드러낸다. 온 도처에서 꽃망울이 톡톡 터져 꽃향기가 진동하고 있다. 영신수련을 마무리하는 이는 모름지기 이 꽃향기에 대한 감각과 체험을 깊이 마음과 몸 속에 새겨 담을 일이다. 그래야만이 영신수련을 살아내면서 '모든 것 안에서 하느님을 발견'한다는 'Finding'이 가능해진다.

그리고 피정하는 이는 부활관상을 하면서 틈틈이 쉬는 시간을 이용해 그동안 영신수련 피정 전체가 어떻게 흘러왔는지를 성찰하도록 권한다. 면담 준비로도 기도 성찰 노트를 활용해 왔고 대략적인 흐름은 이미 각자 안에 있을 것이므로 피정 전체를 성찰한다고 해서 그렇게 힘이 들지는 않을 것이다.

이 성찰을 통해 영신수련에 들어오던 첫날부터 마쳐가는 지금까지 피정 전체가 어떻게 흘러왔는지를 살핀다. 성령께서는 어떻게 이끌어 오셨는지, 피정하는 이는 이에 어떻게 응답하며 걸어왔는지, 이를 통해 얻은 은총들은 무엇이고 부족한 점들은 무엇인지, 앞으로 어디에 좀 더 힘을 실어 걸어가면 되겠는지 등에 대해 살피고 정리한다. 바로 이것이 지금부터 이어서 하고자 하는 '사랑을 얻기 위한 관상' 기도의 첫째 요점을 위한 준비 작업이 되기도 한다.

| 기도 자료 |

[230−7][12]이 기도 자료다. 다른 기도 자료들과 달리 이냐시오 성인은 여기에 4가지 요점을 제시하고 있다.

1요점은, 나를 직접 빚어 만드시고 온갖 좋은 것들로 채워주신 하느님의 사랑을 깊이 인식하는 것이다. 지금껏 받은 은총들을 생각할 때, 크게 보면 태어나서부터 지금까지일 수도 있고, 작게 보면 이번 피정을 통해 받은 것을 상기할 수도 있다. 이때 피정 전체

성찰을 통해 살펴봤던 자료가 좋은 기도 자료가 될 것이다. 한 가지 조심할 것은 좋은 것들 내지 은총이라고 해서 본성에 잘 맞는, 마음에 드는 것만을 생각할 것은 아니다. 그 범위를 넓혀 어려웠던 것, 안 좋았던 것들도 모두 이 은총의 범위 안에 넣어 생각할 일이다. 다시금 음양의 통합인 태극의 관점에 굳건히 설 일이다.

---

12. [230] **사랑을 얻기 위한 관상**

주. 먼저 두 가지를 염두에 두는 것이 좋다.

첫째, 사랑은 말보다 행동으로 나타나야 한다.

[231] 둘째. 사랑은 두 당사자의 통교, 즉 사랑하는 사람이 자기가 사랑하는 이에게 자기가 가진 것이나 할 수 있는 것을 주고 나누며, 또 반대로 사랑받는 이는 자기를 사랑하는 이에게 마찬가지로 하는 데에 있다. 그러므로 지식이 있는 사람은 없는 사람에게 지식을 주고, 명예나 재산도 이와 마찬가지로 서로 줄 것이다. 준비기도는 평소와 같다.

[232] 첫 번째 길잡이는 장소 구성인데, 여기서는 내가 우리 주 하느님과 천사들 그리고 나를 위해 전구하고 있는 성인들 앞에 어떤 모습으로 있는지 보는 것이다.

[233] 두 번째 길잡이는 내가 원하는 것을 청함인데 여기서는 지금까지 받은 그 많은 것들에 대한 내적 인식을 구한다. 이로써 내가 받은 것들을 온전히 깨달아 모든 것 안에서 하느님을 사랑하고 섬기고자 하는 것이다.

[234] 제1요점. 창조와 구원을 통해서 받은 은혜들과 갖가지 구체적인 선물들을 기억하는 것이다. 우리 주 하느님이 나를 위해 얼마나 많은 일을 하셨으며, 당신이 가지신 것을 얼마나 내게 주셨는지를 생각하고 또 주님이 거룩한 안배에 따라 할 수 있는 한 당신 자신까지 내어 주고자 하셨음을 마음속 깊이 느끼며 생각한다. 이제 나 자신을 돌아보고, 마땅한 이치와 도리에 따라 내 편에서 하느님께 바쳐 드려야 할 것, 곧 크게 감동되어 봉헌하는 사람이 하듯이 내가 가진 모든 것들과 또 나 자신까지도 바쳐야 함을 생각한다. "받으소서, 주님. 저의 모든 자유와 저의 기억과 지성, 저의 모든 의지와 제가 가진 모든 것을 받아주소서. 당신이 이것들을 제게 주셨습니다. 주님, 이 모두를 돌려드립니다. 모두가 당신 것이오니 당신 뜻대로 처리하소서. 제게는 당신의 사랑과 은총을 주소서. 이것으로 저는 족하옵니다."

2요점은, 피조물 안에 함께 존재하시는 하느님의 사랑이다. 단순히 피조물들을 창조하신 다음 적당한 시기에 적당한 은총이나 내려주시면서 던져놓으신 것이 아니라, 아예 피조물 안에 거하시면서 피조물과 존재의 운명을 함께하고 계신 하느님의 모습이다.

3요점은, 피조물 안에 단순히 함께 계시기만 한 것이 아니라, 피조물의 완성을 위해 끊임없이 마치 종처럼 일하고 계시는 하느님의 사랑을 알아들을 일이다.

4요점은, 그러다 보니 온갖 좋은 것들과 아름다운 것들 그리고 나의 능력들이 모두 하느님으로부터 비롯된 것임을 보며 하느님의 가없으신 사랑을 깊이 깨칠 것이다.

---

[235] 제2요점. 하느님이 어떻게 피조물 안에 거하시는지를 보는 것이다. 원소들에 존재를 부여하시고, 식물들 안에서 생장하시고, 동물들 안에서 감각을 느끼시며 사람들에게는 지성을 부여하신다. 그리고 내 안에서 내게 존재를 부여하시고 활력을 주시며 느끼게 하시고 이해하게 하신다. 나를 성전이 되게 하시고 하느님의 모상과 형상으로 창조하셨다. 다른 것들에 대해서도 나 자신에게 적용하여 성찰하되 첫째 요점에서 말한 방식이나 그 밖에 더 낫게 여겨지는 방식에 따라 한다. 다음에 이어지는 각 요점에 대해서도 같은 방식으로 한다.

[236] 제3요점. 하느님께서 어떻게 세상 모든 피조물들 안에서 나를 위하여 일하고 수고하시는지, 즉 일하는 사람처럼 행동하시는지를 생각한다. 즉 하늘과 물질들과 식물들, 열매들과 가축과 같은 것들 안에서 존재를 부여하고 보존하며 생장하고 감각하는 따위의 일을 하시는 것이다. 그런 다음에 나 자신에게 적용하여 성찰한다.

[237] 제4요점. 온갖 좋은 것들과 선물들이 위로부터 어떻게 내려오는지를 바라보고, 또 나의 제한된 능력이 위로부터 최고의 무한한 능력에서 내려오고, 정의와 선, 인자함과 자비 등도 이와 같이 위로부터 내려오는 것이 마치 태양에서 빛이 나오고 샘에서 물이 흘러내리는 것과 같음을 본다. 이어서 이미 말한 바와 같이 나 자신에게 적용하여 성찰한다. 하나의 담화와 주님의 기도로 마친다.

8일 피정을 하는 이라면 시간적 여유가 많지 않으므로 네 가지 요점 중 특별히 다가오는 것 중심으로 혹은 전체를 묶어 하나의 이미지로 만들어 기도하면 되겠다. 한 달 피정을 하는 이는 비교적 시간 여유가 더 있을 것이므로 매 요점마다 한차례씩 기도하고 나중에 최종적으로 종합해서 기도해도 좋겠고, 사람에 따라서는 8일 피정을 하는 이들처럼 해도 무방하겠다.

|방향 설정|

'사랑을 얻기 위한 관상'에서 묘사되고 있는 모습은 십우도에서 깨달음을 얻고 자유자재로 노닐게 된 이가 마침내 저잣거리로 되돌아와 삶을 영위해 나가는 모습과도 같다고 하겠다. 영신수련을 통해 하느님과 인간과 피조물들을 중심으로 해서 사랑이라는 화두를 뚫은 이들은 따로 어디를 찾아가는 것이 아니라, 자기가 떠나왔던 바로 그 세상 한복판으로 돌아가 그들과 함께 살아가는 것이다. 영신수련의 구조를 이야기할 때 애초 시작부터 착륙 준비를 위한 과정이 영신수련이라고 했던 것도, 바로 지금의 이 모습을 구현해 내기 위한 과정임에 다름 아니다. 다른 표현을 한다면 철저히 사도직을 겨냥한 사도직 중심의 과정이다. 예수님께서 이 세상에 오셔서 아버지로부터 받으신 사도직을 수행하기 위해 온 존재 전체를 드러내고 바치셨듯이 말이다.

이렇게 세상에 안착한 이는, 이젠 보이는 그 모든 존재자들이, 주변에서 일어나고 있는 그 모든 사건과 현상들이, 모두 하느님으로부터 비롯되었음을 깊이 자각하고 음미하며 하느님을 도와 살아가게 된다. 이것이 바로 이냐시오 성인이 그렇게 좋아했다는 모토 '모든 것 안에서 하느님을 발견하기(Finding God in all things)'다.

여기서 좀 유념해야 할 것은, 영어로 이야기하는 것이 전달하기 수월할 것 같은데, 'finding'이지 'seeking'이 아니라는 점이다. 즉 하느님의 현존이나 활동을 알아채는 것이 그저 감각적으로 거의 본능적 수준에서 툭툭 알아듣는 것을 이야기하는 것이지, 애써 노력하고 머리를 싸매는 가운데 알아듣는(seeking의 수준) 것을 가리키는 것이 아니란 말이다.

그러기 위해서는 어느 정도 수련 내지 수행이 필요할지도 모르겠다. 그런 감각으로 보고 듣고 느끼고 알아채는 수련이 어느 정도 되어야, 그다음부터는 자동적으로 될 수 있겠기 때문이다. 달리 표현한다면 이런 식으로 알아듣는 것은 묵상을 해서 알아듣는 것이 아니라 복음관상을 해서 알아듣는 것이라고 할 수 있겠다. 불교식으로 표현한다면 설혹 영신수련 피정을 통해 돈오가 있었다손 치더라도 돈수라기보다는 점수가 병행되지 않으면 안 되겠다고 이야기할 수도 있겠다.

하여튼 이냐시오 성인은 그 모든 것들 안에서 하느님을 알아차리기를 요구하면서, 하느님과 그 모든 것들의 관계에 대해 의미심

장한 비유를 들고 있다. 즉 '(온갖 좋은 것들이) 위로부터 내려오는 것이 마치 태양에서 빛이 나오고 샘에서 물이 흘러내리는 것과 같음을 본다.'라고 하고 있다([237]).

태양이 머금고 있는 빛이나 우리 곁에 다가온 빛이나 같은 빛이다. 그렇다고 해서 또 똑같은 것이 아니라 서로 다르다. 옹달샘의 물이나 그 물이 흘러나와 이루고 있는 계곡물이나 같은 물이다. 그러면서도 동시에 똑같은 물이 아니다. 바로 존재론적으로 '불일이불이(不一而不二)'의 관계 구조를 가리키는 대단히 중요한 언명이다. 같으면서도 다르고 다르면서도 같고, 하나가 아니면서 그렇다고 해서 또한 둘도 아닌, 하나의 태극 안에 음양이 함께 있는, 부분과 전체가 서로가 서로를 머금고 있는, 이러한 이중성(二重性)의 논리 구조 내지 존재 구조를 명시하고 있는 것이다.

우리는 영신수련 전 과정을 통해 거듭거듭 이원대립론적 관점에서 사물과 사건을 바라보는 것을 피해 왔다. 동시에 일원론적으로 통일된 관점도 피해 왔다. 그런 일원론이란 이원대립론의 또 다른 양상에 지나지 않기 때문이다. 그러면서 계속 이중성의 관점에서 이해하고 수용함으로써 좀 더 참된 하느님상과 예수님 이미지에 다가가고 동시에 우리 안에 있는 생명을 더 크게 꽃피워 내려고 애써 왔다. 물론 이 책 안에서야 그런 것들이 일일이 거론되지는 않았다. 그러나 현실적으로 영신수련 피정이 진행되는 과정 안에서는 면담들을 통해 줄기차게 이러한 관점의 문제점들이 거론되고 다듬어져 나간다. 어느 관점에 서서 사람들과 사건들을 이해하느냐에 따라 현세에서 살아가는 태도나 양식은 판이하게 달라지기 때문에 그만큼 중요하다.

예수님께서 어린이처럼 되지 않으면 하늘나라에 들어갈 수 없다고 하셨던 것도 바로 이 맥락에서 알아들을 일이다. 천진난만하다 못해 유치하기조차 한 어린이의 모습으로 퇴행하라는 이야기가 아니다. 어른들처럼 끊임없이 분석하고 쪼개고 우열을 가리며 양자택일의 논리에 빠져 있는 것으로부터 마음을 돌려, 다름과 차이를 분명히 보고 있음에도 불구하고 기성의 논리와 가치에 포로가 되어 한쪽만을 고집하지 않는 가운데 양자 긍정을 하는 어린이의 자세를 배우라는 의미다.

이런 문맥 속에서 1요점은 다시 한 번 더 음미해 볼 필요가 있다. 사실 어린이들과 달리 어른들이 왜 그토록 나누고 다투고 우열의 경쟁에 떨어지곤 하는가 하면, '나는 충분히 갖지 못했다, 충분히 받지 못했다.'는 착각 속에서 헤어나지 못하고 있기 때문이다. 어쩌면 이 점에 대한 깨달음이야말로 사랑의 화두를 투과하는 첩경인지도 모르겠다. 1요점에서 지금껏 하느님으로부터 받은 온갖 좋은 선물과 은총을 되새겨 보라는 말의 깊은 의미는, 인간을 포함한 그 모든 피조물들이 하느님으로부터 차고 넘치는 은총과 필요한 것들을 이미 다 받아 누리고 있다는 사실을 올바르게 알아들으라는 것이다. 모자란다고, 불완전하다고, 아름답지 않다고, 악이 창궐하고 있다고, 아우성을 치며 눈에 핏발을 세우는 것이야말로 루치펠이 펼쳐내는 세상에서의 가장 큰 유혹이고 무엇보다 환영이다. 악이 맹위를 떨치고 있는 사실 그 자체가 문제인 것이 아니라, 그것을 바라보고 이해하는 시각 그리고 그 시각에 터 잡은 행동 양식이 문제인 것이다. 참으로 눈들을 똑바로 뜨고 사물을 제대로 봐야 한다.

그동안 영신수련 전체를 통해 쏟아왔던 우리의 애씀은 결국 이 '사랑을 얻기 위한 관상'의 경지에 도달하기 위함이었다. 그리고 우리가 취해 왔던 관점과 태도는 틀리지 않았음을 확인받고 있다. 간혹 우리는 기도할 때 다소 엉뚱한 듯한 생각이 올라오기도 해서 당황할 때가 있다. 이런 생각이 신학적으로 맞는지 여부가 의심스럽기도 하고. 그럴 때 하나의 잣대가 되는 것이 바로 [230-7]에 담겨 있는 내용들이다. 자신의 생각이 이 내용들과 부합하면 안심하고 신뢰해도 좋고, 만약 충돌한다 싶으면 좀 더 주의 깊게 살펴볼 일이다.

사실 16세기 초엽을 살다 간 이냐시오 성인이 당시의 신학적·문화적 배경하에서 이런 하느님관(觀)과 존재에 대한 이해를 하고 있었다는 것이 놀랍다. 적어도 [230-7]에서 묘파되고 있는 하느님상은 유일신론적이거나 범신론적이라기보다는 범재신론적이다. 그리고 이러한 신관은 화이트헤드의 과정철학에 뿌리를 두고 있는 과정(過程)신학적 입장과 잘 융화되고 있다.

이제는 창조주와 피조물이 엄격하게 구분되어 따로 존재하지 않게 되었다. 하느님이 사람이 되시고 사람이 하느님이 되게 되었다. 또한 하느님은 단순히 제도적 틀, 교회 안에만 갇혀 있는 분이 아니게 되었다. 사람들이 하느님을 경배하는 것 또한 일정한 장소와 특정한 시간에 매이지 않게 되었다. 이제야말로 함부로 성스러운 것과 속된 것을 나눌 수 없게 되었다. 아니 나눠서는 안 되게 되었다. '사랑을 얻기 위한 관상'에 정면으로 배치되기 때문이다.

훨씬 더 깊은 호흡과 눈길로 사람과 사물들을 대하고 현상들을 바라보게 되었다. 그것이 우리들에게 깊은 위안과 평화를 가져다준다. 하느님 당신의 숨결이 느껴지고 깊은 감사와 찬미가 우러나온다. 그렇게 모두가 다 아름다웠다. 울고 웃고 다투고 지치고 힘들 때, 잠시 멈춰 아주 고요한 그 울림을 듣고 만지며 안정을 취할 일이다. 그러곤 다시 그분 안에서 그분과 함께 계속해서 사랑을 창조해 나갈 일이다.

지금까지 우리 자신이 누구인지, 하느님과 예수 그리스도의 맥락 안에서 더 깊은 차원까지 내려가 알아들으려고 부단히 애써 왔다. 이제 도대체 나라는 존재가 어떤 물건인지 손에 좀 잡히고 눈에 좀 보이기 시작하는가. 참으로 예수님께서 세상을 다 얻고도 자기 목숨을 잃어버린다면 무슨 소용이 있겠느냐고 말씀하셨는데, '내'가 누구인지를 모르면서 한세상을 영화롭게 살다 간들 무슨 의미가 있을까. 진실로 이 문제는 가슴속 깊이 묻고 끊임없이 살피며 걸어가야 할 것이다. 물론 시기에 따라서는 아직 너무 어려 이런 것에 대한 의문조차 떠오르지 않을 때도 있을 것이고, 좀 알아듣고 의문이 차올랐다 치더라도 세상 사는 것에 묶여 깊이 있게 들여다볼 여유를 못 가질 때도 있을 것이다. 그러나 이 세상에서의 여정을 마치기 전에 이 문제에 대해 좀 더 진지하고 열정적으로 몰입해 약간의 빛이나마 더듬어 보는 가운데 자신의 존재와 생명을 한 단계 더 끌어올릴 수 있는 때도 반드시 찾아올 것이다. 그것이 무엇보다 중요한 사도직이고 다른 이들을 위한 보시다. 적어도 지금 이 책을 읽고 있는 어르신네들이야말로 바로 이 때에 들어서 있는 것이 아니겠는가.

|영신수련 흐름 안에서의 역동성|

음양의 교차적 운동이 맹렬히 일어나다 이제 일순 정지에 이르렀다. 다시 한 번 더 완전에 도달했기 때문이다. 물론 이도 순간적 관찰일 뿐, 생명은 곧바로 다시 더 큰 성장을 위해 균형을 깨면서 음양의 격렬한 운동을 시작할 것이다. 그럼에도 불구하고 어쨌든 일순 우리는 [23]의 상태에 되돌아왔다. 한 사이클을 돌면서 생명의 차원을 한 단계 업그레이드시킨 후에 도달한 완전의 정적 상태다. 이런 사이클이 계속되면서 생명은 점점 더 자라고 깊어지게 된다.

경험으로 비추어 보면 [230-7]의 기도를 통해 적잖은 은총들을 받는 것 같다. 사랑의 깊은 곳에 가닿았기 때문에 그저 곁에 머물고만 있어도 그 생명의 힘에 적셔지기 때문인지도 모르겠다. 그 시간적 여유가 없는 8일 피정의 경우도 마찬가지다. 피정을 마치는 날 아침 일찍 '사랑을 얻기 위한 관상'으로 마무리할 때 많은 은총 체험을 하게 된다. 이러니 한 달 피정 때야 오죽하겠는가. 이제 피정을 마치고 다시 삶의 터전으로 나가게 되는 만큼 성령께서 친히 피정 전체를 매듭지어 주시고, 나가서 걸어가는 데 필요한 은총까지 챙겨주시는 것 같다.

따라서 피정하는 이들은 참으로 마지막 파견미사가 있을 때까지 철저하게 깨어 머물러야 한다. 한차례 기도할 때 마지막 1분을 사수하라고 곧잘 이야기하는 것처럼, [230-7] 이 기도가 피정 전체의 마지막 1분에 해당하는 때다. 성령께서 건드리시는 것이야 1초면 족하지 않은가. 성령께서 우리 영혼을 건드리시면 얼마나 풍족해지며 윤기가 흐르는가.

O 나오며

여행을 마치며

꿈이 스러져도
희망은 남아
희망이 있음으로
다음의 꿈이 태어나

여행은 끝나도
길은 계속돼
길이 있음으로
또 다음의 여행이 시작돼

실제로 영신수련 피정을 하고 있다면, 이 부분이 바로 파견미사에서의 강론에 해당한다. 다시 사람들을 세상 한복판으로 떠나보내면서 염려와 당부와 유의할 것들을 짚는 시간이다.

무엇보다 한 가지 유념하지 않으면 안 될 것은, 피정 기간이 여러분에게 영적 낮의 시간이었다면 앞으로는 영적 밤이 시작된다는 사실이다. 영적 위안 대신 영적 고독이 몰려든다. 기도도 깊이 있게 진행되지 않고 당연히 기도를 통한 위안의 강도도 약해지고, 사도직에 대한 열정들이 맹렬하게 타오르는 것도 아니고, 불편하던 인간관계는 여전히 남아 있으면서 신경줄을 잡아당긴다. 여기에 혹 몸 상태마저 안 좋아지면 사태는 좀 더 어렵게 된다.

이때 사람들이 오류에 떨어지기 쉬운 것은 피정을 통해 받았던 온갖 은총과 영적 위안에 대한 커다란 추억만 남아, 자신이 지금 영적 고독에 떨어져 있다고는 쉬 생각지 않는다는 점이다. 그러다 보니 위에 단편적 예를 들었던 일들이 일어나면 그저 심리 차원에서의 문제들로 생각하고 심리적 대응을 하는 데 그쳐버린다. 자연히, 그러고 있으면 해결은 잘 되지 않고 더 깊은 수렁에 빠져들 수도 있다. 이럴 때 분명히 인식해야 할 점이 '아, 내가 지금 영적 고독에 떨어져 있구나!' 하는 사실이다.

영의 식별을 두고 설명할 때 언급하는 것이기도 하지만, 내가 지금 영적 고독에 떨어져 있구나 하는 사실을 자각하는 그 자체만으로도 영적 고독의 힘이 훨씬 약해진다. 그렇기 때문에 섣부른 심리적 대응들보다 훨씬 더 효과가 좋다.

그리고 이어서, 피정을 막 끝내고 돌아온 내가 사는 꼴이 이게 뭐냐고 한심스레 바라볼 것이 아니라, 그렇게 영적 고독 상태에 들어가는 것이야말로 진정으로 영적으로 성장해 나가는 과정임을 제대로 알아듣고 위로와 힘을 받아야 한다. 이는 마치 나무가 낮에 물과 햇빛을 담뿍 흡수한 다음 밤에 광합성 작용을 하며 실질적 성장을 도모하는 것과 같다. 여러분들이 피정을 통해 맛보고 받아들인 여러 가지 은총과 영적 위안들은 영적 고독이라는 밤의 어둔 시기를 거쳐야 비로소 여러분들 자신의 것이 되고 그만큼 성장을 이뤄낼 수 있게 된다.

비슷한 모습으로 찾아오는 유혹 하나가 단 며칠만 더 있었더라도 피정을 훨씬 더 알차게 마무리할 수 있었을 텐데, 혹은 부활 체험이 제대로 일어나지 않았는데 피정이 완결되지 않은 것이 아닌가, 하는 식의 생각들이 올라오는 것이다. 완결은 없고 완성도 없다. 완전한 채로 계속해서 더 큰 완전을 향해 걸어갈 따름이다. 여러분들이 지금 이 모습으로 피정을 마감하는 것은 지금 이 상황에서 완성된 것이고 완전한 것이고 부족함이 없다. 그에 반하는 생각이 올라오면 유혹이라고 판단하고 물리칠 일이다.

다음으로 유념할 것은 영신수련 피정을 마쳤다고 해서 그것이 그대로 영적 성장에로 이어져 가는 것은 아니다. 한 달 피정까지 했으니 이제 내 영혼아 앞으로 5년은 편히 쉬어라, 하면서 쉴 수 있는 게 아니다. 이제부터가 시작이다. 피정을 통해 영적 성장을 향한 뿌리를 내리기 시작했고 조그만 싹 하나를 틔운 것에 지나지 않는다. 가꿔 나가야 한다. 그러기 위해 무엇보다 필요한 것은 매일 한 시간씩 기도하는 것이다. 기도를 계속해 나가지 않으면 피정 중에 받았던 은총은 채 열매 맺기 전에 나무에서 땅에 떨어져 썩어버리고 말 것이다.

더불어 함께해 나가지 않으면 안 되는 것은 의식 성찰이다. 바로 이 의식 성찰 작업이야말로 '사랑을 얻기 위한 관상'을 위한 수련이다. 내 삶의 전체를 통해 하느님의 현존과 활동을 읽어 들이는 작업이기 때문이다.

피정을 마치고 나가서 피정 동안 받았던 은총이나 영적 체험들에 대해 무용담 늘어놓듯이 다른 이들에게 떠벌리는 것은 금물이다. 설혹 피정 나눔의 시간이 있더라도 대체적이고 일반적인 사항들을 언급하며 나눌 일이지 개인만의 깊은 영적 체험은 성령과 여러분의 몫으로 남겨놓을 일이다. 다만 영적 지도를 받고 있는 이라면 영적 지도자에게는 나누는 것이 좋고, 그럼으로써 함께 한 차원 더 높은 진전을 이뤄냄이 좋다.

사이사이에서도 비슷한 문맥의 내용들을 언급해 왔지만, 피정하는 이들이 영신수련 피정을 마치고 나가도 세상은 하나도 변하지 않은 채 그대로 있다. 어쩌면 피정에 들어오기 전보다 더 나빠져 있는지도 모른다. 그동안 밀려 있던 일들이 더 어렵게 꼬인 채 다가올 수도 있고, 가족이나 공동체 안에서의 인간관계들도 기대보다 더 안 좋을 수도 있다. 그럼에도 불구하고 이젠 그런 것들에 의해 휘둘리지 않게 되었다. 그렇게 되길 바란다. 세상은 하나도 바뀌지 않았음에도 여러분 자신이 바뀌었기 때문이다. 그것도 여러분이 무슨 덕에 있어 큰 진보를 이뤄 세상의 그런 것들을 끌어안을 정도로 성숙했기 때문이란 말이 아니다. 그저 세상을 바라보는 눈이 바뀌었을 따름이다. 그러자 세상이 몽땅 변해 버렸다.

끝으로 기도 자료에 대해 좀 언급해 두고자 한다. 먼저 영신수련 피정을 마치고 나가면 바로 다른 기도 자료들을 가지고 기도하지 말고, 피정 때 작성해 뒀던 기도 성찰 노트를 가지고 읽어 나가면서 머물고 싶은 데 머무는 식으로 피정 전체를 되새김질하는 기도를 당분간 했으면 한다. 어떤 의미에선 피정 기간 동안 잔뜩 먹기만 했고 아직은 충분히 소화시켜 자신의 피와 살로 만들 여유가 없었을지도 모르기 때문이다. 한 달 피정을 한 경우 같으면 적어도 1주일 이상을 피정 되새김 기도를 하는 것이 바람직하다.

이 기간이 끝나면 평소의 기도 생활로 돌아가는데, 매일매일 기도 자료를 바꿔가면서 기도하는 것은 피했으면 한다. 피정 기간 동안 충분히 체험했을 줄로 안다. 반복기도가 얼마나 중요한가 하는 점에 대해. 단 한차례의 기도만으로 영적으로 만족할 정도의 열매를 맺기는 쉬운 일이 아니다. 적어도 두세 차례 반복하는 가운데 깊은 맛을 보게 되고 그것이 영혼을 살찌우게 된다. 따라서 일상 중에 기도할 때도 이런 식으로 할 일이다. 하나의 주제를 가지고 이삼 일 혹은 삼사 일 계속해서 기도해 영적 만족을 느끼게 되면 다음 기도 주제로 넘어간다. 이런 면에서 매일미사 책을 가지고 그날그날의 복음을 기도해 나가는 것은 수박 겉핥기에 그칠 위험이 대단히 많다.

그리고 기도 자료도 성경 일변도에서 벗어날 필요가 있다. 특히 수도자 같으면 종신서원을 했거나 영적 여정을 비교적 오랫동안 걸어온 이들 같으면 성경뿐만 아니라 자기 자신의 구체적 삶을 가지고 기도하는 것도 소홀히 해선 안 된다. 어떤 면에선 오히려 성경보다 자신의 삶을 가지고 기도하는 비중이 더 커야 한다. 계속해서 성경만 붙들고 있으면 기도의 신선감이 사라지고 이전에 했던 기도 체험이나 다른 이들로부터 들었던 해석 따위를 복습하는 차원에 머물러 버릴 위험이 많다. 우리가 결국 성경을 가지고 기도하는 것도 궁극적으로는 그에 비춰, 바로 구체적인 내 삶 안에서 하느님을 뵙고 알아듣고 찬미하고 경배하기 위함이고 내 스스로가 구원되지 않으면 안 되는 것이기 때문에, 자신과 자신이 처해 있는 상황에 대한 이해는 대단히 중요하다. 그래야만 비로소 두 발을 땅에 굳건히 딛고 서 있되 두 눈은 하늘을 향해 있는, 영적인 사람의 자태가 나올 것이다.

부록 1
'원리와 기초'에 대한 단상

들어가며

영신수련 23번의 '원리와 기초'는 영신수련의 역동적 흐름의 전체를 관통하는 원리요 기초다. 하기야 어떻게 영신수련만의 원리요 기초이겠는가. 우리의 삶 자체 내지 영적 여정의 원리가 되고 기초를 이룬다고 볼 수 있다.

사실 이 원리와 기초에 묘사된 내용은 이냐시오 성인이 회심한 후 만레사 동굴에서 체험했던 큰 깨달음의 정수다. 하느님에 대한 이해, 예수 그리스도에 대한 이해, 인간에 대한 이해, 자연에 대한 이해 그리고 이 세상에 대한 이해가 녹아들어 있다. 단순한 신학적 이론을 정리해 놓은 것이 아니다. 그런 의미에서 선사들이 깨달음을 얻었을 때 남겼던 오도송(悟道頌)과 같다. 동양의 선사들이라면 다분히 시적으로 표현했을 터인데 서구 사람답게 조목조목 논리적으로 서술하는 형태를 취했을 따름이다.

하느님에 대한 관(觀)에 있어서 조금의 차이가 인간에 대한 이해의 차이를 불러오면서 실제 삶의 모습에서 엄청난 거리를 만들어 낸다. 따라서 원리와 기초에 대한 올바른 이해는 너무나 중요하다. 이 점에 대한 이해의 미묘한 엇갈림이 영신수련 전체의 역동적 흐름에 영향을 미칠 뿐만 아니라, 그 결과 각자의 실제 삶을 살아내는 데 있어서도 간과하기 힘든 차이를 노정하게 되기 때문이다.

이런 점에서 하느님과 인간 그리고 자연에 대한 종래의 관점들과 비교하면서 좀 더 나은, 자유와 생명에로 이끌어 줄 수 있는 이해 방식이 없는지 더듬어 보게 된다. 관점의 변화가 요청될지 모른다.

이하에서는 먼저 원리와 기초 그 자체에 대한 이해를 하고자 한다. 그러기 위해서는 어떤 시각에서 원리와 기초를 알아들어야 할 것인가가 먼저 짚어져야 할 것이므로 이와 관련하여 관점의 변화에 대해 언급하고자 한다. 그 바탕 위에서 원리와 기초에서 드러나고 있는 원리는 무엇이며 기초는 무엇인지 살펴보겠다. 원리라는 측면에서는 주로 하느님에 대한 관, 인간에 대한 관, 자연 내지 사물에 대한 관을 세우면서 서로간의 상관관계가 어떻게 움직이고 있는지 보고자 한다. 기초라는 측면에서는 그 원리가 구체적으로 꼴을 취해 드러나는 세상을 보게 되는데 중용과 '불편심(不偏心)' 그리고 마지스(magis)란 말로 주로 표현되어 왔던 부분이다.

이어서 이러한 원리와 기초가 영신수련 전체의 구체적인 흐름상에서 어떻게 구현되고 있는지 점검해 보고자 한다. 이는 우리 영혼의 구원 과정을 살피는 것이기도 하고, 온전한 깨달음을 얻어가는 과정이기도 하고, 자기 존재의 본래의 완전한 모습을 실현해 내는 것이기도 하다.

1. 관점의 변화

우리의 영적 여정에 있어서 가장 심각한 문제점을 노정시키는 것은 이원대립론적(二元對立論的) 사고방식이라고 여겨진다. 이는 모든 것을 둘로 나누고 그 둘 사이에는 우열의 대립과 갈등이 있으며, 우열로 나뉜 양자 중 한쪽만 취하고 다른 한쪽은 버리는 태도를 말한다. 서양사상의 주류를 이루고 있는 사물을 바라보는 태도다. 서양철학사는 플라톤 철학의 주석에 불과하다는 화이트헤드의 말처럼, 그리스 사상에 뿌리를 두면서 자라온 플라톤 철학과 아리스토텔레스 철학의 영향으로 서양의 사상적 흐름은 이원대립론 내지는 일원론적 태도를 뿌리 깊이 간직하고 있다. 주지하다시피 그런 철학적 사유의 틀은 그대로 신학에도 들어와 우리의 영성 생활에 심대한 영향을 미치고 있다.

교부 시대의 대표적 신학자인 아우구스티누스는 플라톤 철학에 입각해서 자신의 신학 체계를 정립했으며 현대신학의 뿌리를 이루고 있는 스콜라 신학을 정립한 토마스 아퀴나스는 아리스토텔레스 철학에 입각해서 자신의 신학 체계를 이뤄냈다. 그러다 보니 자연히 우리의 신앙 이해에도 이원대립론적 사유가 들어오지 않을 수 없게 되었다.

이런 영향은 가장 먼저 창조주인 하느님과 피조물인 인간의 분리 현상으로 나타난다. 당연히 창조주가 피조물보다 우월한 존재이며 할 수만 있다면 피조물인 인간은 하느님의 지위 내지 권능

속으로 들어가고 싶어한다. 이처럼 하느님과 인간을 쪼갤 뿐만 아니라 인간과 자연을 쪼개고, 남자와 여자를 나누고, 정신과 물질을 나누고, 영혼 내지 마음과 육체를 가르고, 선과 악을 그리고 거룩함과 속됨을 구분하며 분리시켰다. 당연히 이 대립쌍들 가운데서 전자가 후자보다 좋고 우월한 존재들이며 인간은 전자를 취하고 후자는 버리려고 덤빈다.

서양 사고의 영향을 받은 이런 관점은 동시에, 대립쌍들을 둘로 쪼갤 뿐만 아니라 그 둘은 각자 독립된 별개의 실체들로 간주한다. 일방은 타방에 대해 필연적인 존재의 상관관계를 지니지 않는다. 극단적으로는 한쪽이 없어져도 남은 한쪽이 존재하는 데 별다른 어려움이 야기되지 않는다. 그 결과, 인간을 다 멸해 버리고도 하느님은 홀로 자존(自存)할 수 있으며, 자연은 인간을 위한 도구로 전락하고, 여자는 남자의 하등존재로 있을 수밖에 없으며, 정신이나 영혼은 아름답고 고귀한데 육신은 더러운 쾌락의 덩어리일 뿐이며, 부시처럼 이 세상에서 악의 축들을 쓸어버리면 하느님의 나라가 완성될 것이라고 맹신하게 되고, 미사 참석하는 주일과 나머지 평일은 다른 논리 구조 속에서 돌아가게 된다.

허나, 이런 관점들은 존재의 실상으로부터 벗어난, 왜곡된 시각이지 않겠는가. 위에서 열거한 대립쌍들은 모두 일방이 자신의 존재 근거를 타방에 의존하고 있지 않은가. 창조주는 피조물이 있음으로 해서 창조주로서 존재할 수 있는 것 아닌가. 물론 그 역도 마찬가지다. 남자도 여자가 있음으로 해서 남자로서 존재하는 게 아닌가. 만약 이 세상에 여자는 한 명도 없고 모두 다 남자라면 이미 그 남자는 남자로서 존재하는 것이 아니지 않겠는가. 선과 악도 마찬가지다. 선이 있기 때문에 비로소 악이 존재하고, 악이 있기 때문에 그에 기대서 선이 존재하는 것이다. 세상의 모든 존재자들의 존재 원리가 이러하다.

이는 마치 음양(陰陽)의 논리와 매한가지다. 음이 없으면 양도 없고 양이 없으면 음도 없는 것이다. 음/양이 본래 구분된 두 실체로서 존재하는 것이 아니고 한 존재다. 음과 양이 중요한 것이 아니라 음과 양이 결합된 태극(太極)이 중요하다. 한 존재인 태극 안에 상반된 두 흐름 내지 두 기운이 있음을 보는 것이다.

태극 안에 음/양이 있되 별도의 독립된 두 실체가 결합되어 있는 것도 아니며, 함께 있다고 해서 둘이 뒤섞여 완전히 하나를 이루고 있는 것도 아니다. 음과 양은 엄연히 다른 존재로서 구분됨에도 불구하고, 서로는 따로 떨어져 독립된 개별자로 있는 것이 아니라 서로가 서로를 머금고 있다. 음 안에는 이미 양이 들어와 있고 양 안에는 이미 음이 들어와 있다.

이런 관점을 우리는 '이중성(二重性) 구조'라고 부르기로 한다. '이중성'이란 표현은 김형효 교수가 하이데거 철학을 해석하면서 근본축으로 삼고 있는 개념이다.[1] 하이데거는 존재가 일원론적인 것도 아니면서 이원론적인 것도 아님을 '마주 대하여 서로 바라

1. 김형효,「하이데거와 마음의 철학」, 40쪽.

봄(Aus-einander-setzung'이라고 표현한다. 화엄학에서 이야기하는 불일이불이(不一而不二)나 원효스님이 이야기하는 융이이불일(融二而不一)도 같은 맥락에 가닿아 있는 표현들이다. 데리다의 표현을 빌리면 '차연(差延)(la différance)'[2]에 해당한다. 차연이란 차이(差異)와 연기(延期) 내지 연장(延長)의 준말로서 '동(同)/이(異)'가 차이 속에서 각각 상대방의 세계에 자기의 것이 시간적으로 연기되어 있고, 공간적으로 연장되어 있음을 함의하고 있는 개념이다.

이런 관점이야말로 참된 존재의 관점으로서 성경에서 밝히고 있는 관점이기도 하다. 창세기 1장부터 2장에 걸쳐 묘사되고 있는 창조 이야기를 보면 하늘과 땅, 어둠과 빛, 낮과 밤, 남자와 여자를 지어내시면서 창조의 날이 하루씩 지날 때마다 '밤, 낮 하루가 지났다. 하느님 보시기에 참 좋았다.'고 언급하고 있다. 하늘과 땅이나 어둠과 빛이나 남자와 여자가 본래 하나의 근원에서 나온 양 모습이고, 존재자들이 존재를 획득하기 위해서는 밤만도 아니요 낮만도 아닌 밤과 낮이 한데 어우러진 '하루'가 필요했다. 낮과 밤처럼, 남자와 여자처럼 정반대되는 두 대립쌍이 하나로 결합되지 않으면 생명을, 존재를 취할 수 없기 때문이다.

2. 김형효,「하이데거와 화엄의 사유」, 95-96쪽.

2. 원리와 기초에 대한 이해의 실마리

2.1 으뜸원리로서의 사랑

앞으로 우리가 영신수련 23번의 '원리와 기초'에 대해 살펴볼 때도 철저히 이 '이중성'이라는 잣대를 가지고 들어갈 것이다.

영신수련 23번의 구체적인 원리에 대해 살펴보기 전에 23번 전체를 통괄하는 원리에 대해 언급해 두고자 한다. 이는 바로 '사랑의 원리'다. 23번을 읽어보면 사랑이라는 단어는 단 한 번도 언급되지 않는다. 함에도 23번을 관통하는 하나의 원리는 사랑의 원리임에 틀림없는 것으로 보인다. 영신수련 전체를 관통하는 하나의 핵심축이 사랑이라고 보인다.

영신수련의 역동적 흐름이 23번의 원리와 기초에서 출발해서 1·2·3·4주간을 거쳐 '사랑을 얻기 위한 관상'(영신수련 230-237번)으로 매듭지어진다고 할 때, 23번과 230-237번이라는 사랑의 큰 두 축을 중심으로 해서 1·2·3·4주간이라는 사랑의 긴 터널을 통과하는 과정이라고 볼 수 있다. 하여, 사랑이 무엇인지 제대로 깨달음을 얻고 그 사랑의 눈으로 보고 사랑의 힘으로 살아내게 된다. 사랑이 무엇인지 제대로 알아듣는 것이야말로 하느님이 어떤 분이시고 예수를 비롯한 인간이 어떤 존재인지를 제대로 알아듣는 것이 된다.

이러한 사랑이야말로 철저히 이중성의 논리 속에 싸여 있다. 사랑은 결코 홀로 존재하지 않으며 상대를 전제한다. 둘이 존재한다

해서 따로 떨어진 별개의 존재로 있는 것이 아니다. 그렇다고 사랑이라는 이름하에 둘이 섞여 하나를 이루는 것도 아니다. 둘의 차이성을 엄연히 인정하되 하나를 이룬다. 이러한 결합은 세상 속에서 계약을 체결하는 것과 다르다. 이익 창출을 염두에 두고 그 목적 달성에 도움이 되는 한에서 관계를 형성하며 함께 가는 사이가 아니다. 존재론적으로 훨씬 더 긴밀하다. 내 존재 가능성을 상대에 의지하고 있으며 상대 또한 마찬가지다. 상대가 없어진다는 것은 내가 없어진다는 것을 의미하는, 그렇게 한 몸 한 생명을 이루는 관계다. 불가에서 이야기하는 불일이불이(不一而不二)의 관계는 바로 이 사랑을 달리 표현한 것에 지나지 않는다.

따라서 사랑이 형성되어 있다는 것은 이미 내 안에 상대가 들어와 있다는 것을 의미하며 이는 동시에 나라는 자아의 죽음을 의미한다. 역시 복음의 논리대로 나의 죽음을 통해 나는 생명을 획득하게 된다. 서로가 서로에게 상감되어 들어가 있는 가운데, 그러한 받아들임과 내줌이 동시적으로 존재하는 가운데 비로소 사랑이, 생명이, 존재하게 된다.

하느님과 인간 간에, 인간 상호 간에, 인간과 자연 간에 이 사랑이 맥동하는 가운데 존재와 생명을 이뤄내고 있음을 깊이 알아들음으로써 사랑의 그 아름다움을 찬미하게 되고, 그 사랑을 더 깊이 사랑함으로써 사랑을 공경하게 되고, 사랑하는 만큼 철저히 그 사랑을 키워 나가고자 하는 열망에 불타는 가운데 사랑에 봉사하게 된다.

영신수련 둘째주간에서 예수님에 대한 내적 앎을 심화시키는 가운데 더욱더 그분을 사랑하고 따라가고자 하는 은총을 구하도록 촉구하고 있는 것(영신수련 104번)도 바로 이 흐름을 가리킨다.

이러하기 때문에 23번을 읽을 때 무슨 교리적 지식을 나열해 놓거나 신학적 이론을 서술해 놓은 것으로 알아들으면서 맥없는 표정을 지어선 안 된다. 이 부분이야말로 이냐시오 성인이 사랑이 무엇인지, 사랑은 어떤 관계를 맺으며 어떻게 움직여 나가는지에 대한 확연한 깨달음을 읊조려 놓은 것이기 때문이다. 사랑을 알고 사랑을 살아내는 인간이 어떻게 머리로 지적 놀음이나 하고 있겠는가. 23번의 구절구절 속에 뜨거운 사랑의 피가 흐르고 있음을 감지하며 그 사랑을 통한 생명의 용솟음을 포착해 내야 할 것이다. 이러한 생명과 사랑의 기운의 움직임의 시작이 영신수련을 진행시켜 나가는 실마리가 된다.

2.2 '원리'와 '기초'로 나눔

영신수련 23번의 타이틀이 드러내듯 이 부분은 원리와 기초로 나뉘져 있다. 영신수련 전체를 관통하는 원리로서 하느님에 대한 관, 인간에 대한 관, 자연에 대한 관 그리고 상호간의 관계성 및 관계 안에서의 행동 원리에 대해 전반부에 언급하고 있다. 이어서 그 원리가 구체적인 살을 얻어 형태를 띠고 일어나는 현상계의 움직임에 대해 언급하고 있다. 보통 불편심과 마지스라고 논급되는 부분이다.

원리는 구체적 살을 취하지 않으면 공허하다. 동시에 구체적인 기초는 일정한 내적 원리를 지니지 못하면 제대로 존립할 수도 성장할 수도 없다. 그래서 원리는 기초 속에 녹아 들어가야 하며 기초는 논리를 내포하지 않으면 안 된다. 물론 여기서도 원리와 기초는 이중성의 논리에 입각해 있다. 설명의 편의와 인식의 순서를 위해 원리와 기초로 나눠볼 뿐이지 본래 두 물건이 아니고 한 물건일 따름이다.

이러한 원리와 기초의 상관관계는 주자학이나 성리학에서 이야기하는 리(理)와 기(氣)의 관계로 읽어 들일 수도 있을 것이다. 원리에서 존재의 신비와 무(無)의 계열을 바라본다면 기초에서는 현상계와 유(有)의 계열을 바라보게 된다. 여기서 리와 기의 상관관계에 대해 상론할 계제가 못되고 유학자들 간에도 첨예한 논의의 대립이 있지만, 적어도 우리의 시각에선 리와 기를 한 물건으로 보면서 이중성 구조 안에서 통합적으로 이해할 수 있다고 본다.[3]

여기서 또한 한 가지 놓치지 말았으면 하는 점은 원리와 기초를 이어주는 매개자로서 '사람'이 놓여 있다는 사실이다. 원리와 기초의 틈 내지 빈 곳을 사람이 메우면서 하나로 통합시켜 내고 있다. 원리와 기초가 숨 쉬고 있는 그 사이에 사람이 탄생하고 자리잡고 있다. 사람이, 하느님이, 원리와 기초를 자신 안에 내함(內含)하고 있고 그것은 곧 사랑의 존재요 활동이다.

3. 리와 기의 상관관계 내지 통일적 이해에 대해서는 김형효 교수의 「원효에서 다산까지」를 참조함이 유익하다. 특히 371-504쪽 율곡의 관점이 훌륭하다고 생각된다.

철저하게 사람 중심적이다. 물론 여기서 인간 중심적이라고 해서 가볍게 인본주의 정도로 알아들어선 안 된다. 하느님과의 상관관계 속에서 자리매김되어진, 참된 인간이 중심 개념으로 떠오르고 있는 것이다. 이런 점에서 영신수련은 예수 그리스도 중심적인 흐름이 주악상을 이루고 있다고 봐도 무방하리라. 또한 이런 사실은 영신수련의 중요한 목적 중의 하나인 하느님의 뜻을 식별하고 선택하는 문제를 둘러싼 움직임과도 그 결을 같이한다. 하느님의 뜻을 식별하고 선택하고자 할 때 문제가 된 사안에 대해 하느님 당신 자신의 의향이 어떠한가를 묻는 것에 초점이 놓여 있는 것이 아니라, 선택을 해야만 하는 상황에 놓인 그 사람이 어떤 선택을 하기를 원하시는가에 대한 하느님의 뜻을 찾는 데 초점이 놓여 있기 때문이다.[4]

3. 구체적인 원리들

3.1 하느님에 대한 관觀

이냐시오 성인은 23번에서(지금부터 번호만 언급되는 것은 「영신수련」 책의 단락번호를 가리킨다) 하느님에 대한 구체적이고 직접적인 언급 내지 묘사를 하지 않고 있다. 단지 사람이 '주 천주'를 찬미

4. Jules J. Toner, S.J., *Discerning God's Will*, 45-69쪽 참조.

하고 공경하고 그분께 봉사해야 한다고만 언급하고 있을 뿐이다.

그런데 이 점이야말로 대단히 깊은 암시를 던지고 있으며 우리의 성찰의 근원적인 지평을 열어 보인다고 생각된다. 아무런 언급이 없는 이 사실이 실은 가장 중요한 사고거리로 등장하는 역설인 셈이다. 더불어 이 대목이야말로 이냐시오 성인이 회심의 과정에서 맛본 그 신비의 깊이를 가늠해 볼 수 있게 해준다. 나아가 삼위일체이신 하느님 체험을 하고서도 구체적 서술을 한껏 자제했던 모습과도 연결되는 것으로 보인다.

결론부터 서둘러 말한다면 이냐시오 성인은 무(無)로서의 하느님을 깊이 알아들었음에 틀림없다. 유물(有物)적인 존재자 중심에서만 바라보는 하느님이 아니라, 존재자의 근원을 이루는 존재로서의 하느님, 유/무를 동시에 내함(內含)하면서 초월하고 있는 존재로서의 하느님을 바라보고 있었다.

그러다 보니 함부로 하느님의 속성에 대해 묘사하거나 하느님의 존재와 활동에 대한 개념적 서술을 할 수가 없었다. 언어로 표현하다 보면 그 언어에 사로잡혀 버릴 위험이 있으므로. 달을 가리키는 손가락을 보면서 달이라고 착각하는 이중의 오류를 범할 위험이 느껴졌으므로.[5]

---

5. 어떤 면에선 상식에 속할 것 같기도 하고, 한편으론 여기서 그런 구체적 내용까지 일일이 다룬다는 것이 번거로워 넘어가기로 하지만, 종래의 하느님 속성과 관련된 일련의 내용들 곧 창조주이신 하느님은 전능하시고, 불변(不變)이시고, 완전하시고, 절대자이신 분이란 언급에 대해선 좀 더 깊이 있는 사색이 요구된다. 그런 하느

저간의 우리의 주된 흐름을 보면 창조주로서의 하느님이라는 이미지가 강조되다 보니 철저히 유(有) 중심으로만 세상을 바라보는 병폐에 떨어지고 말았다. 무(無)에서 유를 창조해 내신 하느님이고 유의 아름다움을 찬미하다 보니 무라는 것은 혼란이요 유의 결핍이요 아름다움과 가치에 있어서 한 수 처지는 것쯤으로 알아듣게 되었다.

하느님에 대한 인식에 있어서 이런 태도는 구체적인 우리의 일상 삶에 있어서 지대한 영향을 끼친다. 개똥밭에 굴러도 이승이 낫다는 식으로 죽음이 아닌 살아 있는 생명에 과도한 집착을 나타내고, 무식이 아니라 앎과 지식이 중시되고, 건강과 명예 그리고 부에 대한 맹목적인 헌신을 나타낸다.

동시에 하느님을 유 중심의 존재자 차원으로 끌어내리다 보니 이 세상의 고통이나 악에 대해 이해할 수 없는 황당함만 맛볼 뿐만 아니라 하느님의 존재나 사랑에 대해 극히 의심스러운 눈초리를 보낼 수밖에 없다. 그저 인간들이 상대적 지평에서 좋다고 생각한 그 모든 것들의 극대점으로서 하느님을 알아듣다 보니, 인간 삶 안에서 벌어지고 있는 어둠이 갖는 의미들을 전부 놓쳐버리고 만다. 종국에는 하느님 당신 자신을 놓쳐버리게 되고 자신마저 놓

님관의 연장선상에서 인간을 바라보면서, 인간이란 능력에 있어 한계가 있을 뿐만 아니라 변덕스러운 가변(可變)적 존재이고, 불완전하기 짝이 없으며, 상대적인 열등한 존재에 불과하다는 인식이 우리의 신앙생활뿐만 아니라 인생 여정에 미치고 있는 어려움은 자못 심대하기 때문이다.

쳐버리게 된다.

허나 우리가 이중성의 구조라는 틀 안에서 사유하고자 하듯이, 유(有)와 무(無)를 어떻게 별개의 독립된 실체로 알아들을 수 있겠는가. 무야말로 유를 낳는 자궁이요 모태이지 않겠는가. 유는 자신의 존립 근거를 무로부터 취하고 있지 않은가. 유는 무의 잠재적 아름다움을 가능태에서 현실태로 바꿔놓은 것에 다름 아니다. 유가 유 자체로서의 아름다움을 간직하고 있는 것이 아니라, 유는 오히려 무의 아름다움을 드러내고 있는 것이다. 유는 무가 있기 때문에 비로소 자신의 아름다움을 드러내고 소유할 수 있게 된다.

한밤중의 하늘 속에 떠 있는 별과 달의 아름다움은 오히려 깜깜한 밤의 어둠이 갖고 있는 신비와 아름다움을 드러내고 있는 것이 아닌가. 깜깜한 밤하늘은 곧 허공이요 무(無)인 것이다. 하느님 또한 그 존재와 활동이 저 깜깜한 밤하늘처럼 비어 있는 허공이요 무이지 않은가. 그렇다고 무(無)라고 해서 글자 그대로 아무것도 없는 텅 빈 허무이지는 않지 않은가. 세상의 온갖 만물의 아름다운 존재들이 밤하늘의 별과 달처럼 무(無)인 하느님의 현존을 드러내어 보여주지 않는가.

이처럼 유/무를 함께 지닌 하느님을 바라볼 때 비로소 삶과 죽음 그리고 선과 악의 문제들을 제대로 알아들을 수 있게 될 것이다. 또한 사람에 대한 이해도 균형을 잡게 될 것이며, 사물들을 향한 불편심(不偏心)이 왜 요청되는지를 알아듣게 되고 살아낼 수 있게 될 것이다.

하느님에 대한 관을 바로잡는 것이야말로 우리 영성 생활의 첫 단추에 해당하는 것인 만큼, 철저히 유 중심의 하느님관을 붙들고 있으면서, 불편심을 살아내고 죽어야 살 것이라는 복음적 진리를 소화해 낸다는 것은 불가능하다. 현실과 이상의 틈바구니에서 끊임없는 갈등과 투쟁만 겪을 뿐이다. 이는 내적 분열을 야기하게 되며, 이처럼 한집안이 서로 갈라져 싸우게 되면 망하게 되는 법이다.

3.2 사람에 대한 관觀

사람에 대한 이해에 있어서는 무엇보다도 먼저 사람이 완전한 존재임을 깊이 자각하도록 초대하고 있음을 깨닫는 것이 중요하다. 이냐시오 성인은 '…방해가 되면 그만큼 배척해야 한다', '…중용을 지녀야 할 것이니…', '…사물만을 원하고 선택해야 한다.' 등으로, '…을 해야만 한다.'는 당위적 요청을 하고 있다.

그런데 이러한 당위적 요청은 반드시 존재론적 요청이 선결과제로 해결되지 않으면 안 됨을 알아야 한다. 날개가 없는 인간더러 나는 모습이 아름답고 좋다고 해서 새처럼 날아보라고 요구할 수 없지 않은가. 중용을 지키며 불편심을 유지한 채 살아낼 수 없고 죄에 의해 인간의 본래적 모습이 망가져 있다면, 그 결과 그렇게 살아내기 위해서는 대단한 의지력을 갖추지 않으면 안 된다고 한다면, 어떻게 사람들에게 그렇게 중용의 모습을 취하면서 자신을 최고 목적에로 인도하는 사물만을 택하라고 요구할 수 있겠는가.

우리 인간은 원죄를 비롯하여 온갖 죄에 물들어 있음으로써 늘 죄악 속에 허덕일 수밖에 없는 그런 파괴된 존재가 아니다. 오히려 23번에서 묘사되어 있듯이 중용을 지키며 자신을 최고 목적에로 인도하는 사물만을 택하는 가운데 주 천주를 찬미하고 공경하며 봉사할 줄 아는 모습이 본래의 존재 모습이다. 자신의 이러한 본래 모습을 여실히 알아들음으로써 비로소 현실 세계에서 중용을 취하며 본래 목적대로 살아갈 수 있게 된다. 무슨 의지력 테스트하듯 의지의 한국인이라야 살아낼 수 있는 게 아니다.

대번에 반박이 나올 것이다. 현실적으로 살아가고 있는 이들의 모습을 보면 23번에서 묘사되고 있는 모습과는 전혀 다르지 않느냐고. 그렇다. 그러나 여기서 비로소 사람에 대한 이해를 새롭게 하지 않으면 안 될 국면에 처하게 된다.

나 자신을 알아듣고 다른 사람들을 알아들음에 있어서 겉으로 드러나는 그 모습만이 전부인 양 또는 참된 모습인 양 알아들어서는 안 된다. 우리는 늘 각자를 개별적으로 독립된 존재로서만 알아들으며 서로의 다름만 봐왔기 때문에 자신의 전체적인 온전한 모습을 알아듣는 데 실패했다. 같은 수도회의 구성원이라고 하더라도 어디까지나 나는 나고 너는 너로서 독립된 개별자일 따름이다. 다만 주님을 중심으로 같은 목적으로 모여 있을 뿐이다. 그래서 훨씬 더 깊은 존재론적 차원에서 서로가 완전히 결합되어 한 존재, 한 몸을 이루고 있음을 보지 못할 뿐만 아니라 궁극적으로는 자기 자신 안에 온 인류 전체가 들어와 있음은 더더욱 알지 못한다.

사람이란 그저 의식 차원에서 자신을 자신이라고 알아듣고 있는 그런 단순한 존재가 아니다. 한 사람 한 사람 안에는 태곳적부터의 인류의 역사가 다 들어와 있으며, 전 인류가 다 들어와 있다. 그런가 하면 모든 이들의 집합체 안에 하나의 존재, 하나의 생명, 한 분이신 그리스도가 있다. 부분이 전체를 이루고 전체가 부분을 이루는 논리다.[6] 의상대사가 화엄일승법계도에서 이야기하는 '일중일체 다중일(一中一切 多中一)'의 존재 구조도 바로 이 점을 가리키고 있다.

이러한 존재의 참된 모습을 하이데거 식으로 표현한다면 '현존재(現存在 : Dasein)'에 해당할 것이다.[7] 하이데거는 존재자와 존재를 철저히 분별하고 있는바, 우리가 23번에서 알아듣는 인간의 본래 모습이란 존재자가 아니라 존재로서 알아들어야 한다. 물론 존재자와 존재도 둘이 아니고 하나이긴 하지만, 통상 우리가 그러하듯 존재 개념을 도외시한 채 존재자만이 전부인 양 알아듣는 그

6. 김상일 교수는 이러한 논리를 E형 논리라고 하면서, 아리스토텔레스의 논리 개념에 터 잡은 종래의 전통적인 서구 논리인 A형 논리와 대비하고 있다. 이 점에 대해 상세한 논의는 「동학과 신서학」, 21–38쪽 참조.

7. 김형효 교수는 현존재를 '가까이에 현시(現示)되어 있는 존재'의 약어로 파악하고 있다. 여기서 현존재에 대해 상론할 계제가 되지 못하거니와, 관심 있는 이는 김 교수의 「하이데거와 마음의 철학」, 57–83쪽 참조. 실은 이 책 전체가 현존자에 대한 분석이라고 해도 과언이 아니다.

런 맥락에서 인간을 존재자로 파악해서는 안 된다는 말이다. 존재를 내포한, 더 정확하게는 존재가 자기를 드러낸 모습으로서의 인간 이해가 긴요하다. 우리는 여기서 비록 논의의 거침이 있긴 하지만 존재 내지 현존재를 하느님 내지 그리스도의 드러남으로 알아들어도 무방하리라고 본다.

김형효 교수는 현존재를 유식학의 관점을 빌려 '마음'으로 해석한다.[8] 물론 여기서의 마음이란 단순히 심리학적 대상으로서의 마음을 가리키는 것이 아니라 의식과 무의식을 포함한 인간 존재의 본래성을 지칭한다. 그럴 때 이 마음이란 양명학에서 이야기하는 양지양능(良知良能)과도 상통한다. 하느님을 닮아 인간 존재란 이렇게 올바른 지혜를 알아듣고 행할 힘을 본래부터 갖추고 있는 존재들이다. 적어도 원리와 기초에서 바라보고 있는 인간상은 바로 이런 이미지를 염두에 두고 있다.

이처럼 인간을 존재 내지 하느님의 드러남으로써 알아듣는다면, 존재 내지 하느님이 각 존재자들을 내포한 전체로서의 완전성을 띠고 있는 것처럼 인간 또한 완전한 존재라고 이야기할 수 있게 된다. 물론 이는 인간을 각자 떨어져 있는 개별자요 독립된 존재로서 바라보는 것이 아니라, 전체로서 하나를 이루고 그 존재론적 특성이 각 존재자 안에 스며들어와 있다는 관점에서 바라볼 때 가능해진다.

8. 김형효 교수의 「하이데거와 마음의 철학」 전권이 마음에 대한, 현존재에 대한 성찰이긴 하지만, 특히 마음과 현존재의 상관관계에 대해서는 426-436쪽 참조.

이 관점 위에 설 때 비로소 각 개별자로서 드러나는 온갖 약점과 결점 그리고 죄스러움에도 불구하고 자신을 완전한 존재로 바라보는 가운데 존재의 완성을 향해 걸어갈 수 있는 발판을 형성할 수 있게 된다. 약점이나 죄스러움들이 우리를 짓누르는 억압기제로 작동하는 것이 아니라, 어둠과 밝음을 함께 지닌 전체적 모습을 바라볼 수 있게끔 이끄는 통로가 되며, 자신뿐만 아니라 다른 이들까지 함께 바라보며 공동 존재를 이루고 있음을 알아듣게 만든다. 이냐시오 성인은 인간이 자신의 완전한 본래성을 깊이 알아듣고 살아내는 모습을, 중용의 자세로 불편심을 지닌 채 자신을 최고 목적에로 인도하는 사물만을 택하면서 걸어가는 모습으로 묘사하였다.

덧붙여 우리는 데리다의 차연(差延)의 관점에서 인간의 실존 모습을 좀 더 명확하게 알아들을 필요가 있겠다. 므든 인간이 단 한 명도 같은 사람이 없이 '차이'를 드러내고 있다. 모두 다른 존재다. 함에도 그들은 개별적으로 따로 노는 존재자들이 아니라 철저히 하나로 연계되어 있는 존재다. 삶과 죽음이라는 존재를 함께 하고 있는 존재자들인 것이다. 다른 이는 나의 연기(延期)요 연장(延長)인 것이다. 그렇게 하나로 연결되어 있다.

단 한 명도 같은 이가 없는 철저히 다른 '차이(差異)'를 통해 각자는 중심으로부터 벗어나려는, 생명을 확산시켜 나가려는, 더 큰 창조 활동을 하려는 원심력 운동을 한다. 허나 이는 구심력에 의해 지탱되지 않으면 차이로부터 오는 분열과 더불어 원리 없는 팽

창만을 향해 치달리면서 급기야는 전체적 폭발과 괴멸로 끝난다. 따라서 중심에서 벗어나려는 움직임과 동시에 중심을 향해 응집하고 통합을 이루며 하나를 형성하고자 하는 강한 구심력 운동이 필수적으로 요청된다. 이 운동 방향을 가리키는 것이 시간적으로 연기(延期)요 공간적으로 연장(延長)이다.

이처럼 서로 다른 사람들이 각자 떨어져 있는 이 거리만큼, 그 차이만큼, 비어 있는 그 공간에서, 그 사이에서, 무(無)라고 이야기할 수 있는 그 잡히지 않는 곳에서, 실은 모든 인간들이 탄생하고 창조되고 있는 것이다. 차이와 구별을 중시하며 각각 떨어져 나가려는 그 사람들을, 그 사람들을 탄생시킨 보이지 않는 그 '사이'가, 그 빈 곳이 그들을 하나로 묶어 연동시키고 있다. 보이지 않고 잡히지 않는 우리들 사이의 그 허적이 실은 우리 각자를 낳은 산모요 우리가 태어난 자궁이다. 그 산모인 마음이, 현존재가, 존재의 근원자리가, 하느님이, 그렇게 모든 존재자들을 하나로 품고 끌어안고 꺼지지 않는 생명을 키워 나가고 있다. 그 구도 안에서 모든 사람들이 한 몸을 이루고 한 생명을 유지하고 있는 것이다. 이 사실에 제대로 눈뜰 때 비로소 삶의 현실에서 세상적 욕심에 사로잡히지 않고 중용과 불편심을 지키며 오직 생명을 키워 나가는 데만 관심과 열정을 쏟을 수 있는 발판이 형성된다.

3.3 자연에 대한 관觀

이냐시오 성인은 우주 안에 사람을 제외한 그 모든 존재자들은 사람이 조성된 목적을 달성하는 데 도움이 되기 위한 것이라고 언명하고 있다. 혹자는 이 표현을 두고 사람만을 귀하게 여기고 자연을 천시하는, 인간의 오만한 자세가 아니냐고 거부감을 느끼기도 한다. 허나 그건 이냐시오 성인의 본의를 오도한 것이다. 이냐시오 성인이 곧잘 밤하늘을 올려다보며 기쁨과 신비를 누렸다는 사실이 말해 주듯, 자연을 얼마만한 사랑의 눈으로, 고마움의 눈으로 바라보고 있었는지 상기할 필요가 있다.

다른 인간들이 그러했던 것처럼 자연 또한 인간이 자신의 본래성을 알아듣고 회복해 가는 데 있어서 없어서는 안 되는 존재임을 이냐시오 성인은 깊이 자각하고 있었다. 인간 존재의 본래의 완전한 모습을 제대로 알아듣기 위해서는 인간만으로는 부족하다. 곧 한 명의 인간 안에는 전 인류만 들어와 있는 것이 아니라 우주의 모든 피조물까지 다 들어와 있다. 이런 의미에서 인간이 자신의 완전성을 알아듣는 데 땅 위의 모든 존재자들은 필수불가결하게 요청되지 않을 수 없다. 사실 사람들뿐만이 아니라 그 모든 피조물들이 하나로 연결되어 있는 가운데 하나의 생명, 하나의 몸을 형성하고 있는 것이 존재론적 사실이다.

이 세상이 한 편의 장엄한 드라마라는 생각을 곧잘 한다. 온갖 아름다움과 추함 그리고 선과 악, 기쁨과 고통이 뒤범벅되어 전개되고 있는 드라마. 모든 인류가 배우들이고 땅 위의 온갖 것들이 드라마를 위한 소품들이다. 배우는 그때그때 작품에 따라 온갖 배역을 다 한다. 실연으로 인한 깊은 좌절을 겪기도 하고, 중병으로 시달리기도 하고, 사랑하는 가족을 잃고 슬픔에 빠져들기도 하고, 때론 행복에 겨워 어쩔 줄 몰라 하기도 한다. 함에도 배우는 그 배역에서 빠져나와 실제 세계로 돌아가면 드라마상에서 자신이 처했던 상황에 의해 영향을 받지 않는다. 다만 참된 배우는 자신의 실제 생활에서뿐만 아니라 드라마상에서도 혼신의 힘을 다해 연기한다. 드라마가 마치 현실인 듯.

또한 드라마는 자기 혼자 만들어 내는 것이 아니다. 다른 등장인물이 함께 어우러져야 하고 드라마에 필요한 소품들도 있어야 한다. 각 배우의 배역과 연기는 다른 배우의 배역과 연기 그리고 소품들과 철저히 하나로 연계되어 있지 않으면 안 된다. 그럴 때 배우 전체가 소품 전체와 더불어 하나의 완전한 드라마를 창조해 낸다. 그렇게 철저히 하나로 연결되어 있는 관계성 구조를 떠올리면, 각 배우 안에 드라마 전체가 들어와 있다고 보지 않을 수 없다. 부분 안에 전체가 들어와 있는 셈이다. 실체 중심적 사고에 떨어져 있으면 각 배우와 소품들은 비록 한 편의 드라마를 연출할망정 자신의 존재가 독립되어 있겠지만, 관계 중심적 사고에서 보면 철저히 존재론적으로 하나로 연결되어 있다. 한 명의 배우를 없애면, 하나의 소품을 없애면, 드라마 전체의 완전성에 흠집이 생긴다.

드라마에 대한 이러한 비유는 마치 한 판의 커다란 퍼즐과도 같다. 퍼즐 조각 하나하나는 한 명 한 명의 배우요 소품이다. 퍼즐 조각은 반드시 자기 안에 다른 조각을 받아들일 준비가 되어 있다. 다른 말로 하면 다른 존재가 들어와 자신의 빈 곳을 채워주지 않으면 자신의 존재가 완성되지 못한다. 그렇게 서로 다른 모든 퍼즐 조각들이 하나로 이어져 묶여졌을 때 비로소 한 판의 완전한 퍼즐이 만들어진다. 이때도 역시 전체 퍼즐의 아름다운 구도상에서 보면 있으나마나한 듯해 보이는 퍼즐 한 조각마저도 빠지게 되면 전체 퍼즐의 완전성을 해치게 된다.

인간 존재의 본래 모습을 알아들어야 할 장면이 이와 비슷하다. 인간들이 삶의 와중에서 온갖 슬픔이나 고통을 체험한다고 해서 자신의 본래 모습이 조금도 영향을 받지 않는다. 마치 배우가 드라마상에서 온갖 체험을 한다고 해서 자신의 실제 세계에 돌아왔을 때 그 드라마로부터 영향을 받지 않듯 말이다.

이다 인간들은 모두가 하나의 유기적 조직체를 이루어 자신의 완전한 본래의 모습을 구현해 내고 있다. 당연히 이 조직체 안에 사람을 제외한 다른 피조물까지 모두 하나로 들어와 있다. 이렇게 이루어진 완전한 본래의 모습을 하이데거의 표현을 빌려 현존재(現存在)라고 할 수 있다. 또는 그것이 하느님의 모습이고 하늘나라의 모습이라고 할 수 있다. 예수님이 하늘나라는 우리들 사이에 있다고 하신 그 언명처럼. 우리 각자의 구체적인 모습들은 현존재라는 하나의 완전한 드라마가 배치해 준 배역이다.

세상 속의 텔레비전 드라마도 그 안에 온갖 갈등과 긴장을 넘어서면서 하나의 대화합을 이뤄낼 때 카타르시스를 맛보며 즐거워하듯, 구체적인 우리 현실이라는 이 드라마 안에도 온갖 밝음과 어둠이 교차하고 있으면 선과 악의 윤무가 펼쳐지고 있다. 그러는 가운데 상반된 양자들을 통합한, 한 차원 높은 생명과 사랑을 꽃 피워 낼 것이다. 현존재의 신비와 아름다움은 거기에 있다.

4. 원리가 펼쳐지는 장(場)으로서의 '기초'

이냐시오 성인은 영신수련 23번 후반부에서 전반부에 다뤘던 원리들이 구체적으로 펼쳐지는 현실 세계에 대해 언급하고 있다. 하느님과 인간과 사물들에 대한 참된 자리매김의 원리들이 구체적 현상계 안에서 어떻게 펼쳐지고 있으며 펼쳐져야 하는지를 보여주고 있다. 구체적으로 우리의 몸을 중심으로 한 건강 문제가 대두되고, 재물의 소유 관계가 얽혀들고, 심리적이고 정신적인 상관관계들이 휘돌고 있으며 급기야는 삶과 죽음의 문제에 다다르는 현실 세계를 바라보고 있다.

여기서 이냐시오 성인은 만물에 대해 중용을 취할 것을 요구하며 불편심의 자세를 견지하도록 촉구하는 가운데 자신의 존재 목적에 최선인 길을 택하라고 한다. 현실 세계 안에서 그리고 우리 각자 안에서 얼마만큼 불편심을 잃고 있는지는 너무도 잘 알고 있다. 건강에 과민하게 신경 쓰고 소유욕에 불타고 명예를 죽기만큼 소중히 생각하고 오래 살고 싶어 안달이다. 그리고 이런 움직임을 인간인 이상 당연한 것으로 여긴다. 함에도 이런 편중된 성향이 여러 가지 스스로의 내면에서 불협화음을 조성할 뿐만 아니라 공동체나 사회 안에서 온갖 갈등과 긴장, 나아가서는 고통과 악을 조장하고 있는 것도 보고 있기에 이를 조절하려고 애쓴다. 그래서 예를 들면 23번에 나오는 그런 원리 속에 묘사된 것과 같은 인간의 본래의 모습을 회복시켜야 한다는 당위 의식에 빠져들면서, 어쩌면 본성이라고까지 말할 수 있는 내면의 편중된 움직임에 균형을 잡으려고 의지의 칼날을 갈기 시작한다. 본래의 모습이라고 상정된 그것이 옳음을 인식하고 의지력으로 완수해 내려고 하는 것이다. 그러나 결과는 대단히 불만족스럽다. 거의 실패고 쌓이는 것은 자책감을 수반한 참담함이다.

이런 상황에서 우리에게 진정 요구되는 모습은 의지력을 강화시키는 것이 아니라 온전한 깨달음을 얻는 것이다. 원리들에서 묘사되고 있는 인간 모습이나 자연의 모습, 더 나아가서는 하느님의 모습을 그저 옳다고 쉽게 받아들일 것이 아니라 참으로 그러한지에 대한 존재론적 깨달음이 있어야 한다. 인간이 어떻게 다른 존재자들과 하나를 이루고 있는지, 자신이 어떻게 참된 존재인 현존재의 드러남인지, 자신 안에 어떻게 밝음과 어둠 내지 선과 악이 함께 있는 가운데 생명과 존재의 완성을 이뤄내고 있는 것인지에 대한 깨달음이 온전하면 할수록 그만큼 사물들에 대해 저절로 중용의 자세를 취하게 될 것이며 불편심의 태도로서 자신을 최고 목적에로 인도하는 길만을 좇아가게 될 것이다. 참으로 우리의 영적 여정에 있어서는 그저 눈 맑게 뜨고 똑바로 볼 일이지 어금니를

깨물며 혈서를 쓰고 앉았을 일이 아니다.

사물들에 대해 중용을 취하는 것이 무슨 대단한 의지력의 결단이 아니라 사물들의 본래 있는 모습을 제대로 보게 되면 자연히 중용을 가다듬게 될 뿐이다. 빈곤과 부귀만 해도 그렇다. 우리는 쉬 빈곤과 부귀가 별개의 두 존재인 양 알아듣는다. 그래서 양자택일을 해야만 하는 것으로 생각한다. 삼대서원을 발한 수도자는 빈곤을 택해야만 하고, 세상 사람들은 부귀만을 택하기를 좋아한다고 단정한다. 이런 양자택일의 논리에 서게 되면 수도자는 끊임없이 부귀를 향한 유혹을 느끼며 내적 갈등을 겪어야 하고, 세상 사람들은 끊임없이 가난을 경멸하는 가운데 피해야 할 대상으로 받아들여 사람들 사이의 차별을 낳게 된다. 그러나 이래서야 수도자의 가난이 아름다울 리 없고 세상 사람들의 부유가 귀하고 좋을 리 없다.

역시 이 점에 있어서도 우리는 '이중성 구조'의 논리를 되새기지 않으면 안 된다. 가난과 부귀는 따로 떨어져 있는 별개의 두 실체가 아니라 손바닥과 손등처럼 하나가 되어 있는 물건의 양 모습이다. 하나의 손이 있을 뿐인데 그 손을 자세히 들여다보니 다른 두 모습인 손바닥과 손등이 있음을 보게 되고, 그 다른 둘이 하나로 결합되어 있을 때 비로소 하나의 완전한 아름다운 손이 있음이다. 가난 안에는 이미 부귀가 들어와 있고 그 역도 마찬가지다. 부귀를 배경으로 해야 비로소 가난이 거기서 움터 나오고, 가난을 배경으로 해야 비로소 부귀가 거기서 움터 나온다. 그렇게 양자를 함께 받아들이며 바라볼 때 비로소 부귀가 뭔지 가난이 뭔지 각각 제대로 알아들을 수 있게 된다. 부유함이 가져오는 아름다움과 소중함을 알기 위해서는 반드시 가난함을 동반해야 한다. 수도자들이 청빈서원을 하는 것은 그저 단순히 물질적 궁핍을 사랑하고자 함이 아니다. 이는 오히려 하느님의 부를 훼손시키는 것이다. 청빈서원을 통해 이 세상의 부의 참된 의미를 드러내고 증명하고 가르치기 위함이다.

중용의 깊은 의미도 바로 이 이중성의 논리를 가리킨다. 중용이라고 해서 양 극단의 평균점인 중간 지점을 택한다는 의미가 아님이 이를 증명한다. 빈곤과 부귀의 중용이라 해서 중산층의 입장을 대변하는 것이 아닌 것이다. 빈곤과 부귀라는 양변을 떠나 인간 존재의 본래 모습을 구현해 내는, 인간 생명의 아름다움을 온전히 꽃피워 내는 그 길이 중용의 길이다. 따라서 구체적 상황에 따라 객관적으로는 때론 부귀를 누림이 중용의 길이 될 것이고 때론 가난에 처함이 중용의 길이 될 것이다.

그런데 어떤 의미에선 더 중요한 사실이 한 가지 있다. 이냐시오 성인은 23번의 기초를 통해 우리가 적극적으로 중용을 살아내야 하고 불편심을 견지하면서 오직 자신을 최고 목적에로 인도하는 사물만을 택하기를 원하고 요구하고 있다고 봐서는 어설프다는 점이다. 만약 적극적이고 능동적인 그런 자세의 함양을 촉구하는 것이라면 이는 역시 유(有) 일변도의 계열로 떨어지고 말기 되기 때문이다. 오히려 그가 지적하고 있는 점은 중용이나 불편심을 잃게 되면 인간이 자신의 본래 모습을 잃게 되며 존재의 완성을 이룰 수 없게 될 위험이 있다는 사실을 소극적으로 지시하면서 오히려 무(無)의 계열을 암묵적으로 강조하는 것으로 봐야 한다.

그렇다면 우리가 서 있어야 할 위치는 어딘가? 중용을 살아내는 그 모습과 중용과 불편심으로부터 이탈해 있는 세상 모습의 양자를 또한 불편심의 입장에서 감싸 안는 그 자리가 우리가 서 있어야 할 곳이다. 곧 날카로운 지성과 의지의 굳셈으로 유위적(有爲的)인 중용과 불편심을 장엄하게 이뤄내는 것이 아니라, 이중성의 구조를 명확히 인식하며 수용하는 가운데 무위적(無爲的)으로 중용과 불편심이 이뤄지도록 움직여야 한다.

이러한 바탕 위에서 각자는 자신을 최고 목적에로 인도하는 사물만을 택하게 되고 생명과 완전성이 계속 창조되며 자라게 된다. '원리와 기초'를 관통하는 으뜸원리가 사랑이었던바, 이 사랑은 끊임없이 생명을 낳고 키우고 더 큰 완전을 향해 움직인다. 인간이 주 천주께 '봉사'한다는 말이 이 의미고, 자신을 '최고 목적에로 인도'한다는 것이 바로 이 의미다. 사랑에 입각한 마지스 정신이 나타나는 것도 이 때문이며, 이냐시오의 영성이 늘 사도직을 향해 움직이고 있는 것도 이런 맥락 속에 놓여 있다.

5. 영신수련 흐름 안에서의 원리와 기초

지금부터는 원리와 기초가 영신수련의 전체적 역동성 안에서 어떻게 적용되고 있는지를 간단하게 살펴보고자 한다. 영신수련의 전체적 흐름이란 바로 원리와 기초에서 묘사되고 있는 인간 자신의 본래성을 회복하는 여정이며, 이는 깨달음을 얻어가는 과정이기도 하다. 그리고 그 과정의 저변에는 존재의 근원을 향한 불안이 지하수처럼 계속 흐르고 있다. 불안에 의해 자기 존재의 일상성에 대한 회의가 촉발되면서 본래성을 회복시키고자 하는 열의가 솟게 된다. 동시에 이러한 불안에 뿌리를 두고 기도 또한 자의식에 의한 기도가 아닌 현존재로부터 들려오는 신비의 소리에 귀 기울이려는 움직임이 둘째주간을 통해 크게 일어난다. 그러면서 급기야는 수난에 다다라 불안의 근원자리로 회귀하게 되는데 참으로 예수님과 같은 고뇌가 뒤따를 것이다.

이런 전반적 그림을 눈앞에 두고 좀 더 구체적으로 언급하고자 한다.

5.1 첫째주간에서의 원리와 기초

1주간에서는 죄의 묵상을 위주로 하기 때문에 윤리 도덕적인 죄를 살피고 통회하면서 새로운 결심을 맺는 데 초점을 맞추기 쉽다. 허나 이것은 경계하지 않으면 안 된다. 설사 죄의 뿌리라는 것을 찾아내고 회심이 일어났다손 치더라도 근원적인 존재의 변화를 불러오기 힘들 뿐만 아니라 사람으로 하여금 끊임없이 자책감 내지 죄의식 또는 자신에 대한 부정적 의식으로 몰고 갈 위험이 너무 상존하기 때문이다.

1주간의 초점은 그런 죄를 파악하는 것이라기보다는 자신의 '있는 그대로의 모습'을 정확하게 보는 점에 놓여 있다. '원리와 기초'에서 가능태로서의 자신의 본래적 모습을 본다면 1주간 작업 안에서는 현실태에서 드러나고 있는 자신의 모습을 보는 것이다. 여기서 있는 그대로의 자신의 모습을 본다는 것은 말처럼 수월한 것은 아니다. 예수의 눈으로 보지 않으면 자신의 있는 모습을 제대로 볼 수 없다.

예수의 눈으로 본다는 것은 눈먼 이가 코끼리 더듬는 식이 아닌 전체의 모습을 본다는 것을 의미하며, 전체의 모습을 본다는 것은 바로 음/양을 통합한 관점에서 본다는 의미다. 이중성의 구조 속에서 봐야 한다는 말이다. 선과 악을 분명하게 구분해 놓고 악한 자신의 모습을 제거 내지 수정하려고 애쓰면서 선한 모습만을 취하려고 덤비면 감상적 눈물과 헛된 결심만 낳을 뿐 존재의 변화는 만들어 내지 못한다. 선과 악이 어떻게 둘이 아니면서 하나를 이루는 가운데 생명을 키워 나가고 있는지를 정확하게 보는 것이야말로 존재의 변화, 생명의 탄생을 불러일으킨다.

나아가 1주간에서는 자신이 그동안 이원대립론적 관점에서 살아옴으로 말미암아 얼마나 세월을 허송했는지, 23번에서 이야기하는 본래적 자기 모습을 놓치면서 살아간다는 것이 얼마나 생명과 참된 진리로부터 먼, 허망한 놀음인지를 깊이 자각할 필요가 있다. 일상적이고 세상적이며 피상적인 차원에서 자신과 세상을 이해하며 살아가는 것으로부터 오는 깊은 무상감(無常感)을 절실히 느낄 필요가 있다. 더불어 존재의 근원자리로부터 오는 불안을 감지할 필요가 있다.[9] 이러한 자각들이 강하면 강할수록 본래의 자기를 회복하고자 하는 열의가 샘솟을 것이며 그것이 2주간을 시작으로 영신수련 전체를 움직여 갈 내적 추진력이 되기 때문이다.

5.2 둘째주간에서의 원리와 기초

1주간에서 자신의 그동안의 삶을 예수님의 눈으로 조명해 봤을 때 얼마만큼 진리와 생명으로부터 벗어나 있었는지를 보게 되었다. 이 자각이 둘째주간으로 넘어가는 이음매가 된다. 곧 영신수련 91번부터 98번까지 묘사되어 있는 '그리스도의 나라'에 대한 묵상이 그것이다. 1주간을 거치면서 자신의 현주소를 정확히 들여다본 영혼은 미래적 결단을 내리게 된다. 원리와 기초에서 제시된 사실에 대한 깨달음을 통해 자신의 본래성을 회복하고자 하는 결단이다. 여기서 시작해서 2주간 전체가 자신의 본래성을 회복시켜 나가는 과정이다.

비록 미래적 결단을 내리고 움직여 나가고자 함에도 98번 기도

9. 현존재가 자신의 본래성을 회복하기 위해 세상의 일상성으로부터 어떻게 초월해야 하며, 그러기 위해 왜 불안이라는 스산한 무상감이 필요한지에 대한 좀 더 자세한 논의는 김형효 교수의 「하이데거와 마음의 철학」, 191–219쪽 참조.

에서 드러나듯 온전한 본래성을 회복함에는 불안이 동반되지 않을 수 없고, 이 불안은 기도를 점점 자아 중심에서 성령 중심으로 옮겨 가게 만든다. 여기서 능동적인 묵상기도보다 수동적인 복음관상의 기도가 철저히 요구되는 까닭이 있다. 복음관상을 통해 존재의 신비가, 현존재가, 들려주고 보여주는 모습에 접하면서 자기 존재의 본래 모습을 회복시켜 나가는 것이다.

2주간에서도 역시 이중성의 논리 구조는 철저하게 견지되어야 한다. 그렇기 때문에 2주간의 기도가 자아 중심의 복음적 가치 실현에 초점이 맞춰져서는 안 된다. 거룩한 열정과 용기로 예수님이 제시하는 복음적 가치를 용사처럼 실현해 나가는 모습은 유위적(有爲的)인 무용담은 만들어 낼지언정 유위와 무위가 통합된, 오히려 무위적(無爲的)인 것에 비중이 더 실린 인간 존재의 본래성을 회복시켜 내는 길과는 멀리 떨어져 있기 때문이다.

두 깃발에 대한 묵상도 이런 관점에서 바라봐야 한다. 그리스도의 깃발과 사탄의 깃발은 시스템 자체가 완전히 다른 두 시스템이다. 같은 하나의 시스템상에서 가난을 택하면 그리스도이고 부귀를 택하면 사탄인 것이 아니다. 사탄의 시스템상에서 가난을 택하고 있으면 그 역시 사탄의 깃발 아래 있는 것이지 가난을 택했다 해서 그리스도의 깃발 아래 놓이게 되는 것이 아니다. 철저히 이원대립론적 관점에서 움직이는 것이 사탄의 시스템이고 이중성의 구조 위에서 움직이는 것이 그리스도의 시스템이다.

2주간에 들어오면서 자신의 본래성 회복을 위한 결단을 하고 걸어왔음에도 불구하고 세상의 일상성 속에 탐닉해 왔던 자신의 비본래성은 끊임없이 따라붙는 가운데 긴장과 갈등을 초래한다. 2주간의 긴 여정을 걷는 가운데 본래성도 많이 회복되었고 희망 또한 많이 자랐음에도 불구하고 밑바닥에 면면히 흐르고 있던 불안이 마지막 관문인 수난을 향해 나아가도록 재촉한다.

5.3 셋째와 넷째주간에서의 원리와 기초

수난과 부활은 본래 하나의 사건이기 때문에 함께 보고자 한다. 하나의 사건이란 이 말이야말로 우리가 계속 주장해 왔던 이중성의 구조를 가장 웅변적으로 대변해 주는 지적이라고도 할 수 있다.

유위적(有爲的) 계열에 젖어 있는 이는 셋째주간의 수난을 관상하면서 장렬한 순교를 향해 돌진할지 모른다. 한국 성인들의 순교 모습을 본받아, 적어도 베드로 사도와 같은 부끄러운 짓은 하지 않으면서, 2주간을 통해 예수님을 알고 배워 왔던 그 기개와 역량을 바탕으로 예수님이 원하시는 것이라면 뭐든 할 수 있는 자세로 수난의 잔을 달게 마시려고 덤빌지 모른다.

허나 이는 우리가 걷고자 하는 길이 아니다. 장렬한 순교가 나약한 인간의 눈에 대단하게 비칠지 모르지만 그 끝은 종국엔 인간의 아름다움, 생명, 더불어 존재함을 부인하게 될 것이기 때문이다. 이 수난엔 단순히 육신의 생명이 죽는다는 그런 차원의 죽음이 아니라, 존재 가능성에 대한 근원적인 말살이라는 존재론적 차원의 죽음에 맞닥뜨리게 된다. 무(無)의 근원자리로 되돌아가기를 요청받고 되돌아가지 않으면 안 되는 국면에 처하게 된 것이다. 내 의지와 내 계획 내지 내 능력으로 아름답고 장엄하게 죽고자 하는 그런 선택 가능성마저 박탈된 죽음의 차원을 이야기한다. 온전한 무(無)와의 조우! 이는 우리의 의식과 체험을 훨씬 뛰어넘는 것이고 감히 가늠조차 되지 않는다. 예수님의 겟세마니 동산의 기도하시는 모습을 통해 그 언저리나마 미루어 짐작해 봄이 고작이다.

완전한 죽음은 여기에 있었고 그 죽음 뒤에 찾아온 것이 완전한 생명으로서의 예수님의 부활이었다. 죽음으로 표현된 무(無)의 근원은 동시에 모든 존재자의 존재를 가능케 한 생명으로서의 유(有)의 근원이기도 하다. 예수님의 수난과 부활은 이 차원에서 읽혀져야 한다. 그렇기 때문에 예수님의 부활의 생명은 우리가 생물학적으로 이야기하는 생명을 다시 회복했다는 단순한 그런 차원이 아니다.

우리가 그토록 이중성의 맥락에서 존재와 존재자들을 읽고 싶어했던 그 이중성의 근원자리를 수난과 부활 사건을 통해 바라볼 수 있게 되었다. 무(無)와 유(有)의 근원자리, 죽음과 생명의 근원자리, 모든 존재자들의 존재의 근거를 지어주는 자리, 그곳으로부터 모든 이중성의 원리를 내포하고 있는 존재자들이 샘솟듯 흘러나온다. 이런 과정을 통해 인간은 비로소 자기의 본래성을 회복하게 된다.

5.4 원리와 기초의 회귀

영신수련의 역동성에 일응 마침표를 찍는 것이 230번부터 237번까지에 묘사되어 있는 '사랑을 얻기 위한 관상'이다. 자신의 본래성을 회복한 인간이 존재자들 안에서 어떻게 존재를 읽어 들이며 살아가게 되는가에 대해 아름답고 장엄하게 묘파되어 있다. 비단 인간만이 아니다. 동물·식물 심지어는 돌멩이와 같은 무생물에 이르기까지 어떻게 존재의 근원자리이신 하느님께서 함께하고 계시는지를 볼 수 있는 눈이 열리게 된 것이다. 단순히 함께하고 계시는 것만이 아니다. 각 존재자들 안에서 얼마나 열심히, 잠시의 쉼도 없이 존재자들의 완성을 위해 일하고 계시는지를 또한 보게 된다. 참으로 모든 존재자들 안에 하나의 생명, 한 분의 존재, 하나의 대통합을 이뤄낸 근원이 놓여 있다. 우리는 이분을 가리켜 천주라고 하느님이라고 부른다.

이렇게 보면 영신수련 여정의 들머리에 등장하는 '원리와 기초'는 여정의 시발점이기도 하지만 동시에 귀착점이기도 하다. '사랑을 얻기 위한 관상'에서 묘사되고 있는 차원은 그대로 '원리와 기초'에서 바라보던 그 차원이기 때문이다. 1주간부터 시작해서 4주간까지의 긴 여정을 통과해 마침내 도달한 곳이 처음 출발했던 바로 그 자리다. 본디자리로 되돌아온 셈이다. 허나 출발할 때의 그 존재가 아니다. 겉으론 똑같을지 모르겠다. 함에도 내적으론 완전히 다른 존재가 되어 있고 그렇게 되어야 마땅하다. 소를 찾아 떠난 여정을 형상화한 십우도에서 마지막 그림이 저잣거리로 되돌아온 모습을 담고 있는 것과 한가지다.

저잣거리에 밝음과 아름다움과 선함만이 있다고 생각지 않는다. 어쩌면 어둠과 추함과 악함이 더 현란하게 움직이고 있는 것처럼 느껴질지 모른다. 허나 이젠, 긴 여정을 끝내고 돌아온 이 자리에선 밝음도 어둠도, 아름다움도 추함도, 선함도 악함도, 모두 상대적 지평 속에 놓고 볼 줄 알게 되었다. 인간의 이기적이고 소유적 욕심에 이끌려 입맛에 와 닿는 한쪽만을 취하고 다른 한쪽을 없애버리려는 어리석음에 빠지지 않는다. 존재의 본래적 욕망인 생명과 사랑을 키워 나가고자 하는 데만 관심과 열정을 쏟을 뿐이고, 그 생명과 사랑을 위해서는 인간적인 상대적 지평 위에서 해롭고 안 좋다고 생각했던 것들조차 대단히 중요한 한몫을 차지하고 있음을 깨닫고 있기 때문이다. 그 지평 위에서 모든 인간은 말할 것도 없고 동식물과 무생물에 이르기까지 존재론적으로 하나의 몸, 하나의 생명을 이루게 된다.

나오며

이것으로 어설픈 글을 맺어야겠다. 영신수련의 '원리와 기초'를 매개로 삼아 존재를 둘러싸고 부딪치지 않을 수 없는 문제들을 조야하게 살펴봤다. 그저 전통적으로 바라봐 왔던 시각과는 다소 낯선 시각이었는지도 모르겠다. 사람에 따라서는 오히려 너무나 자연스런 시각으로 다가왔을지도 모르겠고. 소박한 한 가지 바람은 우리의 이런 자유로운 논의들을 통해 더 깊은 존재의 신비에 가닿을 수 있었으면 하는 것이다. 더 큰 생명과 더 큰 사랑을 키워내고 싶다.

철학적 용어들이 등장하고 추상적인 개념들이 난무했는지도 모르겠다. 허나 이는 단순히 이론적 놀음을 위한, 한가한 사변적 유희를 위한 것이 아니었다. 솜씨가 없어 부득불 그런 표현법을 차용해 왔을 뿐, 노리고 있던 것은 철저히 현실을 살아가고 있는 우리들이 어떻게 하면 더 옹골찬 자유와 평화와 생명을 길어 올릴 수 있을까 하는, 지극히 실용적인 발판 위에 서 있다.

오롯한 기도와 고행과 극기를 통해 비장한 몸짓으로 도달해야만 하는, 너무나 아득히 높은 정상으로만 보이는, 그런 곳이 아니다. 영신수련 23번에서 묘사되고 있는 '원리와 기초'는. 적어도 난 그렇게 읽는다. 만약에 그런 것이라면 숱한 사람들 중 지극히 예외적인 극소수의 사람들만 맛보고 누릴 행복이지 무지렁이 같은 우리네 범속한 이들에겐 꿈조차 꾸기 싫은 장면일지 모른다.

하느님의 사랑은 우리를 그렇게 늘 땀 흘리며 애쓰고, 절제를 통한 고통과 극기 속에서 비로소 당신 모습을 닮아내도록 창조하셨다고 생각되지 않는다. 이미 우리 각자의 존재 속에 당신과 똑같은 모습의 아름다움과 선함과 생명과 사랑과 창조의 힘을 심어놓으셨다고 알아듣는다. 내 안에 없는 이런 것들을 우리의 각고의 노력을 통해, 또는 하느님의 자비로운 은총에 의해, 외부로부터 받아들여야 하는 것들이 아니다. 이미 우리의 몸 속에, 세포 하나 하나에 DNA 구조 속에 올올이 새겨져 있고 박혀 있다. 우리에게 필요한 것은 그것들을 발견해 내는 일이다. 발견해 낸 그 기쁨이 우리 존재의 변화를 초래하고 모든 존재계에 생명을 불어넣는다. 우리가 생각하는 것보다 이 삶이란 훨씬 더 가볍고 편안한 여정이다. 어리석어 모르기 때문에 무거운 짐을 지고 허덕이고 있을 따름이다. 예수님은 당신 멍에는 편하고 당신 짐은 가볍다고 하셨다. 정말로 다가오는가, 이 말이.

부록 2

기도에 대한 단상-복음관상기도를 중심으로

들어가며

여기서는 기도의 일반적인 고찰은 피하기로 한다. 기도가 무엇인가 등의 개념 정립부터 시작해서 기도하는 자세나 방법 등에 대한 기본적인 문제는 다루지 않겠다. 다만 인간 존재를 둘러싸고 일어나는 기도라는 특이한 현상에 대한 근원적인 면 몇 가지만을 단편적으로 지적하고 넘어가겠다.

이어서 묵상과 관상기도의 차이점에 대해 조금 상세히 살펴보고자 한다. 수도자들을 포함한 신앙인들의 일반적인 기도 형태가 이 두 가지라고 생각되기 때문이다. 보통 우리들이 즐겨 하는 기도 형태는 묵상기도다. 그러나 이 묵상기도가 우리의 삶을, 우리 자신의 존재를 변화시키는 데 다소 미흡함을 느끼지 않을 수 없다. 그래서 요청되는 것이 관상기도다. 다만 여기서 관상기도라고 하는 것은 가르멜과 같은 봉쇄수도회에서 일반적으로 사용하는 관상기도를 가리키는 것이 아니라, 성 이냐시오가 영신수련 피정에서 소개하고 있는 복음관상기도를 말한다.

묵상기도와 복음관상기도는 단순히 기도의 다른 두 형태를 지시하는 데 그치지 않는다. 좀 더 근본적으로 우리의 영적 여정 내지 일상의 삶의 모습을 어떻게 살아내는가 하는 문제와 직결되어 있다. 그러다 보니 여기는 하느님에 대한 이해에서부터 시작해서 인간에 대한 이해에 이르기까지 사뭇 다른 무늬를 자아내게 된다. 이 점에 대해서도 간략하게나마 짚고 넘어가겠다.

이러한 묵상기도와 복음관상기도 외에도 수도자들이 접하고 있는 기도 형태로서 렉시오 디비나라든지 향심기도가 있다. 더 나아가서는 불가에서 하는 좌선 기도도 있다. 그러나 이런 기도들에 대해서는 여기서 언급할 여유가 없다. 다만 한 가지, 우리들의 기도 생활을 둘러싸고 일어나는 움직임들에 있어서 한 가지 아쉬운 점은, 기도 내지 영성 생활의 전체적인 그림을 그려주면서 각 기도가 자리하고 있는 위치를 짚어주지 않는다는 점이다. 하여, 각자는 자기의 체험 내지 들은 소리만을 바탕으로 누구는 이 기도가 최고라 하고 또 누구는 저 기도가 최고라고 하면서 집착하는 경우를 본다. 바람직하지 못한 모습이다. 똑같은 기도 형태라 하더라도 각자의 영적 진보의 단계 내지 상황에 맞춰 달리 취급되지 않으면 안 된다. 기도 생활 전체에 대한 인식을 바탕으로 각자에게 맞는 길안내가 무엇보다도 절실하다.

1. 기도의 근원적 차원

왜 우리는 기도하고자 하고 기도하고픈 열망이 솟구칠까? 이는 사람이 자기 존재에 대한 분열 상태를 견디기 힘들어 하면서 스스로를 통합시켜 내고자 하는 본성적 욕망 때문이다. 삶 내지 생명을 더 풍성하게 누리고 싶어하며 살아 있는 존재의 기쁨을 양껏 누리고 싶은 욕망을 뿌리로 하여 기도를 향한 움직임이 태어난다.

우리 일상생활을 보면 의식 중심으로 분석적 성찰을 통해 자신의 삶을 꾸려 나가고 있다. 나름대로 배워 온 세상 지식을 중심으로, 때로는 교회의 가르침에 좇아, 자신의 삶을 평가하고 세상도 분석하면서 앞으로의 계획도 세우고 계획 달성을 위해 지식이나 능력과 같은 수단도 몸에 익히려고 애쓴다. 그리고 이런 일련의 작업들을 의지의 힘으로 꾸려 나가고 있다. 함에도 그 결과들이 별로 만족스럽지가 않다. 여기서 갈등이 일어나고 방황이 시작된다. 이 정도로밖에 살 수 없는가, 더 나은 방법은 없는가 등에 대한 회의들이 괴롭히기 시작한다. 그렇기 때문에 인생 여정에서 부딪치는 고통이나 좌절의 체험은 기도를 통한 자기 존재를 한 단계 업그레이드시키기 위한 좋은 계기가 된다. 다만 이때도 고통이나 좌절의 상태로부터 기도를 통해 그 반대인 안락과 희망 등으로 넘어가려고 애쓸 일이 아니다. 소유 중심의 본능적 측면으로 넘어갈 것이 아니라 존재의 측면을 알아들어야 하기 때문이다.

이처럼 의식 차원에서 일어나는 분석적 사고를 통해 삶을 꾸려 나가는 것이 미흡하다는 사실을 알면서, 우리 존재의 깊은 곳에서 나오는 움직임 곧 본성적인 통합의 움직임을 통해 나오는 힘을 갈망하게 된다. 이러한 통합의 움직임이야말로 우리 영혼의 움직임이고 성령 곧 하느님의 근원적인 활동이다. 지성과 감성과 다른 영성이란 바로 이런 영혼의 통합 차원을 말한다. 현대에 와서 사람들이 영성에 대한 갈망이 그토록 강하게 치솟고 있는 것도 다 이런 맥락에서다.

성령 내지 영혼에서 일어나는 이러한 통합의 차원은 존재의 차원을 가리키고, 의식의 분석적 사고를 바탕으로 전개되는 차원은 소유의 차원을 가리킨다. 유감스럽게도 거의 대부분의 인간들은, 심지어 우리 수도자들까지도 존재의 차원에 머물기보다 소유의 차원에 머물면서 살아가고 있다. 존재의 차원이 영의 논리임에 반해 소유의 차원이란 다른 말로 하면 세상 논리고 육의 논리다. 가진 자와 못 가진 자, 재능이 있는 자와 없는 자, 유식한 자와 그렇지 못한 자, 성공과 실패, 똑똑한 자와 그렇지 못한 자, 젊고 건강한 이와 늙고 병든 이, 이런 모든 대립항들이 서로 첨예하게 대립 갈등하고 있으며 늘 우리는 전자 중심으로 판단하고 행동에 옮기며 살아내려고 애쓴다. 이 경우에는 설사 열심히 애써 노력한 결과 그런 상태를 취득해 낸다 하더라도 그 사람 안에는 끊임없이 긴장과 갈등이 있고, 참된 의미의 기쁨과 평화가 없다.

더욱더 심각한 문제는 소유의 차원에만 머무는 이는 하느님을 알아들음에 있어서도 지성적이고 개념적으로 정리하면서 유(有)의 관점에서만 하느님을 이해하기 때문에 참된 하느님상으로부터 벗어나 버린다. 어둠의 신비, 무(無)의 신비, 혼돈의 신비의 측면을 없애버리기 때문에, 하느님이 부당하게 인간 이성의 틀 안에 갇혀버리게 된다. 여기서 상론할 계제가 못 되어 피하긴 하지만, 하느님에 대한 이러한 이해의 차이는 실은 구체적인 일상의 삶을 살아내는 방식에 있어서 대단히 큰 간격을 벌어지게 만든다.

그렇다고 해서 존재의 차원과 소유의 차원이 완전히 별개의 두 차원인 양 알아들어서는 안 된다. 곧 소유 차원에서 일어나는 움직임들이 인간 모습의 참된 구현이 아니라 하여 깨달음을 통한 존재의 차원에 머물면서 정적(靜的)인 내적 평화를 추구하려고 할 일이 아니다. 불가의 십우도(十牛圖)에서도 그러하듯 결국 진리를 되찾고 진리와 하나가 된 이가 되돌아오는 곳은 출발점이었던 저잣거리다. 온갖 소유의 긴장과 갈등이 전쟁판을 만들어 내고 있는 바로 그 저잣거리.

사실 존재의 차원은 소유의 차원을 매개로 하지 않고는 자신을 드러내거나 세워놓을 곳이 없다. 동시에 소유의 차원은 존재의 차원의 본래의 존재 원리를 구현해 내지 않으면 혼란의 아수라장이 될 뿐이다. 이렇게 존재와 소유는 서로가 서로를 머금은 가운데 끊임없는 상호 역동성의 관계에 놓여 있다. 소유의 갈등 구조를 보면서 존재의 깊이를 더 알아가게 되고, 더 깊은 알아들음을 통해 소유의 본래 의미를 회복하게 된다.

이렇기 때문에 우리의 기도는 우리 각자가 발을 땅에 딛고 서 있는 이 구체적 현실에 뿌리를 내리고 있지 않으면 안 된다. 기도를 통해 그저 주님과의 일치 내지는 내적 평화나 위안을 누리며 내적 고요에 머물려고 덤벼서는 안 된다.

그런가 하면 기도 중에 그저 소유의 차원에서 의식적 분별 작업에만 머물러서도 안 된다. 존재의 차원에서 들려오는 깊은 내면의 소리를 듣지 않으면 안 된다. 기도 중에 자신의 생각에만 사로잡힐 것이 아니라 성령께서 들려주는 소리에 귀 기울이라고 그만큼 강조하는 것도 이 때문이다. 정말로 기도란 우리의 지성이나 감성이 만들어 내는 작업이 아니다. 존재의 깊은 어둠으로부터, 잡히지 않는 허적(虛寂)으로부터 들려오는 소리를 깨어 있는 가운데 포착해 내는 것일 따름이다.

2. 묵상기도와 복음관상기도의 대비

우리 수도자들이 일상에서 하는 대부분의 기도는 묵상기도다. 성경 구절을 가지고 기도를 하든 자신의 구체적인 삶의 한 단면을 가지고 기도하든, 기도의 명확한 주제가 있고 그 주제에 대해 지성을 사용해서 깊이 생각해 들어가는 형태의 기도를 하고 있다. 이러한 묵상기도 안에서는 우리가 신학적 지식 내지는 교리적 지식으로 알아듣고 있는 사실들이 전제가 되는 가운데 기도가 전개되기 마련이다. 예컨대 하느님의 선하심과 사랑이라든지 예수 그리스도의 자비와 사랑 그리고 구원 계획 등을 대전제로 깔고 기도가 진행된다.

물론 그런 신학적 전제 위에서 기도하는 것이 틀린다든지 바람직하지 않다는 말은 전혀 아니다. 그럼에도 불구하고 그 묵상기도가 때로는 어렵게 다가오는 것 또한 사실이다. 묵상을 통해서 주님의 사랑이나 신비에 대해 또는 자신이 겪어온 삶의 체험의 의미에 대해 새롭게 알아듣는다는 것도 쉬운 일이 아니거니와, 설혹 뭔가를 좀 알아들었다손 치더라도 그 효과가 근본적이지도 않을 뿐만 아니라 지속적이지도 않은 경우를 종종 경험한다.

무엇보다도 묵상기도를 통해 겪는 어려움 중의 하나는 늘 올바른 것과 그렇지 못한 것을 분별하며 옳은 바를 향해 애써 나아가고자 하는 움직임 안에서 긴장과 갈등에 빠지지 않을 수 없다는 점이다. 이러한 긴장과 갈등이 우리의 삶을 대단히 고단하게 만드는 것이 큰 문제다.

이에 비해 복음관상기도는 지성을 사용한 추리를 통해 기도가 이뤄지는 것이 아니라 복음 사건을 '구경하는' 가운데 이뤄진다. 시장 구경을 해본 사람은 알겠지만 구경하는 데 있어서는 긴장이 없다. 긴장이 있어서는 구경의 본래 모습을 이뤄낼 수가 없다. 그저 한가하게, 다만 깨어 있는 관심 속에서 이곳저곳을 구경하면서 돌아다니다 보면 어떤 물건이나 어떤 장면이 내 마음 안으로 들어오게 되고, 그것이 내게 감동이 되어 살아가는 데 힘을 얻게 된다. 복음관상기도란 바로 이런 차원의 기도를 말한다.

하느님은 우리가 늘 무엇이 옳고 무엇이 그른지, 무엇이 선하고 무엇이 악한지를 분별하면서 선한 의지를 발동하여 끊임없이 옳고 선한 것만을 행하려고 애쓰는 가운데 타락하기 쉬운 자신을 추어울리며 자신을 완성시키려고 애쓰도록 만드셨다고 생각되지 않는다. 삶이 그런 식으로 늘 긴장 속에서 고뇌하며 땀 흘리고 분투노력하지 않으면 안 되는 것으로 창조하셨다고 생각되지 않는다. 그것보다 훨씬 더 수월하고 가볍고 재밌고 기쁨과 생명에 가득 찬 것으로 창조하셨다고 믿는다. 무슨 대단한 의지력으로 살아내는 것이 아니라 주위에서 물결쳐 오는 감동의 파도들을 타며 그 감동의 힘으로 자연스레 살아지도록 우리 인간을, 이 세상을 창조하셨다고 믿는다.

우리가 오관을 열어놓고 온 존재 전체로서 살고자 하는 태도를 취한다면 우리 주위에 감동의 에너지들은 늘 넘실대고 있다. 자연을 통해서, 사람들을 통해서, 사건들을 통해서 말이다. 함에도 우리는 그런 대부분의 에너지들을 차단시켜 버린 채 살아가고 있다. 늘 귀만 열어놓고 머리만 움직이는 가운데 모든 것들을 그저 정보차원에서 받아들이고 시비선악을 분별하여 판단을 내리고 의지에 명하여 실행하도록 독촉한다. 삶에 감동이 없고 에너지의 자연스런 흐름이 없다.

이런 맥락에서 비유적으로 이야기해 보면, 묵상기도는 펜팔을 통해 연애를 하는 셈이고 복음관상기도는 직접 만나 데이트를 하면서 연애하는 것에 비길 수 있다. 펜팔, 요즘 식으로 하면 인터넷상에서 채팅을 하는 셈이 될지도 모르겠다. 하여간에 채팅이나 펜팔은 사람을 직접적으로 대면하지 않는다. 글 속에 나타난 모습을 통해 미루어 짐작할 뿐이다. 허나 그렇게 글을 통해 추측하던 인물을 오프라인상에서 직접 만나 잠깐이라도 시간을 보내 본다면 온라인상에서 미루어 짐작하던 모습과는 판이한 사람을 만나기 십상이다. 글을 통해 정보 차원에서 분석하는 것이 아니라, 직접 얼굴을 마주하는 가운데 목소리를 듣고 눈으로 보고 손으로 만져 보고 느낌으로 알아듣는 것은 전혀 다른 실재를 만나게 해준다.

이런 복음관상기도에 대해 좀 더 자세히 살펴보자.

3. 복음관상기도의 실재

3.1 예수의 공생애 재현

우리가 지금 전해 받고 있는 신앙은 지성적이고 이론적으로 정립된 지식 체계가 아니다. 12사도들이 예수와 함께 3년 동안 먹고 자고 마시며 같이 움직이는 가운데 그들이 예수의 현존과 말과 행동들을 통해 알아들은, 살아 있는 생명체를 우리에게 전해 준 것이다. 이것이 우리 신앙의 대상이며 신앙의 핵심이다. 그들의 체험 속에 살아 있던 생명의 기운, 진리의 힘이 지금껏 면면히 전해져 오고 있는 것이다.

그러나 현재의 우리는 예수의 제자들처럼 그렇게 예수를 실제 생활 속에서 보고 듣고 만지며 알아갈 수가 없다. 때문에 우리는 이 작업을 기도 중에 하게 된다. 복음관상기도란 제자들과 함께 했던 예수의 공생애를 지금, 이 자리에서, 구체적인 내 안에서, 재현해 내는 작업이다. 나를 비롯한 내가 처해 있는 구체적 상황이란 문맥 안에서 예수를 만나며 예수가 하는 말이나 행동들을 '보는' / '구경하는' 가운데 제자들이 그러했던 것처럼 예수로부터 흘러나오는 생명과 진리에 젖어들게 된다.

제자들도 그랬다. 예수가 왜 이런 말을 하는지, 왜 저런 행동을 하는지 이해가 안 되는 부분도 많았다. 오랫동안 마음속에 간직해 있는 동안에 저절로 그 신비의 일단이 벗겨진 경우도 많았다. 이처럼 우리도 매일 기도를 한다 하더라도 기도 중에 복음 사건이 조금도 다가오지 않고 마음의 움직임도 새로운 알아들음도 없이 흘러가는 경우가 한두 번이 아니다. 그렇다고 염려할 것 아니다. 더구나 그렇다고 해서 기도를 잘못하고 있다고 좌절할 것은 더더욱 아니다. 오히려 복음 사건이, 예수가, 직접 자신의 신비의 베일을 벗으며 내게 다가올 때까지 평온한 가운데 인내를 가지고 기다리는 것이 더욱더 중요하다.

3.2 복음관상기도의 전제

피정지도를 하면서 면담을 해보면 때론 의아한 생각이 들 때가 있다. 분명 기도 중에 좋은 것을 봤음에도 불구하고 그다지 큰 감동이 없고 따라서 자신 안에 변화도 크게 일어나지 않는 점을 발견할 때다. 의아해하다가 알아들은 것은, 기도하는 이의 예수에 대한 사랑이 뜨겁지 않으면 그렇다는 사실이었다.

사랑이 뭔지를 아는 사람이라면 그리고 그런 사랑을 살아내는 사람이라면, 사랑하는 상대를 어떤 눈으로 바라보고 어떻게 움직여야 하는지를 본능적으로 안다. 사랑이 뜨겁게 움직이는 사람이라야 사랑하는 상대의 그 모든 것을 알고파 하는 열정에 온몸이 달뜨고, 알게 되면 그대로 자신의 것으로 받아들이며 스스로를 그에 합치시키려 한다.

사랑이 없거나 약한 사람이라면 복음관상기도 중에 설사 예수의 아름답고 감동적인 모습을 보더라도 그저 주말 연속극 보는 수준으로 재밌게만 보고 넘어가 버린다. 그래서 깊은 감동도, 감동에 뿌리박은 존재의 변화도 거의 일어나지 않는다.

사랑이 깊은 이는 기도 중에 예수의 모습을 보며 닮고자 하는 열망 속에 움직이게 되면서 기도가 깊어진다. 그렇게 기도가 깊어지면 또 사랑이 자라게 된다. 이렇게 기도와 사랑이 서로 상보적 연쇄반응을 일으키며 심화되어 가야 올바른 움직임이라고 할 것이다.

3.3 복음관상기도의 구체적인 방법

관상(觀想)이란 글자 그대로 '관(觀)'/보면서, '상(想)'/생각하는 기도다. '보는' 것과 '생각하는' 것이 핵심이다.

그런데 항간에 이냐시오 성인의 이 복음관상기도를 두고 오해들이 적지 않은 가운데 혼선을 빚고 있음을 본다. 이냐시오 성인은 관상기도를 안내하면서 둘째 길잡이로 '장소를 가상'해 보라고 한다. 곧 복음 사건이 일어나는 장면을 상상해 보라는 것인데

이 말들을 둘러싸고 어설픈 이해들이 복음관상기도의 커다란 걸림돌로 작용하고 있다.

적잖은 이들이 이 말을, 온갖 상상력을 동원해야 하는 것으로 알아듣고 누구는 헛된 자만심을, 누구는 근거 없는 좌절감에 빠져 있다. 그러나 그렇게 사건이 일어나는 공간적 상황을 실재처럼 상상해 내고, 등장인물들의 말이나 행동 그리고 모습들까지 마치 비디오 보듯 사실적으로 그려내기를 요구하고 있는 것은 아니다. 오히려 그렇게 기도하고 있으면 의식적 차원에서 온갖 상상력을 동원하여 자신이 투사해 낸 것을 마치 성령께서 이끌어 주고 있는 기도인 양 착각하는 오류를 범하게 된다. 복음관상기도는 상상력 테스트가 아니다.

간단하게 이야기하면 복음관상기도는 그저 복음 사건이 일어나고 있는 상황을 물끄러미 구경하고 있는 가운데 생각지도 못한 한 생각이나 하나의 느낌 또는 하나의 이미지가 떠오르고 그것이 자기에게 감동 내지 특별한 의미로 떠오르도록 맡겨두는 기도다.

여기서 물끄러미 '구경'하기 위해서 곧 '보기' 위해서 성경의 행간을 좀 메워볼 필요가 있다. 잘 알다시피 성경은 핵심 뼈대만 앙상하게 나열해 뒀을 뿐 사건이 일어나는 배경이나 등장인물들의 마음의 움직임 등 상세한 설명이 일절 배제되어 있다. 그래서 관상기도를 할 때는 그런 것들을 좀 보충해 가는 가운데 복음 사건을 볼/구경할 일이다. 예컨대 예수의 세례 사건을 관상한다면, 마르코복음 1장 9절에는 "그 무렵에 예수님께서 갈릴래아 나자

렛에서 오시어, 요르단에서 요한에게 세례를 받으셨다."라고만 서술되어 있다. 여기서 행간을 메워본다면, 나자렛을 떠나실 때 성모님과 작별 인사는 어떻게 하셨는지, 요르단 강까지 가시는 여행길은 어땠는지, 길은 어떻고 날씨는 어땠는지, 도중에 사람은 혹 만났는지, 시장기가 들었을 때는 어떻게 했는지, 요르단 강에 도착했을 때 사람들은 어떻게 무리지어 있었는지, 강물은 어땠는지 등등을 메워보는 것이다.

이렇게 행간을 메운다는 것은 위에 예를 든 것과 같은 세밀한 물음들에 대해 '생각'을 전개시켜 본다는 말이다. 소위 말해 이 생각들이 상상력에 해당하기도 한다. 그러나 이 '생각'이라는 말마디에 조심하지 않으면 안 된다. 여기서 '생각한다'는 것은 바로 '본다'는 말이다. 무슨 말인고 하니 여기서 생각한다는 것은 둑상기도에서 사물의 이치를 깊이 따져가며 생각하는 그런 생각이 아니다. 오히려 어떤 것을 구경하고 와서 스스로 그것을 떠올려 보려고 할 때나 다른 이들에게 그것을 설명하려고 할 때 일일이 말로 풀어서 한 장면 한 장면 전달하지 않을 수 없는 것처럼, 어떤 의미에선 가벼운 생각을 통해 그것을 보고 있다는 것을 의미한다.

또한 '본다'는 말마디도 조심하지 않으면 안 된다. 본다고 해서 비디오 보듯, 텔레비전 보듯 그렇게 동영상이 명확하게 떠오르는 것을 보는 것이 아니다. 적어도 사진과 같은 그런 정지화면이나마 뚜렷하게 바로 눈앞에 보듯 그렇게 보는 것을 의미하는 것도 아니다. 육신의 눈으로 보지 않으면서 보는 것을 일컬으며, 느낌으로 생각으로 그냥 존재 전체로 알아듣는 상태를 가리킬 따름이다. 물론 명확하게, 마치 현실에서 눈으로 보듯 그렇게 장면이 떠오를 경우도 있겠지만 대단히 드물 뿐만 아니라 그런 것에 집착할 것은 더더욱 아님을 알아둬야 한다.

여기서 주의할 것은 그렇게 '생각하는' 가운데 복음 사건을 '봐' 나간다 하더라도 그렇게 생각하고 보는 것이 관상기도의 핵심은 아니라는 점이다. 그것들은 자연스런 관상기도가 이뤄지게끔, 곧 성령께서 자연스레 우리에게 뭔가를 가르쳐 주고 보여주고 일깨워 주는 것을 도와주기 위한 준비 작업 내지는 협조에 지나지 않는다. 그렇기 때문에 그저 우리는 기도 중에 그런 '생각들'을 통해 복음 사건의 장면들을 '보고' 있는 가운데, 생각지도 않은 한 생각이나 이미지 또는 느낌들이 떠오를 때까지 기다려야 하며, 관상기도의 핵심은 그런 것이 저절로 떠올라 나 자신을 비추고 변화시키는 것에 놓여 있다.

그렇기 때문에 복음관상기도를 할 때는 무슨 신학적 결론을 내리려고 해서는 안 된다. 묵상기도 때보다 훨씬 더 여유로운 가운데 긴장을 풀어야 하며, 단순히 복음 장면을 보고 있는 가운데 감동이 몰려오는 것을 수동적으로 받아들여야 한다. 그렇게 감동이 오거나 특이한 장면이 떠오르게 되면 그곳에 오랫동안 머물며 그 의미를 더 깊이 알아듣고 감동의 힘을 자신 안에 깊이 새길 일이다.

3.4 복음관상기도의 열매

복음관상기도는 실은 우리 자신을 비춰주는 거울이다. 자신을 비춰줄 뿐만 아니라 자신을 변화시켜 나가는 용광로이기도 하다. 성령께서는 우리가 어디가 약하고 어디가 강한지, 어디가 부족하고 어디가 남는지를 정확하게 알고, 관상기도를 통해 우리를 더 아름답고 더 생명에 찬 모습으로 변화시켜 나간다. 남는 곳은 덜고 모자란 부분은 채우면서, 너무 약한 부분은 강하게 하고 너무 강한 부분은 약하게 하면서, 높은 곳은 낮추고 낮은 곳은 높이면서 온전한 생명으로 키워 나간다.

그렇기 때문에 관상기도에서 예수를 통해 드러나는 모습들은 자신의 모습과는 반대되는 모습일 경우가 많다. 자신이 스스르나 타인에 대해 너무 엄격하고 규범적인 자세를 견지하고 있는 이라면 관상기도 중에 뵙는 예수의 모습은 좀 더 느슨하고 풀어진, 자유분방한 모습을 드러낼지 모른다. 반대로 자신이 너무 느슨하고 풀어져 있다면 관상기도 중의 예수의 모습은 훨씬 더 신중하고 사려 깊고 단호한 모습으로 등장할지 모른다.

이와 같이 관상기도에서는 예수의 모습 또는 다른 등장인물들의 모습을 통해 자신의 모습을 비춰보게 되고 그들을 통해 자신의 모습이 비춰지는 순간 자기 존재의 변화를 체험하게 되는데, 이런 과정이 실은 순간적으로 이뤄질 때 더욱더 성령으로부터 온 기도일 가능성이 많다. 물론 때로는 어떤 생각이나 이미지가 떠올랐음에도 그 의미를 알아듣지 못해 한참 거기에 머무는 가운데 의미를 알아듣고 감동의 물살을 탈 경우도 있다.

나오며

지금까지 복음관상기도를 중심으로 기도에 대한 단편들을 거칠게 살펴보았다. 왜 우린 현실적으로 기도의 어려움을 많이 느낄까? 어떤 면에선 평소의 기도 지향에 문제가 있는지도 모르겠다. 나 자신의 기도를 돌아볼 때도 뭔가 작은 것에 함몰되어 있다는 느낌을 받곤 한다. 기도가 좀 더 광활한 지평 위에서 펼쳐져 나와야 할 것 아닌가 하는 생각을 한다. 인간 존재의 훨씬 더 깊은 곳에서, 유(有)와 무(無)를 함께 아우르는 지평 위에서, 기도의 빛과 힘이 움터 나와야 하지 않을까 한다. 너무 의식 차원에서만 머무를 것 아니다.

예수도 우리처럼 매일 일정한 시각에 일정한 시간 동안 규칙적으로 기도했을까? 예수에게는 기도가 중요했을까, 사도직이 중요했을까?

예수는 우리를 단죄하려고 온 것이 아니라 구원하려고 왔다고 했다. 기도 중에 알아듣는 예수의 모습이 우리에게 짐이 되고 부담이 되어선 안 된다. 우리의 부족과 허물을 꾸짖고 고쳐 나가도록 재촉한다고 생각해선 안 된다. 기도 중에 알아듣는 예수의 모습, 아빠랑 하나를 이룬 모습, 자신의 마음과 생각과 말과 행동이 통합되어 있는 모습, 그 모습이 바로 내 모습임을 알아들으며 기쁨과 힘과 위안을 길어 올리는 가운데 생명을 키워 나갈 일이다.

이기 중에 머무는 수도자들이여! 그대들의 영혼이 얼마나 아름다운 빛과 생명에 휘감겨 있는지를 안다면! 크게 기뻐하며 위로를 맛보고 생명의 젖줄을 빨아야 하리라!

부록 3
성 이냐시오의 영신수련을 통한 하느님의 뜻의 식별과 선택

들어가며

일상의 삶에 있어서 우리는 얼마나 많은 선택의 문제에 부딪치는가. 결단과 선택, 그에 따른 실행이 인간 존재 및 역사를 구성하고 있다고 할 수 있을 것이다. 다소 가벼운 사항에 대한 선택에서부터 인생의 근본적인 방향 내지 신분을 결정하는 대단히 중대한 선택에 이르기까지 매 순간 선택의 연속선상에서 자기 존재를 규정해 나가고 사회를 형성해 나가고 있는 것이다. 그런 와중에서 현실적으로 우리는, 많은 선택을 놓고 얼마나 많은 갈등과 방황을 일삼고 있는가. 우리는 때로는 식별 그 자체가 어려워 선택하는 것마저 불가능해 보일 때가 있는가 하면, 어렵사리 선택을 해놓고도 확신이 없어 실행에 옮김에 있어 주저하거나 전심전력으로 투신하지 못하는 경우도 많이 체험한다.

여기서 식별하고 선택하는 문제를 다룸에 있어서는 보편적 삶에 있어서의 일반적인 선택을 다루고자 하는 것이 아니라, 기독교 신앙인이 하느님과의 상관관계 속에서 어떻게 하면 하느님의 뜻에 합당한 선택을 할 수 있는가 하는 문제만 다루고자 한다. 신앙인으로서 자기 존재의 근본 결단인 신앙을 어떻게 활성화시키며 살아내는가 하는 문제는 대단히 중요하기 때문이다. 그리고 좀 더 논의를 좁히기 위해, 기독교 신앙이란 맥락을 고려하더라도 하느님의 뜻을 찾고 발견함에 있어서 2000년 기독교 영성사에서 전개되어 온 여러 가지 방법을 모두 검토 내지 모색하고자 하는 것은 아니다. 다만 성 이냐시오가 쓴 「영신수련」이란 책자에 제시되어 있는 선택의 방법을 중심으로 어떻게 하느님의 뜻을 찾고 실행할 수 있는가를 살펴보고자 한다.

1. 식별의 대상으로서의 하느님의 뜻

이냐시오의 「영신수련」은 하느님의 뜻을 식별하고 선택해 나가는 구체적 방법에 대해서 서술하고 있다. 문제되는 것은 식별과 선택의 대상으로서의 하느님의 뜻이 과연 있는지, 만약 있다면 어떤 것이며 어떻게 식별하는가 하는 점이다. 이는 그렇게 간단하게 또는 명료하게 정립될 수 있는 문제는 아니다. 왜냐하면 하느님에 대한 인식 내지 하느님과 인간 상호 관계에 대한 이해 여부가 저변에 깔려 있기 때문이다.

여기서 문제 삼고자 하는 하느님의 뜻은 영신수련의 식별 대상으로서의 하느님의 뜻에 국한시키기로 한다. 이렇게 볼 때, 하느님은 일반적 윤리 규범이나 도덕적 원리를 넘어 구체적 상황에 처해 있는 각 개인에 대해 구체적인 당신의 뜻을 지니고 있다고 본다. 이는 영신수련의 일러두기[1]만 읽어봐도 알 수 있다. 곧 영신수련의 목적을 이야기함에 있어, '모든 사욕편정을 깨끗이 없애고 구령을 위하여 자기의 생활을 개선하는 데에 날카로운 양심으로 하느님의 뜻을 찾고 발견하기 위하여'라고 함은 각자가 처한 상황에서의 사욕편정을 없앰과 동시에 각자의 영혼 구령을 위한, 각자에게 구체적으로 부합하는 하느님의 뜻을 상정하고 있는 것이다.

이러한 하느님의 뜻은 소명과 같은 중요한 문제에 한해서만 존재하는 것이 아니라, 일상 삶의 매 순간에 있어서 그 모든 일에 걸쳐 존재하는 것이다. 이러한 점은 특별히 프로세스 신학의 입장에서 보면 더욱 분명히 드러난다. 곧 그리스도의 왕국 완성을 향해 나아감에 있어 하느님은 간단없이 생명과 사랑에로 유한한 경험 주체들을 초대하고 있으며, 각 경험 주체들은 매 순간 선택을 해야 하는 것이다. 왜냐하면 성부인 하느님은 성자와 유한한 경험 주체들이 현재의 상황에서 이 세상을 어떻게 형성할 것인가에 대해 미리 결정을 하지 않고, 그 결정 가능성만을 제공하고 있기 때문이다.

그런데 이냐시오는 인간의 삶에 대한 하느님의 기본적인 뜻이 무엇인가에 대해 이야기하기보다, 인간의 기본적인 뜻이 무엇인가에 대해 더 많이 이야기하고 있다. 이 점에 대해서는 보르하에게 보낸 편지가 그 단적인 예가 될 수 있다. 당시 카를로스 5세가 교황 율리우스 3세에게 보르하를 추기경으로 임명해 줄 것을 요청했고, 교황도 동의하고 있었을 때, 이냐시오는 식별 후 그 제안에 반대한다. 여기서 이냐시오가 관심을 두고 있는 것은, 하느님이 보르하를 추기경으로 임명하길 원하시는지 여부가 아니다. 오히려 자신이 이 문제에 직면하여 어떤 태도를 취해야 할 것인가, 그 점에 대한 하느님의 뜻을 알기를 원했던 것이다.

이와 같은 배경하에 식별 대상으로서의 하느님의 뜻을 보다 구체적으로 살펴보고자 한다. 먼저 언급이 되어야 할 것은 하느님의 지극히 구체적인 뜻이다. 일반적이고 보편적인 하느님의 뜻이 아니라 지극히 구체적인 한 인간이 시공의 제한을 받는 지극히 구체적인 상황 속에서 무엇을 하기를 원하는가에 대한 명확한 뜻을 가지고 있는 것이다. 이것이 이냐시오가 이야기하는 식별의 대상인 것이다.

이러한 구체성은 단 한 가지로 고정되어 있는 것이 아니고, 선택 가능성이 있는 여러 대안 중에서 선택하는 것으로 드러난다. 곧 하느님의 영광을 드러내기에 더 적합한 것을 선택하게 되며, 하느님의 더 큰 영광을 생각할 때는 식별자가 처해 있는 구체적 상황도 고려되어야 한다. 예컨대 시공간의 외부적 상황과 더불어 그 사람의 성격, 성숙성의 정도, 재능 등도 고려한 가운데 판단해야 한다. 여기서 기준이 되는 하느님의 더 큰 영광이란, 선택을 한 연후의 즉각적인 결과 차원에서만 볼 것이 아니라 전 역사를 통해 드러날 궁극적인 영광이란 결과의 차원에서 이해되어야 한다. 그 결과 어느 것이 진정 하느님의 더 큰 영광을 드러내는 것인가에 대한 판단이 어려워지게 된다. 그런데 식별 대상으로서의 하느님의 뜻은, 대안들 중에서 선택한다는 제한에서 더 나아가, 식별 대상은 그 자체로 좋고 성교회의 정신에 합치해야 하며, 우리 자유에 맡겨지고 금지되지 않았어야 한다.

이렇게 볼 때 모든 하느님의 뜻을 식별함에 있어서의 함축된 의미로서 다음과 같은 세 가지 사실이 지적되어야 할 것이다. 첫째, 식별은 식별자 '자신의' 자유롭고 책임 있는 선택에 대한 하느님의 뜻을 찾음에 한정되어야 한다. 따라서 어느 누구도 다른 사람의 자유로운 선택에 대한 하느님의 뜻을 식별할 수는 없다. 그런데, 이러한 식별자 자신의 선택에 국한해서 선택한다는 한계에 대해서는 두 가지 예외가 있다. 하나는 이른바 자문적 식별이고, 다른 하나는 위탁적 식별이다. 전자는, 결정하고 선택할 제삼자이에 대해 무엇을 선택하도록 추천할 것인가에 대한 식별로서, 특히 그 제삼자가 하느님의 뜻을 찾고 있으며 자문을 요청할 경우의 식별을 말한다. 이냐시오의 예를 들면, 예수회가 청빈 문제를 어떻게 할 것인가에 대해 식별에 들어갔는데 이는 초창기 회원들이 그에게 자문을 구한 것에 응답하기 위함이었다. 후자는 전자와는 달리 제삼자가 자기 나름대로의 식별을 다 해보았으나 되지 않아 식별자에게 최종적으로 위탁하여 그 식별자의 식별 결과를 그대로 자신의 결정으로 하고자 하는 경우를 말한다. 이냐시오의 경우를 예로 들어보면, 예루살렘에 가는 배를 타고자 했을 때 빵을 가지고 갈 것인가의 여부에 대해 확신이 서지 않자 고해신부의 결정에 따르기로 한 점이나, 예수회의 총장에 선출되었을 때 그 수락 여부를 고해신부의 결정에 따르기로 한 것들이다.

둘째, 식별자 자신의 자유로운 선택 중에서 식별자가 그렇게 할 수 있는 권리를 지닌 선택에 대한 하느님의 뜻을 찾음에 한정되어야 한다. 그 결과, 선택함에 있어서 권리나 책임이 없을 때는 식별이 불가능해진다. 이는 수도회에서 장상과 수하인의 관계에서 곧잘 일어날 수 있는 문제이다. 곧 어떤 사도직에 파견함에 있어 장상과 수하인의 의견이 다를 때, 수하인으로서는 장상과는 다른 식별에 근거한 제안을 하기를 하느님이 원하는지 여부에 대해서만 식별할 수 있을 뿐이고, 그 점에 있어서 자문적 식별에 그친다.

셋째, 식별은 결정과 선택의 순간에 있어서의 하느님의 뜻을 찾음에 한정되어야 한다. 따라서 선택의 결과로 따라오는 사항에 대한 하느님의 뜻에 대해서는, 식별을 통해 합당한 결론에 도달할 수 없다. 곧 하느님의 뜻에 대한 식별은 예언적 지식을 얻고자 하는 것이 아니다. 다시 말하면, 하느님은 식별자가 이런저런 구체적인 것을 하기를 원하는 것이 아니라 이런저런 것을 하고자 선택하기를 원하는 것이다. 정작 어떤 행동을 한다든지, 더 나아가 그런 행동을 통한 어떤 결과를 얻기를 원하지 않는다. 다만, 어떤 행동을 선택한다는 것은 단순한 바람으로만 그치는 것이 아니라, 그것을 수행하고자 의욕하는 것을 의미한다. 이런 예는 수도회에 입회한 이들이 장상의 판단에 따라 퇴회 당하는 경우를 들 수 있는데, 이때 과연 그는 입회 시 하느님의 뜻이라고 식별한 것이 잘못이었던가 하는 의문을 가질 수 있다. 이와 같이 이러한 한계를 제대로 인식하지 못하면 오히려 식별 내지 선택에 있어서 해를 불러일으킬지도 모른다.

지금까지 우리는 식별의 대상으로서의 하느님의 뜻에 대한 한계를 명확히 해왔다. 이제부터는 본격적인 식별에 들어가기 전에 그런 식별을 올바르게 하기 위한 전제 조건을 살펴보기로 한다.

영신수련에 있어서 하느님과 피정자와의 관계는 철저히 일대일의 관계요 인격적인 관계를 상정하고 있다. 따라서 영신수련을 통한 하느님 뜻의 식별과 선택에 이름에 있어서도 먼저 그런 관계가 전제되지 않으면 안 되며, 그러한 하느님과의 관계란 한마디로 말한다면 사랑의 관계다. 곧 식별과 선택이란 단순한 기술적 차원의 문제가 아니고, 하느님과 나라는 두 인격체가 사랑을 주고받음에 있어서 어떻게 하면 그 사랑을 더욱 완전하게 하고 깊게 할 수 있는가를 모색하는 작업이다. 이러한 올바른 사랑의 관계에 있는 이만이 상대방으로부터 오는 충동이나 움직임을 제대로 식별할 수 있으며—이 점이 나중에 상술하게 될 영의 식별 문제이다—끊임없이 더 큰 완성을 향해 매진하고자 하는 정신에 불타오를 수 있으며, 그 결과보다 완전하고 더 큰 (하느님의) 영광을 위해 선택하고 실행에로 나아갈 수 있게 된다.

이러한 하느님과의 사랑의 관계를 좀 더 분석해 보면 성령에 대한 의존이라는 측면과 성령의 이끄심에 대한 협력이란 측면으로 나누어 볼 수 있다. 성령에 대한 의존관계로서는, 성령에 의해 인도되고 있다는 확신이 있을 때 비로소 하느님의 뜻이라는 확신을 가질 수 있게 되는 측면을 말한다. 따라서 올바른 식별을 위해서는 무엇보다도 성령을 향한 충분한 개방적 자세를 견지할 필요가 있다. 그러기 위해서는 신뢰와 기도가 필요하고, 크리스천다운 단순한 마음이 필요하다. 크리스천다운 단순한 마음이란 하나의 사랑, 하나의 갈망, 하나의 선택을 추구하는 자세로서, 이에 대해서는 이냐시오가 영신수련 안에 여기저기에서 누누이 언급하고 있는 바이다. 이러한 마음은 한마디로 말하면 하느님의 더 큰 영광에 대한 갈망 때문에 하느님의 뜻 이외에는 어느 것에도 기울지 않는 불편심(不偏心)이다. 이것은 영신수련 [23]의 원리와 기초에서도 언급되고 있는 것이며, 영신수련이라는 역동적 흐름에 들어가기 위한 전제 조건이 되는 것이기도 하다.

올바른 식별을 위한 성령에의 개방에 대한 또 다른 요소는 영을 식별하는 능력이다. 본인이 스스로 그런 능력을 배양하든, 아니면 그런 능력을 지닌 사람에게 순응하는 자세가 필요하다. 체험이나 학식, 실천적 지혜가 있는 이의 자문을 구하는 자세가 대단히 중요하며, 이냐시오도 중요한 문제에 있어서는 필히 자문을 구하도록 장상에게 지시하고 있다. 같은 맥락에서 정당화되지도 않고 검증되지도 않은 확신에서 연유하는 선입견으로부터도 자유롭지 않으면 안 된다. 이러한 선입견은 경우에 따라서는 의식조차 하고 있지 못할 때가 많다. 특히 무의식적 문화 습득에 의해 사고의 기본 뿌리를 형성하고 있을 때는 더욱 그러하다. 이러한 선입견으로부터 자유로워지는 것은 이기적인 성향을 정화시키는 것보다 때론 더 어렵다. 단순한 마음을 지닌 많은 이들이 철부지 같은 정신을 가짐으로써 올바른 식별을 그르치는 예는 비일비재하다.

이와 같이 하느님에 대한 사랑으로 인해 불편심을 갖게 되는 영혼은 자연히 셋째 단계의 겸손에 도달하게 된다. 원리와 기초로부터 시작되는 영신수련의 역동적 흐름은 죄의 묵상, 그리스도의 왕국, 두 개의 깃발, 세 부류의 사람들에 대한 묵상을 통해 선택을 위한 준비를 착실히 진행시켜 가다가, 마침내 겸손의 세 단계를 살펴보는 지점에 이른다. 여기서 이냐시오는 적어도 겸손의 둘째 단계에 이르지 못한 이에게는 구체적인 선택에 들어가지 못하도록 하고 있다.

이와 같이 올바른 식별을 위해서는 그리스도 안에서 하느님에 대한 사랑을 심화시켜 나가야 하며 이는 성령의 선물인 것이다. 그러나 이러한 성령의 선물도 인간 측의 협력이 없이는 안 된다. 곧 성령의 이끄심에 좇아 머리와 마음으로 철저히 식별 과정을 수행해 나가지 않으면 안 된다. 따라서 일방적으로 하느님의 뜻이 선재하고 인간은 열심히 그것을 찾아다니는 것은 아니라고 할 것이다. 왜냐하면 성부·성자·성령은 계속적이고 변함없는 상호 관계성 속에서 매 순간 내리는 개별적 결정들에 의해 지속적인 하나의 실재를 구성하며, 그것이 바로 신적 활동의 무한한 가능성의 장(場)을 이루게 되고, 인간을 비롯한 모든 피조물은 하느님의 그 무한한 활동의 장에 비해 한계 지워진 장으로서 하느님의 장 안에 위치하고 있기 때문이다. 따라서 우주적 사회 안에서 삼위 하느님의 개별적 결정들은 삼위로서의 하느님의 공동체적 삶에 영향을 미칠 뿐더러 여러 하부의 공동체 내지 장에도 영향을 미치게 되고, 그 역도 마찬가지다. 곧 유한한 경험 주체들이 내린 결정은 우선 자기가 속해 있는 행동의 장에 질서와 구조를 제공함과 동시에, 성자에 집중되어 있는 것으로서의 모든 피조물의 장에도 질서와 구조를 제공하고, 마지막으로 하느님 공동체에도 질서와 구조를 제공하게 된다.

2. 선택에 있어서의 영의 식별

이상으로, 우리가 찾아 나서고자 하는 하느님의 뜻이란 과연 어떤 것인가 하는 문제에 대해서는 어느 정도 개념 정립이 되었다고 본다. 지금부터는 그러한 하느님의 뜻을 찾아감에 있어서 영의 식별이란 어떤 위치를 차지하고 있으며 어떤 기능을 수행하고 있는가 하는 문제를 살펴보고자 한다. 곧 하느님의 뜻을 찾아가는 방법론에 있어서, 반드시 영의 식별을 통해서만 확실한 하느님의 뜻에 도달할 수 있는가 하는 문제인 것이다. 이 점에 대해서는 심각한 학설상 내지 실천상의 대립이 있다.

2.1 '사전의 원인이 없는 영적 위안'(이하 CSCP라고 약칭함)의 내용

먼저 CSCP를 이해함에 있어서는 '사전의 원인이 있는 영적 위안'(이하 CCCP라고 약칭함)과의 대비 속에서 바라보지 않으면 안 된다고 본다. 이냐시오가 영신수련 [330]과 [331]에서 이야기하고 있는 것을 보면, 양자는 '사전(事前)의 원인'이 있느냐 없느냐가 가장 큰 차이점을 이루고 있음을 알 수 있다. 또 한 가지의 차이점은 CSCP는 '오직' 하느님으로부터만 올 수 있고, 또한 하느님으로부터 '직접적으로' 온다는 점이다. 거기에 비해 CCCP는 천사도 마귀도 줄 수 있다고 한다.

먼저 지적되어야 할 점은, 이러한 두 가지 차이점은 위안 그 자체를 놓고 볼 때는 비본질적인 것이라는 것이다. 곧 위안이 어디로부터 오는가 하는 그 기원에 관한 차이를 말하는 것일 뿐 위안 그 자체의 고유한 본성에 있어서의 차이를 말하는 것은 아니다. 다음으로, '사전의 원인 없이'라는 것이 무슨 의미인가라는 점에 있어서도 학설의 대립이 있으나, 이 점에 대해서는 무엇보다도 이냐시오 자신이 영신수련 [330]에서 설명하고 있는 것을 참조함이 타당하다고 생각된다. 이냐시오는 '원인 없이'라고 함은 영혼이 지력과 의지의 활동만으로 이러한 위안을 마음에 일으킬 수 있는 어떠한 요소를 미리 깨닫지도 알지도 못한 것을 말한다고 한다. 그렇다면 '원인 없이'라는 말은 바로 피정자의 지각이나 이해나 의지와 같은 사전 행위를 통해 위안을 가져오는 대상이 없다는 것을 의미한다고 할 수 있을 것이다. 더불어 CSCP도 영신수련의 문맥 속에서 파악해야 하는바, 이냐시오는 매 묵상이나 관상을 시작함에 있어서 반드시 청할 은총을 구하도록 요구하고 있다. 그리하여 그런 구체적 묵상이나 관상을 통해 청할 은총인 위안을 얻는 것인데, CSCP의 경우는 바로 그런 묵상이나 관상이 없음을 의미한다고 할 것이다.

2.2 CSCP의 역할

이와 같은 내용의 CSCP에 대해, 그 역할 문제를 둘러싸고도 심각한 학설상의 대립이 있다. 물론 영신수련 그 자체가 그러하듯이 문제는 단순한 이론상의 다툼에 그치는 것이 아니라 실제 영적 지도를 함에 있어, 그리고 하느님의 뜻에 좇은 신앙생활을 해나감에 있어 대단히 중요한 문제로 등장하게 된다.

통상 학자들은 영적 식별의 문제와 하느님의 뜻을 찾는 문제를 한꺼번에 취급하면서 CSCP의 역할 문제를 논하고 있으나, 분리해서 살펴봄이 더 타당하지 않은가 한다. 곧 결론부터 말해 본다면, 영적 식별에 있어서는 CSCP가 제1원리로서 작용하지만, 하느님의 뜻을 식별함에 있어서는 중요한 자료가 되기는 하지만 제1원리로 작용하지는 않는다는 것이다. 영적 식별에 있어서 제1원리가 되어야 하는 근거는, 이냐시오도 영신수련의 영의 식별 규범에서 이야기하고 있듯이, 여러 영들의 움직임들이 있고 그것들을 정확히 식별하기가 간단한 문제가 아니기 때문이다. 특히 영적 위안을 맛볼 때 그것이 선신으로부터 오는 것인지 악신으로부터 오는 것인지 잘 식별하지 않으면 엉뚱한 곳으로 흘러가 버릴 위험성이 다분한 것이다. 따라서 거짓이 없는 참된 위안이라는 잣대가 될 수 있는 것이 필요해지는 것이고, 이를 위해서는 CSCP가 그 기준 역할을 하지 않으면 안 된다고 할 것이다. 그럴 때 비로소 악신으로부터 비롯되는 위안의 허구성, 곧 위안인 것처럼 보이기는 하지만 사실은 위안이 아닌 것을 구별해 낼 수 있게 될 것이다.

다음으로 하느님의 뜻을 식별함에 있어서는, CSCP가 중요한 자료는 될 수 있을지언정, CSCP가 제1원리가 되어 그것에 좇아 식별해 나갈 것은 아니라고 본다. 영의 식별 문제와 하느님의 뜻을 읽고 선택하는 문제는 별개의 문제로 다뤄야 한다고 생각되며, 이냐시오도 영신수련 [336]에서 CSCP에 이어지는 시기에 섣불리 선택해서는 안 되며, 선택하기 전에 철저히 검토할 것을 강조하고 있는 것도 같은 의도라고 보여진다. 일상의 체험을 통해 볼 때도, 수시로 영적 위안을 맛보고 있음에도 불구하고 그것이 하느님의 뜻이라는 내적 확신에까지는 이르지 못하고 방황하는 경우를 자주 접하게 된다. 따라서 하느님의 뜻을 식별하고 선택함에 있어서는 영의 식별만으로는 부족한 셈이 된다.

2.3 CSCP의 빈도

CSCP의 체험이 우리 일상의 삶에 있어서 비교적 자주 체험할 수 있는 것이므로 그런 체험을 '신비적'이라거나 '주입된 관상'이라고 명명할 필요가 없다고 하는 견해도 있으나, 사전의 원인도

없이 하느님만이 영혼 속으로 들어와 그 영혼 전체를 하느님의 사랑에로 이끄는 그런 체험이 일반인들에게 그렇지 일반적으로 있는 현상이라고 할 수 있겠는지 의문스럽다. 오히려 그런 체험이 일반적이고, 그래서 누구든 가짜의 위안이 아니고 하느님만이 주는 참된 위안을 알고 있어 영을 식별하는 데 진보해 있다면, 그렇게 많은 이들이 하느님의 뜻을 찾으며 살아가고자 하는 데 어려움을 겪지는 않을 것이다. 그런 참된 위안에 대한 체험이 부족하거나 희귀하기 때문에 영의 식별 내지 하느님의 뜻을 식별함에 있어서 숱한 과오를 저지르고 있다고 말할 수 있지 않겠는가.

3. 선택의 세 시기

지금까지 살펴본 영의 식별 내지 CSCP의 개념을 배경에 두고, 이제부터는 보다 본격적으로 하느님의 뜻을 식별하고 선택하는 문제에 들어가고자 한다. 이냐시오는 영신수련 [175] 이하에서, 하느님의 뜻에 좇아 선택함에 있어서는 세 시기가 있음을 명기하고 있다. 그런데 이 점에 대해서는 종래의 주석가들 사이에 심각한 의견 대립이 있어 왔다. 각 시기가 지니는 의미에 대해서도 견해차를 보일 뿐만 아니라, 특히 어느 시기가 선택에 있어서 더욱 더 중요한 시기인가 내지는 각 시기간의 상호 관련성에 대해서 많은 시각 차이를 노정시켜 오고 있다. 이하에서는 구체적인 각 선택의 시기에 대해 살펴보고자 한다.

3.1 선택의 첫째시기

선택의 첫째시기란 '열심한 영혼이라면 조금도 의심할 여지가 없을 만큼 하느님께서 우리 마음을 움직이시고 끌어당기시는 때'를 일컫는다. 이냐시오는 그 예로서 성경에 나오는 바오로 사도나 마태오 사도처럼 부르심을 받고 즉시 따른 경우를 들고 있다.

이 시기의 주된 특징으로서는 다음과 같은 세 가지 요소를 들 수 있다. 첫째, 하느님의 뜻이 분명히 드러나야 하는바, 여기서 보여지는 하느님의 뜻이란, 식별자가 하고자 하는 것을 선택하기를 원하는 하느님의 뜻을 말한다. 둘째, 하느님이 자유롭게 선택하기를 원하는 바로 그 행위에로, 식별자의 의지가 '움직여지고 끌려야 한다'. 따라서 다른 점에 있어서는 그 행위가 마음에 들지 않을 수도 있다. 셋째, 그렇게 움직여지는 것이 '의심할 여지 없이' 이루어져야 한다. 이는 의지적 움직임이 하느님으로부터 오는 것이며, 보여진 것이 분명히 하느님의 뜻임을 말한다.

이러한 첫째시기의 선택에 해당하는 이냐시오의 체험의 예로서는 이른바 '고기의 환시'를 들 수 있겠다. 그는 금욕을 계속해 오던 중 이를 변경시킬 계획이 전혀 없었음에도 불구하고 어느 날 아침 자리에서 일어났을 때 마치 육안으로 보는 것처럼 먹음직스러운 고기가 눈앞에 나타났다. 그러고는 먹고 싶은 욕구가 전혀 없었음에도 불구하고 그때부터는 먹어야 한다는 의지가 강렬하게 일어났고, 먹기로 결심했다. 이 점에 대해 고해사제는 혹시 유혹이 아니었겠느냐고 했지만, 그 일을 아무리 조심스럽게 검토해 보아도 도저히 의심스러운 데가 없었다고 한다. 이 사건을 보면 첫째시기의 선택과 CSCP의 특징을 고스란히 드러내고 있다고 하겠다. 곧 하느님 스스로가 시작하고 있는 점, 하느님에 의해 움직여지는 의지의 수동성, 사전의 원인이 없는 점, 움직일 수 없는 확실성 등이 그 증거가 된다.

그런데 첫째시기의 선택에 있어서는 상상적인 비전과의 관계가 문제시된다. 곧 기적적인 환시 내지 환청을 통해 하느님의 뜻이 드러날 때 그것을 첫째시기의 선택이라 할 수 있는가 하는 문제다. 물론 이런 체험들을 통해서도 하느님의 뜻이 드러나는 경우는 있겠지만, 그리고 첫째시기의 선택에 있어서 이런 체험이 수반되는 경우도 있겠지만, 이런 체험과 첫째시기에 의한 선택과는 구분되어야 한다. 왜냐하면 그런 체험들이 분명히 하느님으로부터 오는 것인지에 대한 근거를 찾기 어려우며, 무엇보다도 그런 체험들을 통해 하느님의 뜻이 의심할 여지가 없이 드러난다고 할 단한 명백한 증거를 확보하기 어렵기 때문이다.

다음으로 영적 식별과의 관련하에서 살펴볼 때, 첫째시기의 선택에 있어서 영적 위안, 특히 CSCP는 필수적인 요소인가? 이러한 영적 위안, 특히 CSCP와 첫째시기의 관계에 대해서는 학설의 대립이 있다. 우리의 경험상 살펴보면, 하느님의 뜻으로 밝혀진 행위를 하고자 하는 의지적 움직임이, 하느님의 뜻이 무엇인가에 대한 판단보다 앞서고 그 판단에 기초를 제공하는 것이다. 그리고 그 자체가 신뢰성을 띠게 되는 것이다. 이러한 점은 이냐시오가 선택의 세 시기를 이야기할 때, 하느님의 뜻을 '식별하는' 시기라고 하지 않고, 하느님의 뜻을 찾고 구하는 '선택의' 시기라고 함도 같은 맥락이라고 보여진다. 그리고 첫째시기에 체험한 의지적 이끌림이 하느님으로부터 연유한 것이라는 확신이 위안에 의존하게 된다면, 첫째시기의 선택 방법은 둘째시기와 다를 바가 없게 되고, 그렇게 되면 이냐시오가 첫째시기에 부여하고 있는 의심할 수 없는 확실성이 없어져 버리고 만다. 왜냐하면 이냐시오는 CSCP의 참된 위안이 하느님으로부터 오는 것은 사실이라고 이야기하고 있으나, 그것을 체험한 이가 그것이 의심할 여지가 없이 CSCP의 참된 위안임을 알 수 있다고는 이야기하고 있지 않기 때문이다. 현실적으로 보더라도 그렇게 알 수 없는 이유는 여러 가지 발견될 수 있다. 곧 어떤 위안을 체험한 이의 성숙성의 정도, 판단의 합리성, 신앙 체험 정도 등에 따라 어느 정도 정확한 판단을 할 수 있는가가 좌우되기 때문이다. 따라서 첫째시기와 CSCP는 구분되어야 하며, 첫째시기의 의지적 움직임이 사전의 원인이 없는 것이기는 하지만 그것은 위안이 아니며, 반드시 CSCP나 CCCP를 내포하는 것도 아니라고 할 것이다.

이러한 첫째시기의 선택은, 하느님의 뜻에 대한 확실성과 함께 수동적으로 수용된 의지적 움직임과 조명만으로 구성되는가, 그렇지 않으면 다른 적극적인 모색, 곧 식별 작업이 요구되는가 하는 점이 문제되는바, 첫째시기의 선택에 있어서는 첫째시기의 체험에 대한 비판적 성찰이 선택을 위한 본질적 요소가 된다고 보아야 할 것이다. 곧 하느님의 뜻이 식별자에 있어서는 의심의 여지가 없어 보일지라도, 그것을 성찰해 보면 그렇지 않을 수도 있음을 인정하고 하느님의 뜻을 찾기 위해 최선을 다해야 할 것이다. 이러한 입장에 서서 첫째시기의 체험에 대해 다음과 같은 점을 철저히 성찰해 보아야 한다. ①하느님의 뜻으로 보여진 것을 참으로 의심할 수가 없는가? 의심하려 해도 안 되는가? ②하느님의 뜻이라고 보여진 것에 대해 가감 없이, 확실하고 정확하게 기억해내고 있는가? ③앞의 두 가지 사실이 확인되면, 그다음으로는 하느님의 뜻으로 보여진 것이 복음, 교회의 가르침, 건전하고 신앙에 의해 조명된 이성과 부합하는가? ④의지적 움직임은 어떠한가? 그 체험 속에서 순수하게 그리고 오직 하느님의 뜻이라는 이유 때문에 움직이고 있는가? 이기적 동기는 위로부터 올 수도 없고, 진정한 첫째시기의 체험의 일부분이 될 수도 없다. ⑤첫째시기의 판단이 둘째시기 내지 (혹은) 셋째시기의 선택과 조화를 이루는가? 양자는 충돌하는 것이 아니다. 하느님의 뜻을 찾음에 있어서 최선을 다한다는 것이야말로 건전한 식별을 위한 본질적 요소 중의 하나이기 때문이다. 따라서 상황에 맞춰 가능하고 합리적인 모든 식별 방법을 사용해야 하며, 주요한 결정은 시간과 에너지가 있는 이상 첫째시기의 체험은 둘째시기의 선택에 의해 검증되어야 하고, 셋째시기에 대해서도 마찬가지라고 할 수 있다. 첫째시기의 체험이 둘째시기의 선택이나 셋째시기의 선택에 의해 검증 절차를 거쳐야 한다는 것은, 선택의 세 시기에 대한 일반적인 이해와 상충하는 듯 보인다. 곧 선택의 세 시기에 있어서는, 첫째시기에 의한 선택이 되지 않는 경우 둘째시기의 선택으로 넘어가고 그것도 안 될 경우는 마지막으로 셋째시기의 선택에로 넘어가도록 하기 때문이다. 그러나 이는 그렇지는 않다고 본다. 선택의 시기에 있어서 첫째가 안 되면 둘째로 둘째가 안 되면 셋째로 넘어가라는 의미일 뿐이지, 첫째가 되었다고 해서 그것으로 완전히 끝난다는 의미는 아니며, 더구나 첫째시기에 의한 선택이 과연 본래의 의미에 있어서의 첫째시기에 의한 선택이었는지에 대해서는 충분한 검증을 거쳐야 할 필요가 있기 때문이다. 이는 우리의 체험상에 비춰 보아도 자명하다고 할 것이다. 우리는 얼마나 자그마한 위안의 체험을 가지고도 곧장 그것이 하느님의 뜻이라고 강변하기 쉬운가!

3.2 선택의 둘째시기

선택의 세 시기에 있어서 첫째시기가 다소 예외적인 경우에 해당한다면, 이론상 및 실제상에 있어서 둘째시기 내지 셋째시기가 가장 논란의 대상이 되고 있다. 곧 둘째와 셋째 중 어느 쪽이 선택에 있어서 보다 중심적 위치를 점하고 있는가, 어느 쪽이 하느님의 뜻을 발견함에 있어 더욱 정확한 방법이 될 수 있는가 하는 문제를 둘러싸고 첨예한 대립을 빚고 있는 것이다. 나중에 각 선택

시기들의 상관관계에 대해 살펴보겠지만, 우선 여기서는 둘째시기에 대해 집중적으로 살펴보고자 한다.

둘째시기에 대해서는 영신수련 [176]에서, '영혼의 위안이나 고독의 경험이나 여러 가지 신들을 구별하는 경험 등으로 말미암아 하느님의 뜻이 아주 명확하게 나타날 때'라고 간단히 자리매김하고 있다. 이러한 둘째시기의 체험의 과정을 보면, 먼저 영적 위안이나 고독의 체험이 있고, 그런 체험 안에서 선택 대상의 선택을 향한 의지적 이끌림이 있는 것이다. 이런 영적 체험과 의지적 움직임 속에서 대안들에 대한 선택에로 향하는데, 이때 정서적 고유성에 의한 판단(sentiment)으로서 조언이 있게 된다.

이처럼 영신수련에서는 둘째시기에 대해 간략히 언급하고 있으나, 이냐시오가 직접 작성한 영신수련 지침서에 의하면 좀 더 자세한 언급과 더불어 중요한 사항이 적혀 있다. 그것에 의하면, 만약 하느님이 첫째시기에 움직여 주지 않으면, 위안과 고독의 체험에 의해 소명을 인식해 내는 둘째시기에 머물러야 한다고 한다. 이어서, 그때는 우리 주 그리스도에 대한 묵상을 계속하면서, 위안 상태에 있을 때 어느 쪽으로 하느님이 자신을 움직이시는지 점검해야 하며, 고독 상태일 때도 마찬가지라고 한다.

여기서 먼저 살펴볼 수 있는 것은 그리스도에 대한 묵상이다. 이 점은 영신수련 [176]에는 언급이 없다. 영신수련 둘째주간의 그리스도에 대한 묵상을 통해 하느님의 뜻에 대한 사인이 잘 드러나기 때문일 것이다. 또한 이런 묵상들을 통해 신망애 삼덕이 심화될 것이며 성령에 대해서도 더욱 개방적인 자세를 취하게 될 수 있을 것이다. 이런 작업들을 통해 그리스도의 생각과 마음을 입게 될 것이고 이것이야말로 선택을 잘할 수 있는 가장 중요한 조건이 되기 때문이다.

다음으로 무엇보다 중요한 것은 위안 상태에 있을 때 '하느님이 어디로 이끄시는지' 보라고 하는 점이다. 이러한 움직임 내지 이끌림이란, 영신수련의 둘째시기의 선택에는 규정되어 있지 않는 새로운 요소로서, 첫째시기의 체험에서와 같이 의지적 충동을 가리키며 둘째시기 체험의 핵심을 이룬다고 할 것이다. 의지적 충동(이끌림) 그 자체는 위안도 고독도 아니다. 이는 위안이나 고독이 어떤 것을 선택하는 이끌림이 아닌 것과 마찬가지로서, 양자는 각각 독립해서 존재할 수 있는 것이다. 이러한 의지의 움직임이 둘째시기 체험의 핵심을 이루며, 선신이나 악신의 조언도 여기에 달려 있고, 여기로부터 나오는 것이다. 이처럼 위안이나 고독은, 그것이 의지적 충동(volitional impulse)의 원천을 가리키는 것으로서만 중요성을 띠게 된다. 왜냐하면 첫째시기 체험에서의 의지적 충동과 달라, 둘째시기에서는 충동 그 자체로서는 그 원천이 어디에서 비롯되는지 확실하게 알 수 없기 때문이다. 여기서 한 가지 지적해 두고자 하는 것은 '고독 상태일 경우에도 마찬가지'라는 점인데, 고독 상태일 경우 하느님이 어디로 이끄는지 보는 것이 아니라 악신이 어떻게 이끄는지를 살펴봐야 한다는 점이다.

여기서 하느님의 뜻을 식별하는 과정에 있어서 중요한 것은, 하느님이 준 위안의 상태에 자신의 제안을 가져가 양자가 조화를 이루는지 살펴보는 것은 아니라 할 것이다. 그렇게 되면 위안이나 고독 등의 영적 흐름을 통해 하느님의 뜻을 식별해야 하는 둘째시기에, 자칫 잘못하면 이성에 의한 식별이라는 셋째시기의 요소가 틈타 들어올 위험성이 있기 때문이다. 따라서 둘째시기의 선택에 있어서 중요한 것은 하느님 자신이 식별자를 어디로 이끌고 있는가를 보는 것이다. 이것은, 하느님은 위안을 줄 뿐만 아니라 하느님 자신이 선택 대상에 대한 충동도 불러일으킨다는 것을 의미한다. 그러므로 위안을 자궁, 곧 그 안에서부터 식별자가 하느님에서 출발하여 제안된 이자택일에로 움직여 가는 의지적 움직임 내지 능동적 충동을 체험하는 자궁 내지 모체로 봄이 타당하다 할 것이다. 물론 그렇다고 해서 인간 측의 자유로운 선택을 무시하는 식의 맹목적 충동에로 이끄는 것은 아니다. 성령은 자유로운 선택 대상 중 하나에로 이끌면서, 성령이 무엇을 더 좋아하는지 사인을 보내며 인간의 자유에 호소하는 것이다. 따라서 성령이 불러일으키는 의지적 충동이란, 지성적 욕구로서의 의식적인 의지의 움직임이며, 모든 의지적 바람과 싫어함의 뿌리인 사랑에 의해 의식적으로 움직여지는 것이다.

이처럼 하나의 선택을 향한 내적 움직임 내지 충동이 있을 때, 그것이 하느님으로부터인지 악령으로부터인지 또는 다른 원천으로부터인지 어떻게 알 수 있는가 하는 것이 중요한 문제로 대두된다. 이 점에 대해서는 영의 식별 규범 I의 다섯째 규범이 실마리가 된다. 이 규범이야말로 영신수련 전체에서, 위안과 고독이 하느님의 뜻을 발견함에 있어 어떻게 도움이 되는지 빛을 던져주는 유일한 표현이기 때문이다. 이 규범에 의하면 위안 상태에서는 주로 선신이 지도하고 권고(조언)하며, 고독 상태에서는 악신이 권고한다고 한다. 그렇다면 둘째시기의 식별 대상인 체험은 의지뿐만 아니라 실질적 판단에 있어서도 선신이나 악신으로부터 오는 영향을 포함하고 있는 것처럼 보이는데 사실 그러한가? 이 점에 대해, 조언(counsel)을, 불가타 번역본에서는 충동(instinctu) 내지 선동(instigatione)으로 번역하고 있는바, 이는 바로 의지적 충동을 가리킨다고 하겠다. 이렇게 볼 때, 둘째시기에 있어서 조언과 의지의 움직임은 같은 것인가, 다른 것인가가 중요한 문제로 부각되는 것이다.

이 조언의 성격을 좀 더 정확히 알기 위해서는 영의 식별 규범 Ⅰ의 넷째 규범과 연결시켜 생각해 봐야만 한다. 넷째 규범에서는 '생각'들에 대해서 언급하고 있고, 다섯째 규범에서는 역시 같은 생각인 '조언'에 대해 언급하고 있다. 따라서 생각의 원천에 대해 넷째 규범에서는 암묵적으로 설명한 것을 다섯째 규범에서 분명히 드러내고 있다고 볼 수 있다. 곧 넷째 규범에서는 위안이나 고독으로부터 오는 생각에 대해 이야기하고 있고, 다섯째 규범에서는 위안과 고독을 자극하는 선신과 악신으로부터 조언(생각)이 온다고 이야기하고 있다.

이로써 조언의 성격 내지 의지적 움직임과의 관계가 명확해졌다고 보인다. 곧 둘째시기의 선택 방법은 이성을 사용하지 않는 것이므로, 둘째시기 체험의 조언이란, 하느님 또는 악신에 의해 제공된 의지적 움직임에 입각한 판단이라고 할 것이다. 따라서 조언은 정서적 고유성에 의한 판단인 것이다. 이는 셋째시기처럼 하느님께 대한 봉사에 있어서 유리한 점 내지 불리한 점을 이성에 입각하여 판단하는 것과는 다른 것이다. 다만 이 정서적 판단은 결정이 아니며, 반드시 하느님이 원하는 것에 대한 결정을 위한 증거가 되는 것도 아니다. 더욱더 깊이 평가된 연후에야 증거가 될 것이다.

다음으로는 둘째시기 체험에 있어서의 위안의 성격 내지 특성에 대해 살펴보고자 한다. 다섯째 규범을 잘 읽어보면 문제점이 드러난다. 곧 '위안 상태에서는 주로 선신이 우리를 지도하고 권고(조언)함과 같이, 고독한 때에는 주로 악신이 책동하는데'라고 하고 있는바, 위안을 맛보고 있다고 해서 그 조언의 원천이 하느님으로부터라는 절대적 보증이 되지 못하는 것이다. 하느님으로부터의 움직임과 더불어 자신의 생각이나 희망이 틈타 들어올 수도 있고, 심지어 악신마저도 끼어들어 올 수 있는 까닭이다. 그렇기 때문에, 단 한 번의 둘째시기의 체험으로는 하느님의 뜻에 대한 충분한 증거 제공이 되지 못하고 많은 체험이 필요하게 된다.

또 한 가지 중요한 점은 선신이나 악신이 의지적 움직임을 통해 조언을 불러일으킬 때, 이를 통해 하느님의 뜻을 판별하기 위해서는 반드시 위안 상태 중일 것이 필요하다. 곧 그런 위안의 전후,

심지어는 그런 위안 직후의 움직임 내지 조언을 통해서 식별해서는 되지 않는다. 위안 상태와 조언의 동시성이 요구되는 것이다.

그런데 왜 이러한 위안 중의 충동이나 조언이 하느님으로부터 온 것이라고 볼 수 있는가? 아마 이냐시오는 성경과 크리스천 체험에 입각한 크리스천의 전통을 신뢰했기 때문이었을 것이다. 영적 위안이란 이처럼 살아 있는 신앙에 터 잡고 있는 것이지만, 성령이 활동하는 유일한 사인 내지 제1의 사인이 영적 위안이라고 생각해선 안 된다. 성령은, 영적 고요나 심지어는 영적 고독에 있을 때도 지성과 의지에 힘차게 활동할 수 있고, 그럼으로써 신앙·희망·사랑·용기 등을 불러일으킬 수 있다. 반면에 영적 고요 내지 위안에 있을 때도 비영적인 생각이나 경향이 에고이즘으로부터 솟아날 수 있고 악령 또한 속이려 덤비는 것이다. 따라서 우리가 영적 위안을 맛보며 조언을 받고 있다고 생각할 때 참으로 그것이 하느님으로부터 온 것인지, 대단히 신중하게 검토해 볼 필요가 있다. 이 점과 관련하여 영적 위안과 비영적 위안의 구별에 대한 예를 들어보면, 어떤 선택 대상에 대해 위안을 맛보았다고 한다면, 그 선택 대상의 부정적인 측면들을 숙고해 볼 때도 역시 위안을 맛보는지 점검해 보아야 할 것이다. 자기가 생각하는 성소나 어떤 신분하에서 겪는 어려움들을 상상할 때 일어나는 영적인 움직임들을 파악하는 것은 대단히 중요하다.

이처럼 영적 위안과 조언의 동시성이라는 조건이 갖춰져도 그것만으로는 부족하다면, 의지적 충동이나 조언이 하느님으로부터 온 것임을 인정하기 위해서는 어떤 조건이 갖춰져야 하는가? 이 점에 대해서는 의지적 충동이나 조언이 영적 위안과 함께 통합적 체험을 형성해야 한다고 보아야 할 것이다. 이는 '전체적이고 복합적인 위안 체험의 구조'를 이루는 것으로서 살아 있는 신앙의 뿌리가 된다. 이러한 위안 체험의 구조로부터 의지적 충동과 조언이 나오게 되는 의식적 환경 내지 자궁과 같은 역할을 수행하는 것이다. 의지적 이끌림과 조언이 영적 위안과 통합될 때만이, 전체로서의 그 체험은 성령으로부터 온 것임을, 하느님의 뜻에 대한 증거임을 정당하게 평가할 수 있다.

이제 이런 둘째시기 체험을 어떻게 식별할 것인가에 대한 문제를 살펴보기로 하자. 이런 식별은 그 체험이 끝난 후부터 시작된다고 할 것이다. 왜냐하면 그때부터 비로소 체험에 대한 분석과 성찰이 가능하기 때문이다. 이러한 체험에 대한 성찰은 정온한 때여야 한다. 고요한 정신과 마음이 아니면 둘째시기 체험에 대한 정확한 평가와 해석이 되지 않기 때문이다. 그리고 성찰할 때에는 다음과 같은 요소가 점검되어야 할 것이다. ①의지적 충동과 조언을 체험한 위안이나 고독이 '영적'인 것인가? 이때 살아 있는 신앙에 뿌리를 두고 그것을 키워 나가는 것은 영적 위안이고 그 반대의 것은 영적 고독이다. ②그 영적 위안이 악신에 의해 야기되고 있지나 않은가? 처음과 중간과 끝이 일관성 있게 성령과 일치하고 있는가? ③위안 중에 의지적 충동이 이끌고 간 그 대안이 그 자체로 좋고 구체적 상황에서의 참된 선택인가? ④이끌려 간 그 대안이 유일한, 아니면 적어도 원칙적으로 하느님의 뜻이라고 보이는가? 왜냐하면 자기 사랑에 의해 움직여진 자연적 충동일 수도 있고, 성령에 의한 충동이 그런 것과 섞여 있을 수도 있기 때문이다. ⑤의지적 충동과 조언이 실질적인 영적 위안의 직전이나 직후가 아니고 그 위안 동안에 일어났는가? ⑥위안 중에 일어났다 하더라도 그것이 모체로서의 위안이나 고독으로부터 연유하고 있는가? ⑦의지적 충동의 대상, 뒤이어 오는 정서, 조언 등이 가감 없이 정확하게 포착되는가? 왜냐하면 자신이 원하는 것을 이 속에 포함시킬 수가 있기 때문이다.

이와 같이 둘째시기의 체험을 분석하고 식별해 나감에 있어서도 다른 시기에서와 같이, 진정한 구체적 상황에 대한 이해는 필수적이다. 곧 식별자 자신이 처해 있는 구체적 한계성, 은총의 유무, 세상 및 교회의 필요성 내지 시대적 징표 등에 대한 정확한 이해가 갖춰져 있지 않으면 신적 조언에 대해 잘못 해석할 위험에 떨어지고 말 것이다.

지금까지 살펴본 작업들을 통해 둘째시기의 선택을 위한 모든 증거를 비교하고 무게를 달아보아야 한다. 그래서 양쪽 대안에 대한 증거가 거의 비슷할 때는 둘째시기의 선택을 계속할 것인지, 셋째시기로 넘어가야 할 것인지를 결정해야만 한다. 이냐시오의 경우를 보면 선택을 매듭지을 때, 훌륭히 식별했고 하느님의 뜻을 찾았다는 안정감, 하느님의 뜻에 거역하고 있다는 불안감으로부터의 자유로움, 최종적인 느낌, 더 이상 식별하지 않아도 되겠다는 완성감 등이 있었다.

3.3 선택의 셋째시기

이상으로 선택의 첫째시기와 둘째시기를 살펴보았다. 이제부터는 이냐시오가 영신수련에서 이야기하는 선택의 세 시기 중 마지막 시기에 대해 살펴보고자 한다. 선택의 방법 그 자체는 둘째시기에 비해 수월할지도 모른다. 그러나 과연 이 방법이 하느님의 뜻을 찾아감에 있어서, 둘째시기보다 더 우월한 방법인지의 여부에 대해서는 주석가들 사이에 논란이 계속되고 있다.

선택의 셋째시기에 대해서는 영신수련 [177]에서 [188]에 걸쳐 언급되고 있다. 첫째시기나 둘째시기와는 달리 대단히 장황한 설명이 펼쳐지고 있는데, 거기에 서술된 내용을 종합해 보면 셋째시기는 3요소로 구성되어 있음을 알 수 있다. 첫째로 인간의 창조목적에 대한 확실한 인식이 있어야 하며, 둘째로 의지적 충동이 있어야 하며, 셋째로 영혼이 평온해야 한다. 첫째시기와 둘째시기가 기본적으로 영들의 움직임에 의한 위안과 고독이 중심이 되어 하느님의 뜻을 식별해 나감에 비해, 셋째시기의 기본적인 특성은 그러한 영적 움직임이 없다는 점이다. 따라서 영적 위안과 고독에 의해 식별하는 것이 아니라, '영혼이 침착해 있어 각종 신들의 책동으로 흔들리지 않는 가운데 자기 본성의 기능을 사용해' 식별해 나가는 것이다. 이러한 셋째시기의 구체적 선택 방법으로서 두 가지가 제시되고 있다. 첫째 방법은 여섯 개의 요점으로 구성되어 있고, 둘째 방법은 네 개의 규칙과 한 개의 주의 사항으로 구성되어 있다.

셋째시기 선택의 가장 큰 특징을 이루는 것은 영혼이 평온한 상태에 놓여 있다는 점이다. 이러한 평온한 때라는 영적 상태가 어떤 것인가에 대해 논란이 있다. 기본적으로 고독 상태라는 견해, 또는 메마름의 시기라는 견해도 있고, 무엇인가 잘못되었기 때문에 조사를 해보아야 한다는 주장도 있다. 이 주장이 논거로 드는 바는 일러두기 여섯째이다. 곧 이냐시오는 '피정하는 이가 위안이나 고독 같은 마음의 충동도 느끼지 않고, 여러 가지 신들로 인해 동요되지도 않는 것을 발견할 때에는 그가 하는 피정에 대해 여러 가지를 물어보아야 한다.'고 한다. 피정을 제대로 하고 있는 이라면 여러 가지 영적 움직임이 있는 것이 당연함을 전제하고 있는 것이다. 그러나 셋째시기의 영적 상태는 기본적으로 위안의 상태라고 보아야 할 것이다. 곧 고독 상태라고 볼 수는 없다고 할 것이다. 물론 위안 상태라고 해서 둘째시기에서 보듯이 위안이나 고독이 강도 세게 체험되는 것은 아니고, 오히려 그런 동요됨이 없는 고요한 상태를 가리킨다고 할 것이다. 영신수련 [177]에서 언급하듯이 '자유롭고 침착하게' 본성의 기능을 사용할 수 있다는 것 자체가 위안 상태라고 할 수 있을 것이다.

이처럼 영혼이 평온한 상태에서 자연적 능력, 곧 통찰력·이성·상상력·기억력·의지 등을 사용해 하느님의 뜻을 식별한다. 이러한 자연적 능력이 방해받지 않고 기능하기 위해서는 둘째시기에서 본 것과 같은 영적 움직임은 배제되어야 한다. 따라서 피정자에게서 둘째시기의 움직임이 계속 보이는 한 셋째시기의 선택을 해서는 안 된다. 더 나아가 둘째시기의 영적 움직임뿐만 아니라, 다른 영적 또는 비영적 장애물도 배제되어야 한다. 예컨대 걱정, 다른 관심사, 피로, 주의 산만한 환경, 고뇌, 분노, 대단히 고양된 기쁨 내지 희열 등도 피해야 하는 것이다.

이렇게 본다면, 셋째시기의 '평온한 때'를 위해서는 이러한 위안이나 고독을 배제하는 것 내지 다른 영적·비영적 요소를 배제하는 것이 절대적이고 총체적인가라는 물음이 제기될 수 있다. 만약 절대적 고요의 상태를 요구한다면 셋째시기의 선택은 불가능해지고 말 것이다. 현실적으로도 불가능한 것이다. 셋째시기에서 평온함을 요구하는 것은, 영적인 격렬한 움직임에 휘말리지 않고 비교적 고요한 상태에서 자연적 능력을 사용할 수 있게 하기 위함이다. 따라서 그다지 심하지 않은 위안이나 고독 상태가 있는 것은 무방하다고 할 것이다.

4. 선택에 있어서의 확증 절차

지금까지 우리는 영적 위안이나 고독과 같은 영적 움직임이라든지 이성적 고찰을 중심으로 한 하느님의 뜻을 식별하는 과정에 대해 살펴 왔다. 그러나 이러한 선택의 세 시기를 통해 하느님의 뜻을 알아냈다고 하더라도 아직 그것은 잠정적 형태를 띨 뿐 확정되지는 않는다. 그것이 참으로 하느님의 뜻이라는 확신을 갖고 실행에 옮기기까지에는 아직 거쳐야 할 단계가 있다. 확증 절차(confirmation)와 확신의 문제가 그것인데, 후자에 대해서는 본고의 마지막 단계에서 살펴보기로 하고, 여기서는 전자의 문제만 다루기로 한다.

여기서 확증이라 함은 의지의 확증 문제가 아니라 판단의 확증을 말한다. 의지적 확증이란 하느님의 뜻만을 행하겠다는 의지의 강화 문제로서, 이는 구체적인 선택 작업에 들어가기 전에도 필요하고, 선택 작업 중에도 필요하며, 더 나아가 식별의 최종 결정이 이루어진 후에도 필요한 것이다. 의지가 약해 하느님의 뜻을 수행해 내지 못하는 경우를 왕왕 볼 수 있으며, 이를 위해 영신수련의 제3주와 제4주가 필요한 것이다.

이에 반해 판단의 확증이란, 충분한 증거에 의해 하느님의 뜻에 대한 식별에 도달한다 하더라도 아직 효과적인 선택을 하기엔 미흡하기 때문에 신적인 확증 절차를 요하는 것이다. 따라서 선택에 있어서 막바지에 이른 이 과정은 하느님의 뜻을 행하겠다는 의지적 동의를 강화하기 위함이 아니라, 잠정적인 지적 동의를 강화하여 선택을 위한 결정을 최종적으로 행하기 위함인 것이다. 이에 대한 가장 전형적인 예를 우리는 이냐시오의 청빈 문제에 대한 식별 과정에서 볼 수 있다. 그는 적어도 8일 이상의 식별 작업을 통해 잠정적 결론에 도달했음에도 불구하고 무려 한 달에 걸친 확증 절차를 행하고 있다.

그런데 이러한 판단의 확증을 얻음에 있어서는 선택의 세 시기를 통한 식별에 있어서 잠정적 결론에 도달하기 전의 확증 절차와 도달한 후의 확증 절차로 나누어 볼 필요가 있다. 이하, 차례대로 보기로 한다.

4.1 선택의 잠정적 결론에 도달하기 전의 확증 절차

이러한 식별의 확증을 위해서는 다음과 같은 질문들이 논의되어진다. 첫째, 확증을 구하는 것은 선택의 셋째시기에만 특유한 것인가? 둘째, 확증을 구한다는 것이 필요한 것인가? 셋째, 실질적으로 확증을 받는다는 것이 필요한가? 넷째, 확증으로서 중요한 것은 무엇인가? 다섯째, 그러한 확증은 어떻게 구하지는가? 여섯째, 확증 절차는 언제 끝내야 하는가? 하는 것들이 그것이다.

그런데 이러한 확증 문제에 대한 중요한 문헌으로서는 이냐시오의 영적 일기를 들 수 있다. 그중에서도 예수회의 청빈 문제에 대한 식별 과정이 중요한바, 이하에서는 먼저 일기에 대한 분석을 한 후에 앞에서 제기한 문제들을 살펴보기로 한다.

예수회가 완전한 청빈을 지킬 것인가의 여부에 대해 이냐시오는 한 달여에 걸친 식별 작업에 들어갔는데, 이는 네 단계로 나누어 볼 수 있다. 첫째 단계는 2월 2일부터 2월 11일까지인데, 여기서 그는 자신이 행한 선택의 명확한 모습을 제시하고 있다. 큰 식별 대상인 청빈에 대해 완전한 청빈을 행함이 하느님의 뜻이라는 결정을 내리고, 그것을 하느님께 봉헌하고, 하느님으로부터 확증의 사인을 받고 있다. 둘째 단계는 2월 12일부터 2월 18일까지인데, 여기서 그는 이미 결정을 했고 확증을 받았고 끝냈다고 생각한 식별에 대해 유혹을 체험하고 있다. 완전한 청빈을 약화시키는 생각, 곧 성당의 유지를 위한 정도의 재산은 보유함이 좋지 않은가 하는 생각이 들기 시작한 것이다. 이런 와중에 그가 기도하고 있을 때 집안에 소동이 일어나 너무 시끄러운 나머지 분심이 들어 기도를 중지하고 말았는데, 그 점에 대해 하느님께 용서를 청하고 다시 하느님과 화해를 하는 과정을 거침으로써 선택은 지연되고 만다. 셋째 단계는 2월 19일부터 3월 11일까지인데, 이때 그는 많은 신비적인 위안을 체험하고 있다. 그러나 이러한 깊은 영적 체험이 청빈에 대한 결정이나, 성삼의 각 위격에 대한 화해와 어떤 관련을 띠고 있는지는 명확하지 않다. 다만, 하느님과의 화해가 완전히 이루어질 때까지는 선택을 끝냄이 방해를 받고 있는 듯한 인상을 준다. 그리고 2월 23일에는 커다란 확증 체험을 하고 있다. 넷째 단계는 마지막으로서 3월 12일인데, 식별 과정이 고독 상태에서 시작되고 있다. 곧 확증에 대한 너무 많은 표징을 구하고 있는 것이나 아닌가 하는 여러 상반된 생각에 시달리던 중, 그러한 긴장에 대한 의식 성찰이 그에게 전환점이 되고 선택 작업을 끝내게 되는 계기가 된다. 그 후 식사 때, 결정에 대해 의심하게끔 하고 주저하게끔 하는 생각이 드는 것을 보며, 어떻게 유혹자가 움직이는지 '깨닫게' 되면서 식별에 대해 완전한 확신을 갖고 끝내게 된다. 이러한 깨달음은 대단히 중요한 의미를 갖는바, 그것이 영적 위안이나 고독 상태일 때가 아니라 냉철한 숙고의 힘이 작용하고 있는 '평온한 때'였다는 사실이다. 이 깨달음을 통해 2월 11일 이후에 있은 선택 과정에 대한 전체적인 해석을 할 수가 있었고, 영의 식별 규범에 대한 예시가 되어 주었다. 어떻게 보면 이냐시오가 영적으로 대단히 성숙해 있던 이 시기에조차 악령에 속고 잘못 인도되어 오고 있었던 것이다.

이상의 영적 일기에 대한 분석을 바탕으로 확증 절차와 관련된 구체적 문제들을 점검해 보기로 한다. 첫째, 식별에 대한 확증은 선택의 셋째시기에만 특유한 것인가 하는 물음에 대해서는, 영신수련 [183][188]만 읽어보면 그렇다고 할 수도 있다. 그러나 위에서 살펴본 바와 같이 청빈의 선택에 대한 이냐시오의 영적 일기를 보면 그렇지 않다. 왜냐하면 2월 9일에 내린 잠정적 결정은 선택의 둘째시기와 셋째시기의 식별에 의한 조합임이 분명하기 때문이다. 이는 2월 5일, 6일, 7일 등에 묘사되고 있는 '완전 청빈에로 더욱 이끌림'이나 '더욱 기울어짐' 등은 둘째시기에 의한 식별로 보여지고, 8일의 '한 시간 반 이상 선택을 계속했으며 이치로 따져 더 합당하게 보이고 의지가 더 이끌리는 것, 곧 수입금을 두지 않는 것을 봉헌하였으며'는 셋째시기에 의한 식별로 보여지기 때문이다. 따라서 잠정적 결정 후의 오랜 확증 기간이 선택의 셋째시기의 결과에 대한 것이라고만 함은 이치에 맞지 않는 것이다.

둘째, 이러한 확증을 구함이 필요한가? 이냐시오의 영적 일기를 보면 2월 18일자에서 '영원하신 성부여, 확증시켜 주소서. 영원하신 성자여, 확증시켜 주소서. 영원하신 성령이여, 확증시켜 주소서. 성삼위여, 확증시켜 주소서. 나의 하느님이여, 확증시켜 주소서.'라고 하면서 간원하고 있는 모습을 볼 수 있다. 왜 이냐시오는 그토록 사려 깊은 충분한 기도를 한 후 정당하게 결정을 내렸음에도 불구하고 그것을 잠정적인 것으로 취급하고 확증을 구했는가? 그리고 왜 일반적으로 선택에 있어서 이러한 확증 절차가 필요한가? 이 점에 대해서는, 셋째시기에 의한 선택에는 거의 신뢰성을 두지 않았기 때문에 확증이 필요했고, 그러한 확증을 위해서는 둘째시기의 영의 움직임에 의한 증거가 필요하다는 설명은 이냐시오의 저술과는 배치된다고 하겠다. 오히려 하느님의 뜻을 발견함에 있어서는, 최선을 다해 '이성적' 노력을 쏟아야 한다는 하나의 원칙 때문이라고 할 것이다. 물론 이러한 원칙은 모든 식별에 있어서 다 적용되어야 하는 것은 아니다. 그다지 중요하지 않은 사항에 대한 것처럼 경우에 따라서는 확증 절차를 거침이 오히려 비이성적으로 보이는 것도 있기 때문이다.

셋째, 현실적으로 반드시 그러한 확증을 받아야만 하는가? 이냐시오 식으로 하느님의 뜻을 찾음에 있어서는 근본 원칙이 있다. 곧 하느님은 인간을 너무나 사랑하는 나머지 어떠한 선택 상황에 있어서도 하느님의 영광을 더 많이 공유할 수 있는 선택을 하기를 원하며, 그 결과 성령의 이끎 속에 하느님의 뜻이 있음을 확신할 수 있게 된다는 원칙이다. 다만 우리가 최선을 다하고 있을 때만이 성령이 이끌고 있음을 합당하게 확신할 수 있을 것이다. 그렇다면, 잘 식별해서 선택하고 결정한 후 확증을 위해 이성적으로 최선을 다했음에도 불구하고 확증을 못 얻게 되면 어떻게 해야 하는가 하는 물음이 제기될 수 있다. 이때는 그 결정을 믿어야 하며 그 결정에 따라 움직여야 할 것이다. 만약 그 결정이 더 큰 하느님의 영광을 드러내는 것이 아니라면 성령이 그 부당함을 보여주었을 것이기 때문이다. 이와 같이 이성적 최선을 다하기 위해서는 사안에 따라 좌우되기야 하겠지만, 확증을 위해 어느 정도 오랜 시간을 쓰지 않으면 안 될 것이다.

넷째, 확증을 구할 때 어떤 것이 확증의 중요한 자료가 될 수 있는가? 이 문제는 그런 확증으로서, 선택의 둘째시기의 증거와 같은 영적 위안이나 고독에 한정되는가, 아니면 셋째시기의 증거와 같은 이성도 포함되느냐, 심지어는 선택을 실행한 결과 뒤따라오는 요소들도 고려의 대상이 될 수 있느냐 하는 것이다. 영적 위안이 가장 중요한 요소이기는 하지만, 그것에 한정된다고 할 수는 없을 것이다. 이성적 추론 작용도 그에 못지않게 중요하다고 할 수 있는바, 이는 이냐시오의 영적 일기를 봐도 알 수 있다. 특히 확증 절차에 들어가 있는 2월 16일자를 보면 '미사 후에 한 시간가량 선택에 대해 생각하면서 이미 주어진 수입과 그 요점을 살폈다. 그것은 원수의 함정이고 계략이라고 생각했다. 고요함과 평화 속에서 나는 모든 성당에서 아무 수입이 없어야 한다는 결론을 성부께 드렸고 선택했다.'라고 하고 있기 때문이다. 더 나아가, 이미 이성적으로 알고 있는 것에 대한 더 큰 이해 내지 깨달음, 의지적 움직임의 심화, 할 수 있는 것을 다했으며 하느님의 뜻이 발견되었다는 확신의 감각 등도 확증을 위한 중요한 요소로 볼 수 있다.

다섯째, 이러한 확증은 어떻게 얻어지는가? 영신수련 [183]에 입각해서 보면, 이러한 확증은 지금 원하는 것이 오직 하느님의 더 큰 봉사와 영광이 되는지의 여부만을 위한 확증이어야 한다. 이러한 확증을 얻기 위해 이냐시오는 두 가지를 행하고 있다. 하나는, 미사나 기도 시 또는 다른 때라도 하느님이 위안과 충동을 주도록 기다리는 것이고, 다른 하나는 새로운 영적인 빛을 주도록 청하면서 이성적으로 점검하는 것이었다. 이러한 작업은 그의 영적 일기를 보면 분명히 드러나고 있다. 이냐시오가 그토록 열심히 점검을 했다면 우리는 말할 필요도 없을 것이다. 따라서 잠정적 결정에 다다르기 위해 둘째시기의 식별 과정에서 사려 깊은 성찰을 한 것처럼, 확증 절차에서 받는 위안에 대해서도 충분한 성찰이 이루어져야 한다.

끝으로, 이러한 확증 절차는 언제 끝내야 하는가? 이 점에 대해서는 일률적으로 이야기할 수 없으며, 합리적 판단이 대단히 어려움은 이냐시오의 영적 일기만 봐도 알 수 있다. 그러나 그 일기에 드러나는 것처럼 확증 절차가 항시 오래 걸리고 힘든 작업이라고는 할 수가 없을 것이다. 청빈에 대한 선택 문제는 그 어느 선택보다도 중요했던 점이 크게 작용했다. 다만, 그럼에도 불구하고, 이냐시오조차도 좀 더 일찍, 적어도 한 달 전인 2월 11일에 확증 절차를 끝냈어야 하지 않았을까 의심하고 있었다. 그렇게 본다면, 이틀 정도의 농도 깊은 탐구와 강한 확증이 있다면 충분하다고 할 수 있을지도 모르겠다. 공식지침서는 선택의 셋째시기로 넘어가는 적절한 때를 규정함에 있어서 '첫째시기와 둘째시기를 통해 영혼이 확신을 얻게 되면 그것으로 충분하고, 그렇지 못할 때 셋째시기로 넘어간다.'라고 한다. 이러한 확신감도 대단히 중요하지만, 자칫 오용 내지 오해될 위험도 크다. 진정 성령에 대해 개방되어 있지 않다면 확실성에 대한 감각 그 자체가 무가치해질 것이며, 그런 측면에 있어서도 하느님의 뜻에 대한 이성적 노력의 검토가 필요하다고 할 것이다.

4.2 선택의 잠정적 결론에 도달한 후의 확증 절차

여기서 살피고자 하는 것도 올바른 이냐시오식 식별에 의한 결정이 확증을 받느냐의 여부에 대한 문제로서, 의지적 확증의 문제가 아니라 결정에 이른 판단에 대한 확증의 문제이다. 곧 이성적으로 최선을 다해 성령께 마음을 열고 성실한 식별 절차를 거쳐 하느님의 뜻에 대한 고유의 한계성 안에서 잠정적 결론에 도달하고, 이냐시오의 지시에 따른 확증을 구한 연후, 그 선택에 대한 결정을 종결시킨 후에도 하느님의 뜻에 대한 판단의 확증이 필요한가 하는 문제이다. 이 점에 대해서는 특별히 다음과 같은 네 가지 사항에 의해 판단의 확증이 가능하다고 주장되고 있기 때문인바, 차례로 보기로 한다.

첫째, 권위에 의해 하느님의 뜻에 대한 판단이 확증될 수 있는가 하는 문제이다. 물론 여기서의 권위라 함은 학식이 있고 지혜가 있는 그런 권위를 말하는 것이 아니라 순명을 요구할 수 있는 권력 내지 기구를 말한다. 이 점에 대해 교황과 같은 외적 권위를 통해 확증될 수 있고 또 되어야 할 필요가 있다는 견해도 있으나, 식별자의 결정에 대해 권위가 그것을 금지시킬 수 있지만, 그렇다고 해서 식별자의 애초의 결정이 하느님의 뜻이 아니었다고 할 수는 없을 것이다. 또한 권위를 지닌 이가 잘못 식별할 가능성도 배제할 수 없으며, 나쁜 동기에서 움직일 가능성조차도 있는 것이다.

둘째, 식별에 의한 결정을 실행에 옮길 때의 환경이 좋은가의 여부에 의해 확증이 가능하다고 하는 주장이 있다. 이에 의하면 하느님의 뜻은 내적 마음의 평화나 기쁨뿐만 아니라, 어떤 면에 있어서는 이차적인 요인들을 통해 그 섭리의 작용을 드러낸다고 한다. 그런 예로써 실행을 용이하게 하는 것이라든지 방해물을 제거하는 것들을 들고 있다. 그러나 만약 실행에 옮기는 구체적 상황이 의미가 있다고 한다면 오히려 어려움이 많이 생길수록, 반대에 더 부딪칠수록 더욱 하느님의 뜻에 가깝다고 해야 되지 않을까? 이는 예수가 제자들에게 가르친 것을 보나, 이냐시오가 체험한 것을 봐도 그렇다. 물론 이러한 것을 일반화할 수는 없고 그때 그때의 구체적 상황 속에서 분별해야 할 것이지만, 실행에 옮기는 그런 상황의 호불호가 확증의 자료가 될 수는 없다 할 것이다.

셋째, 식별과 결정을 통한 실행의 결과, 의도된 목적을 달성했느냐의 여부에 의해 확증할 수 있는가 하는 점이 문제된다. 이 점에 대해서도 부정적으로 대답할 수밖에 없다. 비록 그 실행이 성공적이었고 하느님의 영광을 위한 것이었다 하더라도, 선택에 있어서 배척했던 다른 대안이 더 큰 하느님의 영광을 초래할 수 있었을지 어떻게 알 수 있겠는가. 실패했을 경우도 마찬가지다. 다른 대안을 택했더라면 더 심하게 망쳤을지 어떻게 알겠는가. 또는 실패한 경우, 식별자의 식별과 확증에 문제가 있었던 것이 아니라 제삼자의 자유로운 원인에 의해 그런 결과를 초래할 수도 있지 않은가. 무엇보다도 하느님의 뜻과 관련하여 더욱 중요하게 고려해야 할 점은, 먼 안목에서 보면 오히려 더 큰 하느님의 영광을 초래하는 것임에도 불구하고, 하느님 자신이 지금 당장은 그러한 실패를 원할 수도 있다는 사실이다. 예수 그리스도의 삶과 죽음이 전형적인 예가 되지 않겠는가.

넷째, 결정에 따른 행위의 실행에 의해 예기치 않은 결과가 초래되었을 때 그 결과에 의해 확증 여부를 정할 수 있는가 하는 점이 문제된다. 여기서 확증 여부를 위해 점검할 결과라는 것은 오직 그것이 하느님의 더 큰 영광이 되느냐의 여부라는 관점에서만 고려되어야 한다. 그리고 그 결과라는 것이 계획된 실험에서 나오는 결과여서는 안 된다. 곧 잠정적 결론을 조금 실행해 봄으로써 더 확실한 증거를 수집하려는 것으로서 이는 잠정적 결론을 종결짓기 위한 증거에 지나지 않기 때문이다.

종결된 결정을 실행한 후의 체험을 통해 배우는 것은 이냐시오에 있어서는 장래의 결정을 내림에 있어서 그리고 과거에 한 결정의 '현재의' 가치를 재평가함에 있어서 유익한 것이었다. 곧 '당시' 정당하게 식별한 하느님의 뜻으로서의 '과거의' 결정에 대한 확증 여부를 위해 유익한 것이 아니었다. 만약 하느님의 뜻을 발견함에 있어서 결정을 실행한 결과가 필요하다고 한다면, 지금 당장의 결과만 가지고 판단한다는 것은 자의적이고 비합리적이라 할 수 있을 것이다. 지금 당장의 결과는 안 좋을지 모르지만 좀 더 나중의 결과는 좋을지도 모르고, 이렇게 해서 인과의 연쇄가 계속되는 이상 이 역사가 끝나기 전까지는 확실히 안다는 것은 불가능해지기 때문이다.

이상 검토한 바를 보면, 잠정적 판단의 확증 여부를 위한 자료에 대한 이냐시오의 생각은 보통 생각하는 것보다 광범위하고 포괄적이다. 영적 위안이나 고독에 한정시키지 않고 많은 것을 포함시키고 있기 때문이다. 그러나 한편으로는, 실행의 결과에 의한 확증을 배제한다는 점에 있어서는 보통 생각하는 것보다 좁고 배타적이다. 그러나 이미 살펴본 바와 같이, 결과를 참작하려는 견해는 하느님의 뜻의 식별에 대한 한계를 잘못 이해하고 있기 때문이며, 지적인 확증과 판단을 실행하는 의지의 확증을 혼동하고 있기 때문이라고 하지 않을 수 없을 것이다.

5. 선택의 세 시기의 상호관계

이상으로 우리는 선택의 기본적인 구조를 모두 살펴보았다. 이제 선택의 최종 마무리인 확신의 문제를 남기고 있으나, 이 단계에서 선택의 세 시기를 종합적으로 비교 분석하면서 상호관계를 살펴봄이 유익하다고 생각한다.

지금까지 논의해 온 것을 보면, 하느님의 뜻을 식별함에 있어서는 세 계기가 있다고 할 수 있겠다. 먼저 식별 과정에 대한 데이터가 주어지는 계기로부터 시작해서, 주어진 데이터 내지 수집한 데이터를 고요한 중에 숙려하는 계기를 거쳐, 선택을 위한 결정을 끝내기 전에 신적 확증을 구하는 계기가 그것이다. 물론 여기서 데이터란, 선택의 첫째시기나 둘째시기에서는 영적 체험을 통해 하느님에 의해 주어지는 것이고, 셋째시기에서는 성령의 인도하에 이성에 의해 조용히 탐색되고 조직된 것을 말한다.

이러한 세 계기를 중심으로 생각해 볼 때, 선택의 세 시기의 상호관계를 논함에 있어서는 다음과 같은 세 가지 점이 문제가 된다. 첫째, 세 시기의 각 방법이 참으로 충분히 서로 구분이 되며 다른 것인가, 어떤 방법도 다른 방법을 특징짓는 요소들을 포함하지 않는 것인가? 둘째, 그렇다면 하느님 뜻에 대한 신뢰할 만한 결정에 도달함에 있어서, 각 방법은 다른 방법과는 독립하여 고유성을 가질 수 있는가? 끝으로, 만약 그렇다면 하느님의 뜻을 식별함에 있어서 하나의 방법으로 충분하지 다른 방법을 결합할 필요성은 없는가 하는 점들이 그것이다. 이하 차례로 보기로 한다.

5.1 세 시기의 상호관계에 대한 분석

선택의 세 시기는 각각 뚜렷한 특징을 지니면서 구분될 수 있는 것인가? 먼저, 세 시기 모두 궁극적 질문은 같다. 곧 지금 구체적인 상황 속에서 내가 선택하기를 원하는 하느님의 뜻은 무엇인가 하는 물음이다. 그럼에도 불구하고 각 시기에 있어서의 더욱 직접적인 질문은 다른 형태로 대답하게 된다. 첫째시기와 둘째시기에 있어서는, 하느님이 어느 대안으로 내 의지를 움직이고 있는가 하는 것이 중심이 된다. 선택을 위한 모든 구체적 상황 속에서 하느님은 항시 더 큰 영광이 되는 것을 선택하기를 원하므로, 하느님이 식별자를 움직이는 것이 더 큰 영광이 되고, 그것이 하느님의 뜻이 되기 때문이다. 이에 반해 셋째시기에서는 구체적 상황에서 선택을 위한 실질적 대안 중 어느 것이 더욱더 하느님의 영광을 위한 것인가 하는 것이 중심이 된다. 또는 모든 대안들이 같은 정도의 영광을 드러내는 것이라면 어느 것이 더욱더 가난하고 모욕받는 그리스도를 닮는 것인가 하는 것이 중심이 되는 것이다.

이렇게 서로 다른 질문들에 대답하게 되는 것은 각 시기의 방법들이 서로 다른 종류의 증거에 터 잡고 있기 때문이다. 첫째시기와 둘째시기도 같은 질문에 대답하고는 있지만, 그 대답에 대한 증거는 다른 것이다. 첫째 시기는 의심할 수 없는 확신의 체험이 증거로 되며, 영적 위안이나 고독 또는 유리한 점과 불리한 점을 비교 형량한 것들은 필수적 요소로 포함되지 않는다. 둘째시기는 위안이나 고독의 영적 움직임이 증거가 되는 것이며, 이에는 의심할 수 없는 확신의 체험이라든지 하느님의 영광을 위해 비교 형량한 유리한 점 및 불리한 점의 분석 등은 증거가 될 수 없다. 셋째시기는 하느님의 더 큰 영광을 위해 비교 검토한 유리한 점 내지 불리한 점들의 자료가 증거가 되며, 영적 움직임이라든지 하느님의 뜻에 대한 의심할 수 없는 확신의 체험 등은 배제된다. 따라서 둘째시기나 셋째시기에서 식별에 의해 어떤 판단(선택)에로 이끌린다 하더라도 이것은 식별 과정의 결과이지, 첫째시기에서처럼 그것이 식별이 시작되는 자료가 되는 것은 아니다.

이처럼 각 시기에 있어서의 직접적 질문 내용과 각 시기가 증거로 삼고 있는 것을 고려해 보면 세 시기는 뚜렷이 구분된다고 아니할 수 없다. 따라서 만약 진정한 셋째시기의 증거인 하느님의 영광을 위한 비교 형량이라는 이성적 작용이 첫째시기나 둘째시기에 일어난다면, 그런 이성은 첫째시기나 둘째시기의 요소라고 할 수 없을 것이다. 마찬가지로 구체적인 의지적 충동이 수반되는 위안이나 고독이 첫째시기나 셋째시기에 일어난다면, 그것은 다만 동시에 일어나고 있는 사건일 뿐 본질적 요소라고 할 수는 없을 것이다. 물론 이처럼 하나 이상의 선택 방법이 동시에 발생 가능할 수 있지만, 그럼에도 불구하고 선택의 한 방법은 다른 방법에 내포되어 버릴 수 없다.

이와 같이 세 시기가 뚜렷이 구분됨에도 불구하고 그것만으로는 아직 부족하다. 곧 이냐시오는 선택의 각 방법이 다른 방법들과 독립해서 하느님의 뜻을 찾고 발견하는 자율적인 방법, 믿을 수 있는 방법으로 생각했는가가 검토되어야 한다. 이처럼 독립의 문제라는 것은 각 방법에서 발견된 종류의 증거만에 의해 신뢰할 수 있는 결정이 가능한가의 여부의 문제다. 이러한 독립성의 문제에 대해 가장 근본적인 시각은 바로 영신수련 텍스트 자체에 드러나고 있다고 하겠다. 곧 [175]에서 선택의 세 시기를 언급하는 모두에 '각각의 경우에 건전하고 좋은 선택을 할 수 있는 세 시기'라고 명언하고 있는 것이다. 그리고 이냐시오 자신이 직접 쓴 영신수련 지침서에도, 첫째 방법으로 하느님의 뜻을 찾지 못하면 둘째 방법으로 해야 하며, 둘째 방법으로도 성공하지 못하면 셋째 방법으로 해야 한다고 명언하고 있는 점도 좋은 근거가 된다고 하겠다. 이는, 셋째 방법이라는 것이 둘째 방법을 위한 단순한 사전 연습이 아니며, 둘째 방법 또한 첫째 방법에로 되돌아가기 위한 사전 연습이 아님을 말하고 있는 것이다.

여기서 특별히 논의의 초점이 되는 것은 셋째 방법의 독립성이다. 곧 둘째 방법과 독립해서 셋째 방법만으로도 신뢰할 수 있는 하느님의 뜻을 발견해 낼 수 있는가에 대해 논란이 일고 있는 것이다. 이 점에 대해서는 두 가지의 중요한 자료가 있다. 그중 하나는 이냐시오가 데 베르가라에게 보낸 편지이다. 이 편지는, 이냐시오 당시의 유명한 교수였던 그가 예수회에 입회하려 했으나, 신앙에 의해 조명된 이성에 입각한 확신은 있었음에도 불구하고 둘째 방법에 의한 선택 체험(위안)이 없어 망설이고 있음에 대한 코멘트인 것이다. 편지의 일부를 옮겨 보면 '성령께서, 더 큰 하느님의 봉사와 영광을 위한 것이 어떤 것인가에 대해 이성이 가르친 바를 어떻게 애정을 갖고 음미하며 기꺼이 수행할 것인가를 가르쳐 줄 것입니다. 더 좋고 완전한 것을 찾음에 있어 이성의 활동만으로 충분한 것은 사실입니다. 더 나아가 비록 다른 움직임, 예컨대 의지적 움직임이나 위안 중의 의지적 충동이, 결정이나 실행에 선행하지 않더라도 쉬 뒤따라올 수 있을 것입니다. 이런 식으로 하느님인 우리 주는 당신의 섭리에 대한 신뢰, 자아포기, 자기중심적 위안의 포기에 대해 갚아주십니다. 곧 위안을 덜 구하면서 더 순수하게 하느님의 영광과 찬미를 찾고 있는 이에겐 더 큰 만족과 기쁨 그리고 더 풍성한 영적 위안으로 갚아주시는 것입니다.'라고 하고 있다.

이 편지에서 볼 수 있듯이 만약 셋째시기를 독립된 것으로 인정하지 않았다면 이냐시오는 하느님이 둘째시기의 체험을 줄 때까지 기다리도록 권유했을 것이다. 여기서 더 중요한 점은, 자신의 만족을 위해 영적 위안을 찾고 있는 것이 아니라면, 선택에 좇아 결정을 실행하고 있는 중에 영적 위안이 주어질 것으로 기대할 수도 있다고 한 사실이다. 곧 결정 전에 위안을 요구함은 하느님의 섭리에 대한 신뢰의 결핍으로 보일 수도 있다는 점이다.

또 하나의 중요한 자료는 초기 예수회원들의 공동 식별에 대한 것이다. 이는 예수회의 창설과 관련되는 대단히 중요한 것으로서,

동료들 중의 한 명에게 순명을 서약할 것인가에 대한 식별이었다. 그 문헌 중 식별 방법의 개략을 설명해 놓은 부분을 옮겨 보면, '따라서 우리는 모든 인간적 노력을 다하기 시작했다. 각자에게 몇 가지 질문을 제시했는데, 그것은 지금 이 시기에 신중히 생각해야 할 점들과 미리 고려해야만 할 점들이었다. 종일 우리는 그것들을 숙고하고 묵상했으며 기도하고 탐색했다. 밤에는 전체가 모여 서로 나누기를 하면서 무엇이 더 적절하고 유익한지를 판단했다. 이때 우리가 의도한 것은 모두가 한마음이 되어 더 강력한 이성과 다수 투표에 의해 검증되고 추천되어진 것, 곧 더욱 진실에 가까운 생각을 포용하자는 것이었다'. 여기서 이성(reasons)이란 셋째 방법에 의한 유리한 점과 불리한 점들을 비교하는 작업을 말한다. 이 문헌을 보면 셋째시기의 방법을 설명하고 있음에 다름 아니며, 그토록 식별 방법에 대해 용의주도하게 언급하고 있는 이 문헌이 만약 하느님의 뜻을 발견함에 있어 둘째시기의 증거가 필수적이었다면 언급하지 않았을 리가 없을 것이다.

다음으로 살펴볼 점은, 하나의 방법에 의해 결정을 위한 충분하고 건전한 증거가 얻어졌을 때 다른 방법에 의한 증거를 찾을 이유는 없는가 또는 다른 방법에 의한 증거를 찾는 것이 권장되거나 심지어는 요구되기조차 하는가 하는 문제다. 이 점에 대해서는 영신수련 [175-178]과 이냐시오 자신이 쓴 지침서 [18-20]을 읽으면 일견, 양 방법을 혼용할 필요성이 없고 권장되는 것도 아닌 듯하다. 그러나 이냐시오 자신의 청빈에 대한 식별 과정을 그려놓은 영적 일기와 함께 종합적으로 읽으면 그렇지 않다고 할 것이다. 곧 일기를 보면 2월 9일 잠정적 결정을 얻은 이전에도, 확증을 구할 때도 이냐시오는 여러 번 둘째시기에서 셋째시기로, 셋째시기에서 둘째시기로 옮아가곤 하였음을 알 수 있다. 그런 과정을 통해 구분되는 두 방법이지만 수렴되는 증거가 같은, 하나의 대안인 완전한 청빈이라는 결론에 도달한 것이다.

여기서 중요한 점은 이냐시오는 둘째시기의 증거가 그 자체로 풍부하지 않다거나 분명하지 않기 때문에 셋째시기를 사용한 것이 아니었다는 것이다. 한편으로는 셋째시기에 의해 완전 청빈을 선택한 경우만큼 완전히 한쪽으로 명백히 기우는 식별을 하기도 어렵다는 사실이다. 그렇다면 왜 때로는 셋째 방법을, 때로는 둘째 방법을 사용하며 고심했는가? 이냐시오는 성령이 우리를 이끌고 있다고 합당하게 믿을 수 없으면 하느님의 뜻을 찾을 수 없다고 생각했다. 따라서 성령이 이끌고 있음을 믿기 위해서는 성령에 대해 개방적인 자세를 취하는 것은 물론, 식별 과정에 있어서도 하느님의 뜻을 찾기 위해 인간이 할 수 있는 최선을 다하지 않으면 안 되었던 것이다. 또한 이 점에 대해서는 이냐시오가 올바른 식별에 대한 최종 결론을 위해 얼마만큼 확신에 찬 동의를 구하고 있었는지에 대한 이해 없이는 제대로 이해하기 힘든 대목이기도 하다. 이 점에 대해서는 본고의 마지막에서 살펴보기로 한다.

5.2 셋째시기에 대한 가치 평가

선택의 세 시기에 대한 상호관계에 대한 논의를 매듭짓기 전에 셋째시기에 대한 가치 평가를 해두고 싶다. 왜냐하면 앞에서도 살펴본 바와 같이 많은 학설이 셋째시기에 의한 선택 방법을 경시해 오고 있는바, 과연 그러한가 하는 의문이 생기기 때문이다. 혹시 이전에 셋째시기만 중시하던 극단적 흐름에 대한 똑같은 극단적 반작용이지나 않은가 하는 느낌이 드는 것이다. 이하에서는 셋째 시기의 가치를 논함에 있어, 경시하는 논거들을 하나하나 살펴보면서 이냐시오 자신의 생각이 어떠했는가에 뿌리를 두고 검토해 보기로 한다.

먼저 경시되는 이유로는, 이냐시오 자신이 식별함에 있어 셋째 방법을 많이 사용하지 않았다는 점이다. 그러나 과연 그러한가? 이냐시오는 어느 정도 영신 사정에 익숙해진 이후부터 중요한 결정을 함에 있어 셋째 방법을 쓰지 않은 경우가 거의 없다. 또는 경우에 따라서는 둘째 방법과 결합된 형태로 사용하기도 했지만. 이때의 셋째 방법이란 단순히 둘째 방법을 쓰기 위한 준비로서가 아니라 협력하는 방법으로 사용했던 것이다.

다음으로 경시되는 이유로 들어지는 것은, 이냐시오는 다른 이들에게 하느님의 뜻을 찾는 신뢰할 수 있는 방법으로서 셋째 방법을 권하고 가르치지 않았다는 점이다. 그러나 이 점도 영신수련 텍스트 자체만 봐도 그렇지 않다고 할 수 있다. [175]의 모두에 표현되어 있는 것도 그렇고, 셋째 방법에 대한 방대한 양의 설명

([177-188])만 봐도 그렇다. 그리고 예수회 회헌을 보면 도처에서 장상이나 총회가 중요한 결정을 함에 있어서 셋째 방법에 의해 식별하고 결정할 것을 권하고 있다.

마지막으로 셋째 방법이 경시된 이유를 보면, 신분을 선택함에 있어서 이냐시오가 이 방법을 신뢰하지 않았다는 점을 들고 있다. 그러나 영신수련에서 선택이라고 할 때는 원칙적으로 신분의 선택을 말하며, [175]의 모두에서도 세 시기는 어느 것이든 신뢰할 수 있는 건전한 선택이라고 명시하고 있으며, 특히 [177]에서는 '신분 선택'을 위한 것임을 명시하고 있다. 초기 회원들의 공동 식별도 자신들의 신분을 선택하기 위한 식별이었고, 앞에서 본 데 베르가라에게 보낸 편지에서도 신분 선택에 있어 셋째 방법에 의해 할 것을 권하고 있다.

끝으로 셋째시기의 가치를 논함에 있어 관련지어 언급해 두고 싶은 것은 성령의 활동이라는 측면이다. 곧 둘째시기에 있어서는 하느님이 직접 우리를 이끌어 자신의 뜻을 알림에 반해, 셋째시기에서는 다만 우리 자신에만 의존해 있다는 견해들이 있다. 그러나 이냐시오는 분명 둘째시기에서처럼 셋째시기에 있어서도 성령이 우리를 직접 이끌고 있다고 믿었다. 반드시 그런 것은 아니지만 일반적으로 셋째시기에서의 성령의 영향은 둘째시기만큼 분명히 드러나지 않음은 사실이다. 그럼에도 불구하고 이냐시오가 영적 위안과 고독에 대한 언급에서, 고독 상태에 있는 이의 경우든 비록 그가 의식은 못할지라도 신적 도움은 항시 그와 함께 있으며,

그 신적 도움은 결코 영적 위안보다 약한 도움이 아니라고 하는 것처럼, 둘째시기의 영적 위안이 셋째시기의 성령 인도보다 하느님의 뜻을 발견함에 있어서 더 큰 도움이라고 반드시 말할 수는 없을 것이다.

이렇게 볼 때 셋째시기의 선택 방법을 결코 과소평가할 수는 없을 것이다. 그 방법도 하느님의 뜻을 식별함에 있어서 독립된 훌륭한 하나의 방법임에 틀림없다. 물론 그렇다고 해서 극단적으로 셋째시기만을 선호하던 시대로 되돌아가서도 안 될 일이다. 영의 움직임을 파악하기 힘들다 해서 그저 과학적이고 이성적인 방법에만 의존하려 해서는, 셋째시기 본래의 그 합당한 자리를 잃게 될 것이다. 영신수련 텍스트에서조차 첫째시기와 둘째시기에 하느님의 뜻을 알아내지 못한 경우에 셋째시기로 넘어갈 것을 요구하고 있는 만큼 둘째시기에 의한 선택 또한 경홀히 할 수 없다고 하겠다.

6. 선택에 대한 확신

이제 우리는 본고의 논의 마지막에 도달했다. 인간이 하느님의 뜻을 찾아 나서 발견하고 마침내 실행에 옮김에 있어서는 여러 단계를 거쳐야 한다. 먼저 영의 움직임이나 이성을 통해 하느님의 뜻에 대한 자료를 수집하고, 그 자료에 대한 숙려를 통해 잠정적인 결정을 내리고, 그 결정에 대해 참으로 하느님의 뜻이라는 확증을 구한다. 이렇게 확증을 얻은 후에도 정작 실행에 나아가기 위해서는 마지막 관문인 확신의 절차를 거쳐야 한다. 이 움직일 수 없는 확신을 얻을 때 비로소 어떤 난관에 부딪치더라도 하느님의 뜻을 수행해 나가는 의지적 에너지가 용솟음쳐 나올 수 있기 때문이다. 또한 확증 절차가 아직도 지성 중심의 단계에 머물고 있음에 반해 확신의 절차란 진리에 터 잡은 사랑의 문제인 의지의 단계라고도 할 수 있기 때문이기도 하다. 그런데 이러한 확신은 어떻게 얻을 수 있는가?

여기서 확신이라 함은 잘못되었다는 두려움이 없는 동의로서, 선택한 대안에 대해 하느님의 뜻임에 틀림없다는 확실성을 갖고 동의하는 것을 말한다. 이 확실성은 추호의 의심의 여지도 없는 절대적 확실성 내지 대단히 높은 확실성을 가리킨다.

그런데 이냐시오는 확증 절차까지 거친 식별의 결론으로 도달한 하느님의 뜻에 대한 판단이 참되다는 확신을 식별자가 얻을 수 있다고 생각했는가? 이냐시오는 언제나 완벽한 확실성을 이야기하고 있으며, 조금이라도 잘못할 가능성의 두려움이 있는 이상 식별 절차를 종결짓지 않았다. 그러한 두려움이 완전히 없어져야 비로소 안도감을 느끼며 종결했다. 여기서의 안도감이란 단지 최선을 다했다는 느낌에서 오는 것이 아니라 올바른 하느님의 뜻을 결정했다는 느낌에서 오는 것이라 할 것이다.

그렇다면 이냐시오가 가졌던 그런 확신의 원천은 무엇인가? 적어도 증거가 아님은 분명하다 할 것이다. 왜냐하면 셋째시기의 증거란, 식별자가 채 수집 못한 모르는 자료가 존재할 수 있으며, 설사 충분한 자료를 수집했다 하더라도 그 자료들을 분석하고 해석함에 있어서 식별자의 기질, 특성, 당시의 분위기, 선입견 등이 작용해 잘못할 가능성이 다분히 있기 때문에 셋째시기의 증거를 통해서는 확실성을 인정하기 어려운 까닭이다. 둘째시기의 증거에 대해서도 같은 이야기를 할 수 있다. 곧 충동 그 자체는 그것이 하느님으로부터 왔고 하느님의 뜻이 무엇이다라는 것에 대한 확실성의 원천이 될 수 없다. 충동의 근원을 가리키는 것은 영적 위안인바, 그 위안이 성령에 의해 촉발된 것인가, 의지적 충동이 그 영적 위안과 통합되어 있는가 등에 대해 대단히 신중한 판단이 요구되며, 그 결과 확실성을 제공하기 어렵다고 할 것이다. 또한 이냐시오는 한 번의 둘째시기 체험으로 올바른 결론에 도달할 수 있다고 보지도 않았다. 첫째시기의 증거도 마찬가지다. 확실한 체험 속에서 일어났다 하더라도 그 후 반성해 볼 수 있으며 그때는 하나의 데이터에 지나지 않고 그 자료들을 식별해 보는 과정에 있어서 확실성을 제공하기 어렵다고 할 것이다.

이렇게 볼 때, 각 시기의 증거들로부터는 상당한 개연성은 얻을 수 있을지언정 확실성에 터 잡은 확신으로는 나아가지 못한다 할 것이다. 여기서 이냐시오가 확실성의 원천으로 삼았던 것은 영적 위안이나 이성이 아니라, 마음을 열고 하느님의 뜻을 찾으려고 최선을 다하는 이들을 이끌고 있는, 하느님의 선물이기도 한 성령에 대한 신앙이었다. 이 점은 초창기 예수회원들의 공동 식별에서도 잘 나타나고 있다. 그들에게 있어 이성 내지 위안에 의한 증거가 하느님의 뜻을 발견함에 있어서 필수적이긴 했지만, 그 결론의 참됨에 대한 확실성은 이성이 아니라 그들을 이끌고 있는 하느님에 대한 신뢰에 터 잡고 있었던 것이다. 곧 그들은 하느님이 성령을 주기를 거부하지 않고 그들이 원하는 것 이상을 주며, 하느님의 뜻을 알도록 도와줄 것이라는 확신에 차 있었던 것이다.

그런데 이러한 확신에 대해, 인간 지식의 한계나 추론에 대한 능력의 결함으로 인해 확신을 위한 증거를 모을 수 없고, 그 결과 올바른 식별에 대한 확신을 가질 수 없다는 주장이 있다. 그러나 이는 확신에 대한 원천이 무엇인가에 대한 이해 부족에 기인한다고 할 것이다. 확실성 및 확신에 대한 근거는 선택의 결론을 고집어내는 데 공헌한 증거들이 아니라, 인간을 향한 하느님의 사랑과 인간 삶의 매 상황에 대한 하느님의 근본 의지, 곧 인간의 더 큰 선을 향한 의지 및 인간 안에서 하느님의 더 큰 영광을 드러내고자 하는 의지에 대한 신앙이 그 근거를 이루고 있는 것이다. 이냐시오에게 있어서 확신의 원천이 되었던 것도 바로 이러한 신앙의 확신이었으며, 그에게 있어서는 하느님의 뜻에 대한 식별이 크리스천으로서의 신앙에서 출발되었고, 신앙 안에서 수행되었고, 신앙 안에서 종결되었던 것이다. 따라서 증거가 없는 신앙은 선택의 결론을 정당화시킬 수 없고, 하느님의 인도에 대한 신앙이 없는 증거는 확실성에 대한 동의를 할 수 없게 된다.

이처럼 인간의 한계를 인정함에도 불구하고 하느님의 뜻이라는 확신에 도달할 수 있는 결과, 선택한 후에 새 증거가 나오거나 해석을 새롭게 하게 되더라도 이전 선택에 대한 결정이 틀렸다고 생각할 필요는 없을 것이다. 우리는 증거에 입각해 궁극적인 결론을 얻고자 하는 것이 아니라 손에 넣을 수 있는 증거의 범위 내에서 하느님의 인도에 신뢰하고자 할 뿐이기 때문이다.

이와 같이 신앙의 확신이야말로 선택에 대한 확신의 원천이라고 한다면, 마지막 관문으로서 그런 신앙의 확신은 어떻게 가질 수 있는가 하는 문제가 남게 된다. 이는 올바른 식별을 위한 전제조건을 다룰 때에 언급했던, 성령에 대해 개방적 자세를 취하고 성실하고 지성적으로 하느님의 뜻을 찾아야 한다는 것과도 관계가 있다. 곧 어느 정도 했을 때 그런 조건을 충족시킨다고 할 것인가 하는 문제다. 이에 대한 해답은 초기 회원들의 공동 식별에 드러나 있는 것처럼 '최선을 다하는 것'이라고 할 것이다. 여기서 최선을 다한다는 것은 적당히 하면서 자기 합리화를 꾀하는 것을 허용해서도 안 되며, 그렇다고 대단히 높은 덕을 소유한 소수의 경우에 한정해서도 안 된다. 높은 것도, 낮은 것도, 그저 중간인 것도 아닌, 각자의 구체적 상황 속에서 식별자의 능력에 맞춘 상대적인 개념이라 할 것이다. 합리적인 인간적 노력을 다하고 시간을 쏟았다면 이 조건을 일부 충족한다고 볼 것이다. 영신수련 텍스트에서 언급하고 있는 것을 기준으로 해서 보면, 둘째 단계의 겸손에 도달해 있어야 한다고 할 수 있겠다. 그렇다고 해서, 일상의 모든 선택에 있어서 이런 자세를 견지하고 있어야만 하는 것은 아니며, 현재의 선택 대상과 관련하여 불편심을 갖고 있으면 충분하다고 할 것이다. 따라서 이러한 불편심과 함께 게으름이나 부주의, 신중함의 결여 등이 없으면 되겠다.

이런 관점에서 식별 과정에 있어서 최선을 다한다는 것이 갖는 네 가지 요소를 들어보면, 첫째, 능력과 상황이 합리적으로 허락하고 있는 이상 어떻게 식별하는지 그 원칙 내지 현실 적용법 등을 배우고, 둘째, 이용 가능한 가장 양호한 외적 여건 속에서 식별을 준비하고 행하며, 셋째, 필요하고 이용할 수 있는 한 누구에게서든 도움을 얻고, 넷째, 성급하게 선택의 결론에 도달하려고 할 것이 아니라 가능한 합리적인 범위까지는 식별 작업을 계속하는 것이다. 식별을 위한 시간이 다 되어간다고 해서 서둘러 결론을 내리려 할 것이 아니라, 최선을 다했음에도 모를 때는, 하느님의 뜻이 지금은 그 대답을 알 때가 아니라는 것임을 알아들어야 할 것이다. 오히려 지금은 기다리고, 기도하고, 하느님의 뜻을 모색하고 있는 것이야말로 하느님의 뜻을 행하는 것이 될 것이다.

이러한 최선을 다한다는 것을 우리는 어떻게 확신할 수 있는가? 이 점에 대한 해결책은, 최선을 다하고 있는가의 여부에 대해 판단하는 규범을 판단하는 행위 그 자체에 적용시키면 된다. 곧 식별의 과정 속에서, 나중이 아니라 결론을 내릴 것인가의 여부를 결정하는 바로 그때에, 성령에 대해 개방적인 자세를 취하면서 식별하려고 애쓰는 모습을 최선을 다해 정직하게 판단하고, 그 판단의 결과 식별의 필수 조건들을 충족하기 위해 최선을 다하고 있다고 인정이 되면, '구체적 상황 안에서' 최선을 다하고 있다고 확신할 수가 있다고 할 것이다.

이러한 관점으로부터 대단히 중요한 결론이 하나 도출된다. 곧 각자가 자기 나름의 최선을 다하고 있는 이상, 하느님의 뜻을 찾고 있는 모든 식별자는 비례적으로 똑같고 그들이 내린 결론에 대한 확실성 또한 똑같이 정당화될 수 있다는 것이다. 왜냐하면 하느님은 각자가 지금 처한 구체적 상황 속에서 각자가 하고자 하는 바를 선택하기를 원하는 것이며, 결론에 대한 확실성이란 전제 조건의 참됨을 의미하는 것은 아니기 때문이다. 좀 더 능력이 많은 이는 좀 더 많은 것이 요구될 것이고, 능력이 있음에도 선택 과정에 있어 충분히 활용하지 않으면 최선을 다하고 있지 않은 셈이 될 것이다.

이제야 비로소 우리는 구체적이고 실제적인 확신에 도달하게 되었다. 선택 과정에서 얻어진 상당한 개연성을 지닌 것에 지나지 않은 식별의 결론에 대해, 그것이 참된 것인가의 여부에 대한 확실성조차 애매함에도 불구하고, 구체적 상황 속에서 하느님은 내가 이것을 선택하기를 원했다는 실제적인 확신을 얻게 된 것이다.

맺으며

이상으로 우리는 어떻게 한 신앙인이 영신수련의 선택이라는 틀을 이용해 하느님의 뜻을 찾아 발견해 내고 확신에 찬 실행에 옮기게 되는지 그 여정을 살펴봐 왔다. 지금까지의 논의를 통해서도 분명해진 것처럼, 그저 단순히 영신수련 책자에 적혀 있는 선택의 세 시기에 대한 서술만으로는 완전한 선택의 종결에 이르기까지의 모습을 제대로 그려낼 수 없다. 곧 첫째시기나 둘째시기처럼 영적 체험을 통해, 또는 셋째시기처럼 이성적 판단력을 사용해 바로 하느님의 뜻이라고 식별이 되고 선택할 수 있게 되는 것은 아닌 것이다. 각 시기의 체험들이란 어디까지나 하느님의 뜻을 찾아내기 위한 증거자료들에 지나지 않는다고 보아야 할 것이다. 그런 증거자료가 수집되었다고 해서 바로 선택이 종결되는 것이 아니라, 그 자료들을 해석하는 확증 절차가 필요하고, 더 나아가서는 그런 일련의 선택 과정에 대한 확신이 요청되는 것이다. 이 단계까지 마무리될 때 비로소 우리는 평화와 기쁨 중에 선택을 종료할 수 있고, 그런 선택을 통해 비로소 자신의 삶에 생기를 불어넣을 수 있게 되는 것이다.

그리고 무엇보다 이 논의를 통해 얻은 중요한 결실은 모든 선택의 출발점과 과정과 종착점이 한결같이 사랑을 축으로 해서 진행되어 오고 있다는 사실을 새삼 확인하게 된 점이다. 곧 선택에 들어가는 단계에 있어서 올바른 선택을 잘할 수 있기 위한 전제 조건들로 요구되었던 것이 성령에 대한 의존과 협력이란 측면에서 접근한 하느님과 식별자간의 사랑이었다. 그다음, 본격적인 선택 과정에 들어가 각 시기에 맞춰 증거를 수집하고 확증하여 잠정적 결론에 도달하는 단계에 있어서도 각 시기 특히 둘째시기와 셋째 시기를 혼용하면서까지 오로지 하느님의 뜻만을 찾고 행하겠다는 역동적 움직임을 드러내고 있는데, 이 또한 사랑이 핵심을 이루고 있다고 아니할 수 없다. 끝으로 선택한 결론에 대해 확신을 얻는 단계에 있어서도, '최선을 다하고 있다.'는 내적 인식을 통해 사랑에 입각한 확신을 얻어내고 있는 것이다.

그런데 이렇게 보면 어쩌면 오직 인간 측에서만 하느님을 향한 열렬한 사랑을 표현하고 그것을 행동으로 옮기려고 부단히 애쓰는 듯 보일지도 모른다. 그러나 어디까지나 선택의 시작부터 종결까지 끊임없이 성령을 통한 하느님의 활동이 있고, 인간은 그에 적절히 협력해 나가는 가운데 진행되어 감이 틀림없다고 할 것이다. 다만 우리의 논의가 주로 인간 측의 행위에 초점을 두고 전개해 왔을 뿐인만큼 성령의 활동을 결코 과소평가해서는 안 될 것이다. 이러한 성령의 활동은 특히 선택을 완전히 마무리 짓는 단계에서 유감없이 드러나며 하느님의 인간을 향한 사랑이 어느 정도인지 미루어 짐작하게 해준다. 곧 '최선을 다한다.'는 내적 인식을 얻음에 있어, 구체적인 각 인간이 처해 있는 구체적인 상황 속에서 상대적으로 평가함을 통해서 완전한 보편적 사랑을 보여주고 있는 것이다. 물론 이러한 보편적 사랑이란 그저 추상적이고 일반적인 사랑도 아닐 뿐더러 천편일률적이고 기계적인 사랑도 아니다. 각 개체를 지극히 존중하는 가운데 독자적인 존재 가치와 고유성을 인정하는 사랑으로서, 하이라키적인 우열이 분명한 존재 구조를 뒷받침하는 사랑이 아니라, 동일 평면상에서 모든 존재가 존재 가치란 점에서 평등을 이루는 존재 구조를 뒷받침하는 그런 사랑인 것이다.

이럴 때 비로소 우리 각자는 스스로가 '최선을 다하고 있다.'는 사실을 얼마나 수월하게, 그리고 자유롭게 받아들일 수 있게 될 것인가. 그저 도덕적으로 높은 단계에 있고, 신앙이 투철한 소수의 전유물로만 남아 있지 않을 수 있는 가능성이 열리는 것이다. 하느님의 사랑이 훨씬 가깝고 친근하고 살아 움직이는 것으로서 다가올 수 있게 되는 것이다. 하느님의 뜻을 찾아 나섬에 있어서도, 그저 이미 존재하는 불변의 하느님 뜻을 어렵게 찾아다니고, 설사 찾았다 싶어도 확신이 없는 가운데 마지막 한 점을 놓쳐버리고 마는 아쉬움에서 놓여날 수 있는 것이다.

이와 같이 하느님의 뜻을 찾아 나서는 선택의 작업이란 것은 신앙과 사랑에 기반을 두고 '최선을 다하는' 인간 측의 움직임과 하느님 측의 움직임이 어우러져 이루어지는 것이다. 그렇게 볼 때, 선택의 전 과정을 둘러싸고 여러 가지 복잡한 많은 논의를 해왔음에도 불구하고 그것은 그런 세세한 것들을 알고 익히기 위함이 아니었다. 오히려 이처럼 사랑이 기반이 되어 움직이는 가운데, 어느 누구에게도 비교적 수월하게 하느님의 뜻을 알고 선택하고 실행함이 가능함을 증명하기 위함이었다고 해야 할 것이다. 인간의 약함과 부족함이 인정되는 가운데서도 하느님의 뜻을 알고 행하고 있음을 확신할 수 있는 길을 보이기 위함이었던 것이다.

한 영신수련

2008년 10월 15일 교회인가
2009년 2월 25일 1판 1쇄 발행
2024년 1월 15일 1판 10쇄 발행

지은이 | 유시찬
펴낸이 | 이순규
펴낸곳 | 바오로딸

01166 서울 강북구 오현로7길 34
등록 | 제7-5호 1964년 10월 15일
전화 | 02) 944-0800 팩스 | 987-5275

취급처 | 중앙보급소
전화 | 02) 984-3611 팩스 | 984-3612

값 10,000원

이메일 | edit@pauline.or.kr
인터넷 서점 | www.pauline.or.kr 02) 944-0944
ISBN 978-89-331-0957-1 03230